中国の庭、台湾の庭

——拙政園・留園・林家花園

緒方賢一 著

中国文庫

「人の作りしに由ると雖も、宛《あたか》も自ら天開く」
——計成『園冶』

「造園は詩文を作るが如し」
——銭泳『履園叢話』

「あでやかに紅紫と咲きそろい、寄り添うは、こわれし井戸、くずれし垣、良き辰《とき》の美《うる》わしの景《ながめ》、見る人もなく、心に賞《め》で事を楽しむは、いずくの庭ぞ」
——湯顕祖『牡丹亭』（岩城秀夫訳）

拙政園中部より北寺塔を眺める

（上）拙政園　卅六鴛鴦館、（下）留園　小蓬萊

留園　冠雲峰

林家花園　榕陰大池

林家花園の築山

中国の庭、台湾の庭

——拙政園・留園・林家花園

はじめに

数年前にオーストラリアのシドニーに旅行したときのことである。市街の地図を眺めていると、南部にチャイナタウンがあるようなのでふらっと訪れてみた。するとレストランや市場に隣接したところに中国庭園が設けられていた。中に入ってみると、意外にといっては失礼だが、驚くほどきちんとセオリー通りに造られた正しい中国庭園であった。説明書きによると移住してきた華僑の人々が故郷を思いつつ建設したとのことだが、これだけの庭園を造るには中国の技術者を招聘し、本国の資材を使わねばとうてい不可能であったであろうし、莫大な費用がかかったに違いない。計画から完成までの道のりを想像すると頭がクラクラした。また中国庭園にかける人々の強い思いに畏敬と驚嘆の念を禁じ得なかった。

中国庭園はおもしろい。ほぼ毎年のように中国に行き庭園を見て回っているが全然飽きることがない。あまりにナイーブな書き出しでいささか面映ゆいが、偽らざる感想でもある。日本では中国庭園がどのようなものか、あまり、というかほとんど知られていない。きちんと紹介する媒体が今までほとんどなかったからである。これでは知りようがないし、興味の持ちようもない。一番手っ取り早く情報を伝えるのはテレビであるが、かなり前に「シリーズ世界遺産」のような番組で取り上げられたきりで、その後に続く企画を知らない。出版物に関しては、ある程度の専門家が書いた書物以外はあまり見かけない。日本庭園や西洋庭園に関する書物が新書から専門書まで何十種類も揃っているのとはまるで状況が異なっている。ほかにインターネットという手段もあるが、当然検索をかけなければヒットせず、これでは最初から関心のない人にとっては意味をなさない。筆者としては、まずは中国庭園に関心を持ってもらいたい。そして現地に行って実際に庭園を歩いてもらいたい。本書はそのような動機から書かれている。よってガイドブック的に中国庭園の概略から書き始めることにしたい。さらに中国庭園に何かしらの関心を持っている人、あるいは蘇州などに足を運んだことのある人の需要を満たしたいという思いもあり、やや専門的な突っ込んだ話題にも触れる。随所に漢詩・漢文が現れるが、それは中国庭園が文人の存在と切り離せないためである。

本書は、中国蘇州の拙政園と留園、台湾の林家花園という三つの庭園を取り上げて、それぞれの歴史や関わった人々について記述していき、その途中で浮かび上がってきたさまざまなテーマについて随時説明を加えるという体裁を取り、中国全土に無数にある庭園を網羅的に紹介する形は取らない。そのような本は旅行ガイドや過去に出た本を参照してもらえば事足りるし、私もすべての庭園を見て回ったわけではないからである。さらにいえば、そのような本に書かれてある漠然とした説明を読んでも中国庭園の醍醐味はちっとも味わえないとも思うからである。庭が今あるような姿になるまでにはいくつものドラマがあった。何より庭は不変のものではない。まずは持ち主によって次々と姿を変える。また庭園は歴史のうねりに常に翻弄されるものでもある。ときに分割され、ときにうち捨てられ、再建されたかと思うと、また荒廃する。それはまるで大きな生き物が死と再生を繰り返すかのようである。その生きざまを活写することによって庭園がより身近なものに感じられると考える。

本書はお堅い専門書ではない。冒頭からじっくりと目を通す必要はない。興味を持たれたページのどこから読み進めていただいてもかまわない。庭園を歩くときのように気ままに書物の中をふらふらしていただきたい。もし一つか二つでも記憶に残る場所があれば、そしてまた、読者の方々が中国庭園に足を踏み入れてみようかという気持ちを起こしていただけたら、これに勝る喜びはない。

目次

第二章　留園　蘇州の庭（二）　159

＊引用文については適宜表記を変更した。
＊写真キャプションの数字は本文記述と連動させてあります。なお、本文写真は、すべて筆者撮影。

序章

庭園について

庭園を構成する要素は洋の東西を問わない。つまり景観を構成する要素そのものが庭園を形作る。山や丘、湖や池、花や樹木、さまざまな建物だけでなく、開けた土地や窮屈な土地、平らなところや傾斜のあるところ、動きのあるところと静かなところ、さまざまな音の聞こえるところと無音のところ、色彩鮮やかなところと無彩色なところなど、与えられる表層的な情報に関しては中国庭園と日本・西洋のそれとはそれほどの違いはない。しかしそれぞれの庭に実際に立ってみると、いや写真で見るだけでも、その違いは一目瞭然である。ヴェルサイユ宮殿の整形式庭園は、幾何学的なデザインが日本の庭とはまったく異なっている。イギリスの風景式庭園や今や大流行のイングリッシュガーデンは緑が多くて彩り鮮やかだが、花木や芝生の植え方などやはり日本庭園とは違っている。庭の姿形のあり方には、それぞれの文化圏の歴史、文化、芸術、思想、宗教が深く関わっている。

庭園が表現しているものは何か。あるいは庭園の姿を方向付けるものとは何なのか。解答を先取りすれば、庭が表現しているのは、その時代、その地域の人々が望む理想郷、楽園あるいはユートピアである。その理想郷のあり方が同じでないことから、それぞれの庭園に違いがもたらされるのである。たとえば飛鳥時代に奈良に建造された庭園は朝鮮から伝わった須弥山《しゅみせん》崇拝の思想を背景としており（小野健吉『日本庭園—空間の美の歴史』、岩波新書、二〇〇九年）、平安京に造られた庭園は浄土思想を反映し、鎌倉・室町の庭は禅宗の思想にもとづいて造られている。フランスの幾何学的な整形式庭園は、無秩序な自然を秩序化する人間の叡智を表し、またイギリスの風景式庭園は自然への回帰を示すという。

日本庭園や西洋庭園については、なぜそのような姿形をしているのか、どこに美を感じればよいのか、その理由や魅力に関して論じ、また解説した書物は枚挙にいとまがない。それに比して中国庭園に関する論考は、日本庭園の造作に大きな影響を与えているにもかかわらず、きわめて少ない（あることはある。後述する）。

中国庭園に迷い込む

中国では庭園を「園林《ユエンリン》」と呼ぶ。蘇州などにある明清代の庭は古典園林と呼ばれ、現代風の庭と区別される。本書でもこの園林という呼称が適宜使われるのでご記憶いただきたい。庭園を構成する主な要素は山、水、花木、建築物である。それが世界共通のものであることはすでに述べた。

旅行社などが企画するツアーなどでは、観光ガイドが案内してくれる場合がほとんどであろうが、それに頼らずに自力で蘇州に行ったとしよう。蘇州駅に着いて、バスないしタクシー、あるいは地下鉄で町なかまで辿り着き、コンビニなどで「蘇州市交通旅遊図」のような地図を購入する。地図をじっくり眺めていると、ガイドブックに載っている庭園以外にも、市内には「～園」と名が付くところがやたらとあって、知られていない庭園が蘇州にはたくさんあるのだなあと感じる。もっとも、筆者がその地図を頼りに実際に訪問してみた経験からいえば、行っても無駄足に終わることがほとんどである。市政府の施設になっていたり、工事中だったり、場合によってはまったく関係のない店舗になっていたりする。庭園としての体裁を保っているところでも、観光ツアーのコースからはずれている場合は、ほったらかしというか、整備不良というか、やる気が感じられないというか、たいへんもったいない様子になっている。

現在の蘇州では、ちゃんとした庭園として訪れることのできる、あるいは訪れる価値のある庭園は、残念ながら蘇州市がきちんと管理しているほんの一〇か所くらいにとどまっている。蘇州に関係する地方志であったり、随筆であったり、先ほど挙げた「蘇州市交通旅遊図」を見ていると、蘇州という都市は、無数の庭園が点在するまさに「園林都市」であるということが理解できる。しかし、庭へのアプローチはさまざまな意味で容易ではない。

主人。寒山寺だの虎邱だのの外にも、蘇州には名高い庭がある。留園だとか、西園だとか。――客。それも皆つまらないのじゃないか？

主人。まあ、格別敬服もしないね。唯留園の広いのには、――園その物が広いのじゃない、屋敷全体の広いのには、聊《いささか》妙な心もちになった。つまり白壁の八幡知らずだね。どちらへ行っても同じように、廊下や座敷が続いていた。庭も大抵同じように、竹だの芭蕉だの太湖石だの、似たような物があるばかりだから、愈《いよいよ》迷子になりかねない。あんな屋敷へ誘拐された日には、ちょいと逃げる訣にも行かないだろう。

芥川龍之介は大正一〇年（一九二一）に『大阪毎日新聞』の海外視察員として中国に渡る。その翌年一月一日から『毎日新聞』に「江南游記」の連載を開始する。右に引いたのは蘇州に立ち寄った際の一節である。中国の古典に親しんだ芥川は眼前に展開する現実の中国に接して複雑な心境になったのであろう。古い城壁にペンキで書かれた広告に辟易《へきえき》したり、ロバにおっかなびっくり乗ったり、杭州の西湖の美しさに瞠目《どうもく》したり、蘇州には美人がいないとこぼしたり。そしてこの蘇州の中国庭園に対する言辞に至っては、まことに手厳しいもので、ほぼ完全否定だといってよい。

私がかつて見た拙政園は、中国式の庭園としてはわるくはないといまでも思っている。ただあまりにも広く、池や築山をめぐって歩くうちに疲れてしまう。庭の半ば以上は、大小の池泉である。この低湿な蘇州では、池を掘ってその土で高低さまざまの丘をつくらねば乾いた場所を得られない。乾いた場所には、堂や館、あるいは閣や亭が建てられているが、いずれも、ねっとりと油濃い建造物で、そのせいか、私の記憶には疲れだけが残っている。

これはほかならぬ司馬遼太郎の『街道をゆく　十九』「中国・江南のみち」（朝日新聞社、一九八二年）に収められた文章である。ほかの箇所でも「二千五百年の古都に当然あるはずの洗練、瀟洒、精神性というものは見られない」ときっぱり断言され、さらに「東方の素朴な実用的建築造形の国からきた者には、目の休まるいとまのない圧迫感と暑くるしさを感じさせる」「技術上の瑣末主義の袋小路」とまでいわれる始末である。

どうにも日本の文人の目には、中国庭園は魅力のないものに映るらしい。ただし、次から次へと名所を引っ張り回されたであろう彼らは第一印象をそのまま文字に記しているにすぎない。現在中国江南ツアーなどで我々が蘇州を観光する場合も同様である。拙政園だ、獅子林だ、留園だ、と連れて行かれて、簡単な歴史を説明され、ここで写真を撮れ、ここは皇帝のお気に入りだなどといわれても、確かに戸惑うだけである。

おそらく、日本文化圏に生まれ育った我々がはじめて中国庭園に足を踏み入れたとき、だいたい次のように感じるのではないだろうか。「我々日本の庭園とはまったく違っている」、「なんかゴチャゴチャしている」、「変な形の石がたくさんある」、「なんで壁ばっかりなんだ」、「こんなに敷地は広いのに狭苦しく感じる」など。

橋や廊下は曲がりくねり、そびえ立つ山は石でできている。しかもその巨大な山の中は迷路になっていて人を迷わそうとする。ふざけているのか、我々を試しているのか、本意はどこにあるのだろう。その石はデコボコしてしかも穴が開いている。この石がまた庭のあちこちにやたらと置いてあって意図するところがよくわからない。建物は「中華風」に屋根が反り返り、窓枠にはラーメン鉢に付いているような模様がたくさんある。地面は盛り上がったかと思ったら急に沈み込む。そこかしこにやたらと額が掛かっていて、入り口の柱にはたいてい漢詩みたいな文章が書いてある。もともと広い空間のはずなのに、いくつもの壁に区切られて閉塞感で息が詰まりそうだ。廊下や橋は屈曲していて歩きにくい。

もともと興味のない人は「日本庭園のほうがずっといい」と決めつけてしまうことだろう。なぜ？と問われたら、その人は「日本庭園のほうが心が安らぐから」というだろう。しかし中国の人は中国庭園を歩くと心が安らぐのである。この空間を美しいと感じるのである。先に庭の造形には歴史、文化、思想などの重層的な背景があると述べたが、そのような背景を知らない人間にとって中国庭園は確かにガサガサザワザワと落ち着かない空間のように感じられることだろう。

なぜあんなデコボコな庭石を置いているのか？　石で山を造って、さらに迷路まで組み込んで何が楽しいのか？　廊下はなぜ曲がりくねっているのか？　あちこちにやたら書かれている漢字にはどんな意味があるのか？

すべての造作には、すべてそうなるだけの理由がある。

さあ、中国庭園の世界に足を踏み入れてみよう。

中国庭園の分類法

庭園の分類法であるが、日本や西洋ではスタイルによって区分けするのが一般的である。日本庭園であれば池泉《ちせん》式庭園と枯山水《かれさんすい》庭園、西洋であれば整形式庭園と風景式庭園といったように。しかし中国庭園はその持ち主によって分類するのが定法である。細かな分類法もあるにはあるが、基本的には皇家《こうか》園林、私家《しか》園林、寺院園林の三つに大別される。

皇家園林とは皇帝一族が所有する庭園で、北京の頤和園《いわえん》、承徳の避暑山荘などを代表とする。その特徴はとにかく規模が大きいこと。我々の考えるような庭園というイメージを遥かに超えていて、あまりに広くて庭と感じられないほどである。たとえば、北京の頤和園は、大きな湖と高い山を備えているが、その園の四分の三の面積を占める昆明湖が人造のものであることに驚かされる。頤和園の総面積は二九〇万平方メートル。ちなみに甲子園球場は一・三万平方メートルであるから、そのスケールの途方もなさが想像いただけるであろう。承徳の避暑山荘に至っては五六四万平方メートルである。避暑山荘は、皇帝が夏のあいだ北京の暑さを避けて政務を執るために、都の北東約一八〇キロの地に康熙帝が建設を始め、乾隆帝が完成させた離宮である。宮殿のある部分と庭園以外は木々の茂る山が延々と連なっており、我々の感覚では森林公園といったほうがしっくりくる。

私家園林は官僚や富豪の所有する庭園であり、我々が中国庭園と聞いてイメージするのはだいたいこのカテゴリーのものである。基本的に都市の中に設けられ、大小の差はあれど規模は基本的に数十分で歩いて回ることができる。長江下流域の江南地方に多く展開し、日本での紹介もこの地方に集中しているが、北方や、広東などの南方に同様の庭がないわけではない。官僚が庭園の持ち主であることに対して、我々は少し違和感があるかもしれない。近世中国では社会を士大夫という階層が支配していたが、島田虔次氏によれば士大夫とは経済的には地主であり、読書人であり、また科挙を通過した官僚でもあるような人物をいう（『朱子学と陽明学』、岩波新書、一九六七年）。

寺院園林は文字通り寺院に附随する庭園である。日本であれば、たとえば京都にある庭園のほとんどがここに分類されるであろう。しかし中国ではこの寺院園林はそれほど多くないし、また皇家園林、私家園林とデザイン上の大きな違いがあるわけでもない。よって本書では取り扱わない。

中国庭園の歴史

次に、中国庭園の歴史について簡単に紹介しておきたい。便宜上、時代を古代（周〜漢）、中世（六朝〜唐）、近世（前期・宋〜元、後期・明〜清）と大きく分けておくことにする。記述に際しては、孟亜男氏の『中国園林史』（台湾・文津出版、一九九三年）に多くを負っている。

殷周の時代から王族らによって庭園は造られてきた。殷の紂王《ちゅうおう》の所有する「酒池肉林《しゅちにくりん》」で名高い苑《えん》囿《ゆう》、周の文王が西安の北四〇キロのところに造営した霊囿《れいゆう》は四方七〇里（約二万八四七六メートル）あったといわれる。春秋時代に呉王夫差の築いた姑蘇台や梧桐《ごとう》園などはいずれも広大な敷地を持ち、我々のイメージする庭園の感覚とはかけ離れている。戦国時期の諸侯らの庭園は自らの権勢を示すことを目的に造られたため、これもまたひたすら巨大なものばかりである。

（一）古代（周〜漢）

秦の始皇帝が構えた上林苑は、その中に前殿として阿房宮を造ったが、この宮殿が東西五〇〇歩（約七〇〇メートル）、南北五〇丈（約一一五五メートル）、二階建てで上には万人を座らせることができたという途方もないものであって、かような建物を敷地内に「前殿」として建設することが可能な庭園とはいったいどのようなものであったのか想像もつかない。

さらに前漢の武帝が造った上林苑は、門は一二、中には苑（囲いを設けて鳥獣を飼い花木を植えたところ）が三六、宮殿は一二、見晴らし台などは二五あり、周囲は五四〇里あったという。当時の一里は四一五・八メートルなので、普通に計算すると五四〇里は二二万四五三二メートルとなり、これだと西安そのものよりも遥かに広くなってしまうのであるが、こんなものが果たして庭と呼べるのだろうか？もっとも上林苑の中にある太液池は水を引き入れて池を造り、池の中には三つの島を造って蓬萊《ほうらい》、方丈、瀛洲《えいしゅう》にかたどり、金石を彫刻して動物を作って池のほとりに配置するなどといった点から、やや中国庭園らしい様相を呈しているといえる。

また漢代になると私家園林が登場する。漢の文帝の子である梁の孝王の兎園《とえん》、富豪の袁広漢の庭園、梁冀《りょうき》の庭園などがその代表である。これらの庭は、人工の池や山などの中に楼閣を造り、植樹し、また園内に動物を飼っていて、後世の私家園林と道具立てこそ似てはいるが、たとえば兎園は四方三〇〇里もあったとのことでまだまだ大きすぎる。他方、袁広漢の庭は東西に四里、南北に五里ということであるから、一応我々の想像できる規模に収まってきたといえよう。

(二) 中世 (六朝〜唐)

魏晋南北朝時代は、山水を美しく鑑賞し、山水の中での生活を楽しむという風潮が起こった時期であり、同時に山水画が発達した時代である。また後世の庭園造りに決定的な影響を与える陶淵明(三六五—四二七)の生きた時代でもある(陶淵明については後述する)。

この時代は北方を異民族に奪われて漢民族が南方に逃亡したことによって、南方の開発が活発になり、結果としてこの地域の庭園造りが隆盛を迎えることにもなった。皇家園林は曹操や司馬炎らによって北方にあった都に建設されていたが、同時に私家園林も数多く造られた。洛陽では石崇《せきすう》の金谷園《きんこくえん》が有名であるが、そのほかにも張倫、元雍、元懌《げんえき》らの高官や皇族が庭園を構えた。江南には王導、謝安、司馬道子、顧辟疆《こへききょう》らが各地に私家園林を建設した。王導(二七六—三三九)は東晋の権臣であるが、幼い頃から山水を愛し、一三歳のときにはひとたび山林に入ると帰るのを忘れるほどだったという。謝安(三二〇—三八五)は宰相であったが、王羲之《おうぎし》や孫綽《そんしゃく》らと山水に遊ぶのを好んだという。役人でありつつ、山水を愛すという後の文人たちと同じような心のありようが当時すでにできつつあったのであろう。また庭園を造りはしなかったが山水文学を確立した人物として謝霊運(三八五—四三三)の名も挙げておかねばならない。

隋唐時代は山水文化がより成熟する時期である。王維や孟浩然《もうこうねん》らは山水詩に、呉道子や李思訓、李昭道らは山水画に秀でていた。詩人として有名な王維（七〇一？—七六一）はまた山水画もよくし、蘇軾《そしょく》に「詩中に画あり、画中に詩あり」と称された。そして王維の営んだ庭園である輞川別業《もうせんべつぎょう》、裴度《はいど》（七六五—八三九）の午橋荘、李徳裕（七八七—八四九）の平泉荘、白居易（七七二—八四六）の廬山《ろざん》草堂などの庭園が建設された。王維の輞川別業や白居易の廬山草堂は二人が高名な詩人であることもあり、また絵や詩によって詳細にその描写がなされているために、後の庭園建設に影響を与えたであろうことが想像できる。また隋王朝の皇家園林である西苑は山水を主としており、建築を主とする秦漢の園林からの重要な転換点でもある。またこの時期の庭園では池の中に蓬萊などの島を造ることが常態化しており、すでに庭園造りのセオリーができていることがわかる。唐代の庭園は長安と洛陽に集中している。この二つの都の中に公卿《こうけい》らはみな競って庭園を構えた。

白居易の庭は後で紹介するので、ここでは王維の庭を見ておきたい。

盛唐の詩人王維はつい先ほども述べたが山水画も描く画家であり、また長安の東南にある藍田《らんでん》県の南、輞川という川のほとりに庭園「輞川別業」も築いた。庭園中の各所において、友人裴迪《はいてき》と相い唱和した五言絶句を集めた詩集「輞川集」を著し、また庭園内の点景の絵も自分で描いた。序文には次のようにそれぞれの見所を挙げている。

余が別業《べつぎょう》（別荘）は輞川《もうせん》の山谷《さんこく》に在《あ》り。其の遊止《ゆうし》（足を止めるところ）に、孟城坳《もうじょうおう》、華子岡《かしこう》、文《ぶん》杏館《きょうかん》、斤竹嶺《きんちくれい》、鹿柴《ろくさい》、木蘭柴《もくらんさい》、茱萸沜《しゅゆはん》、宮槐陌《きゅうかいはく》、臨湖亭《りんこてい》、南垞《なんだ》、欹湖《いこ》、柳浪《りゅうろう》、欒家瀨《らんからい》、金屑泉《きんせつせん》、

白石灘《はくせきたん》、北垞《ほくだ》、竹里館《ちくりかん》、辛夷塢《しんいう》、漆園《しつえん》、椒園《しょうえん》等《とう》有《あ》り。
（小川環樹ほか訳『王維詩集』、岩波文庫、一九七二年、（）内は筆者による）

最初の「孟城坳《もうじょうおう》」には次のような詩を作っている。

新家孟城口　古木余衰柳
来者復為誰　空悲昔人有

新《あら》たに家《いえ》す　孟城《もうじょう》の口《ほとり》　古木《こぼく》　衰柳《すいりゅう》を余《のこ》す
来者《らいしゃ》は復《ま》た誰《たれ》と為《な》す　空《むな》しく悲《かな》しむ昔人《せきじん》の有《ゆう》

【新たに孟城のほとりに家を構えた。かつての木立の名残として、古びて力のうせた柳が残っている。将来の持ち主は、いったい誰なのだろうか。昔の持ち主として、私もむなしく悲しまれることであろう。】（同右）

冒頭から庭園の華やかさとはほど遠い、無常観いっぱいの出だしである。彼はこの地で僧らと仏教について語り合っていたとのことであり、王維にとってこの別荘は隠遁のためや安らぎのための場ではなく、人里離れた、邪魔者の入ることのない修行の場であったのであろう。

（三）近世前期（宋～元）

宋代（北宋九六〇―一一二七、南宋一一二七―一二七九）

宋代は商工業が非常に発達した時代であり、建築技術を含めた科学が発展した時代でもある。北宋末には勅命を受けた李誠により、当時の建築技術を集大成した『営造法式』が編まれ刊行された。また宮廷では、唐代に設立された絵画制作機関である翰林図画院が隆盛を迎え、山水画が大いに発展する。山水画と庭園は不即不離の関係にあり、山水画に関する技術や意識の高まりは、庭園観にも大きな影響を与えたに違いない。

また宋代は各種の園記が大量に出現した時代であった。たとえば、蘇舜欽「滄浪亭記」、司馬光「独《どく》楽園記《らくえんき》」、朱長文「楽圃記《らくほき》」、沈括《しんかつ》「夢渓自記」、陸游「南園記」などが挙げられる。またある地域の複数の庭園を扱った李格非「洛陽名園記」、周密「呉興園林記」もある。

開封《かいほう》には内苑、延福宮、瓊林苑《けいりんえん》、金明池、玉津園《ぎょくしんえん》、宜春苑《ぎしゅんえん》、瑞聖苑《ずいせいえん》など多くの皇家園林が建設された。最も有名なのは開封東北部に建てられた艮岳《こんがく》であろう。徽宗《きそう》皇帝が子孫に恵まれないことを憂いていたところ、道士劉混康が当地の風水を鑑みて艮《うしとら》（東北）の方角に山を造ることを提言した。徽宗はその言を容れて一五〇メートルほどもある山を造り上げ、さらにそこに大庭園を建設した。庭園の様子は徽宗自身の手になる『艮岳記』からうかがうことができる。全国から花竹奇石が集められ、そのさまは中国各地の名山名川と名庭園が一同に会したかのようであったという。しかしこの艮岳も靖康の変によって開封が陥落し、侵入してきた金軍によって破壊されてしまう。

私家園林は、開封や洛陽、そして江南の蘇州や鎮江に多く建設された。洛陽は、北宋期には官僚が引退後に余生を送る地となっており、中でも有名なものは司馬光の独楽園であろう。「洛陽名園記」では「洛陽の諸園中最も簡素なもの」と評されているが、「独楽園記」には、書物五〇〇〇冊を納めた読書堂をはじめとした多くの楼台や亭《あずまや》、五本の川を流し、沼には島を設け、竹林や花園をあちこちに配置するなどの記述があり、これはもう、十分に立派な庭園である。また現存する蘇州最古の庭園である滄浪亭も北宋に始まる。また鎮江には米芾《べいふつ》（一〇五一―一一〇七）の海岳庵が造られる。米芾は美術コレクターであり、石の蒐集家でもあった。今でいうオタクであり、その庭はおそらく趣味全開のものだったに違いない（これも靖康の変で破壊されてしまう）。

北宋の都開封の姿を記述した都市繁盛記である孟元老の『東京夢華録《とうけいむかろく》』には、元宵節《げんしょうせつ》が終わった後、開封の市民たちが郊外の庭園に繰り出す様子が描かれている。皇家・私家園林ともに一年のうち、何日間かは一般に開放する日が設けてあり、そのような日には人々が押し寄せて花見や宴会をしたのである。また「たいてい都の近辺はどこもみな庭園で、百里のうちに荒れ地とてない。」（入矢義高・梅原郁訳、岩波書店、一九八三年）というほど庭園の数が多かったのである。

南宋になって都が臨安（今の杭州）に移り、宮殿や人々の南遷にともなって庭園も当然南方に造られるようになる。臨安にも四〇か所あまりの私家園林が建設されていることが、『武林旧事』に記されている。また呉自牧著『夢粱録』には臨安の庭園の様子が詳しく描かれている。

杭州の庭園といえば、西湖を見おろし、南北両峰を高く仰望し、亭館台榭《だいしゃ》では歌舞音曲が奏でられる。四季折々の景色は変化し、それとともに楽しみも尽きるところがない。そうはいっても、歳月を経る間には、盛衰さまざまだから、好事の仁《ひと》の鑑《きんこう》として、ここに詳しく述べておきたい。城内では、万松嶺の宮嬪王氏の富覧園、三茅観の東山の梅亭と慶寿菴、褚家塘の東の瓊花園《けいかえん》、清湖の北の慈明殿園、楊府の秀芳園、張氏の北園、楊府の風雲慶会閣などがまず挙げられる、望仙橋の南、牛羊司の側にある宦官蔣苑使の居宅のそばに築かれた庭園は、建物や花木の内容がとりわけ豊かである。毎年春の初めには、人々に開放して游観させる。御殿の中では俄仕立てで関撲《かけうり》、即売が行われる。すべて宮廷のやり方に倣い、竜舟、鬧竿、花籃を、花工たちが七宝・珠翠を使い巧緻な技術で飾り立て、花朶《はなぶさ》や冠梳《あたまかざり》はすべて時の流行に従う。官窯製の小皿や碗、時代ものの骨董などが建物の側にならべられて、関撲まがいに売られる。高く透る歌声は清らかで人に耳を傾けさせ、湯茶の接待もこまやかに気が遣われている。車にそのための器がしつらえられ、桃村、杏館などと名付けられた酒肆は、村の景趣に装われる。たった数畝の場所に、観覧に訪れる人はおすなおすなとなる……。

（梅原郁訳『夢粱録』、平凡社東洋文庫、二〇〇〇年）

なお、『呉興《ごこう》園林記』には呉興（湖州）の私家園林が三六か所紹介されている。また蘇州の東南にある呉江には范成大の宅園が造られている。

元代（一二七九―一三六七）

モンゴル族の支配下にあっても、庭園は絶えることなく造り続けられた。元代は趙孟頫《ちょうもうふ》、銭選、高克恭、黄公望、王蒙、倪瓚《げいさん》、呉鎮など多くの著名な山水画家が輩出した時代であり、彼らの中でも、趙孟頫は連荘（河北省清川県）に、倪瓚は無錫に清閟閣《せいひかく》や雲林堂といった私家園林を造った。都は大都（今の北京）に置かれ、皇家園林や私家園林もここに多く建設されている。この時代に蘇州に造られた有名な庭園は獅子林である。今の獅子林には凄まじい規模の太湖石の山脈が造られていて訪れた者を呆然とさせるが、創建当時から築山をもって名を知られていたようである。

（四）近世後期（明～清）

明代（一三六八―一六四四）

唐、宋と時代が下るにつれて少しずつ庭園の建設は、士大夫にとってより身近なものとなった。それがさらにポピュラーなものとなるのがこの明代である。特に明の中葉以降はさらなる経済的な発展とともに、今までの儒教的な「倹約」をよしとする風潮から「奢侈《しゃし》」を快楽とするようなものへと、人々の意識が変わりつつあった（顧凱『明代江南園林研究』、中国・東南大学出版社、二〇一〇年）。「消費社会」の出現である（巫仁恕『品味奢華―晩明的消費社会与士大夫』、台湾・中央研究院、二〇〇七年）。みなは競って芸術に金を使い、庭園の建築に惜しみないエネルギーを注いだ。石を積み上げて山を造ることが流行し始めるのもこの頃からである。また計成や張南陽、周秉忠《しゅうへいちゅう》ら専門の造園作家らが登場し、人々の依頼を受けて庭園を造るようになってきたこともこの時代の大きな特徴の一つである。

首都が置かれたこともあって、北京には数十か所に私家園林が建設された。また建国初に都が置かれていた南京にも多くの私家園林が造られた。そして蘇州には拙政園が、上海には豫園《よえん》が、無錫には寄《き》暢園《ちょうえん》と、今なお残る名庭園もこの時代に造られた。また紹興には、地味であまり訪れる人もいないが、そのたたずまいが味わい深い青藤書屋も建てられている。

清代（一六四四―一九一一）

清代はまさしく庭園が爆発的に増加した時代である。清朝というと西欧の列強に侵略されたり、日本と戦争したりと、かつての勢いどこへやらといったイメージを持つ人が多いかもしれないが、康熙帝や乾隆帝らが統治していた時代までは、清朝は世界に冠たる大帝国であったのであり、東アジア経済の中心地でもあった。

北京には広大な円明園や頤和園のほか、皇家園林があちこちにいくつも建てられ、承徳には我々が想像する庭園の規模を遥かに超えた避暑山荘が建設された。また北京には私家園林も多く建設されるが、恭王府花園（萃錦園《すいきんえん》）や鄭親王府花園（恵園）など皇帝の親族が所有するものも少なくない。それ以外の役人や文人らの所有する庭園には怡園《いえん》、万柳堂、半畝園《はんぽえん》、芥子園《かいしえん》などがある。後述する李漁《りぎょ》は演劇批評家、劇作家として有名であるが、自らが北京に滞在していたときに芥子園という庭園を設けた（南京にも同名の芥子園を建てている）。また半畝園は当初は名臣として知られる賈漢復が所有する庭園であり、李漁によって整備されている。

清代の私家園林の特徴は、園主が官僚でない場合も増えてきたという点にある。揚州などは当時商業の盛んな土地であったが、東園や趣園、また水竹居などこの地の庭園のいくつかは塩商が所有していた。また第二章でも触れるが、留園最後の園主である盛宣懐は大事業家であった。

蘇州にも多くの庭園が建設されたことはいうまでもない。『蘇州歴代園林録』（魏嘉瓚、台湾・文史哲出版社、一九九四年）に挙げられたものを数えてみると、蘇州城内およびその周辺において清代に建設されたものだけでもおよそ一〇〇という数に上り（宋元明に造られて清代まで残っているものはカウントしていない）、今も蘇州市内に残る怡園、網師園《もうしえん》、耦園《ぐうえん》、曲園などはこの時代に造られた。世界遺産となっている環秀山荘は、五代から持ち主とともにその姿を変えてきたが、獅子林に匹敵する現在の太湖石の山が築かれたのは清代においてである。そのほか、徐乾学の依緑園、程文煥の逸園などの庭園は当時名を馳せたが現在は残っていない。また海寧（杭州の東北）の安瀾園は、乾隆帝が南巡で訪れた際いたく気に入り、円明園内にこの庭園を再現させたとの逸話が残る。南京には日本でも中華料理の書『随園食単』で有名な袁枚《えんばい》の随園があった。

以上、非常に簡単ではあるが中国庭園の歴史をざっと振り返った。

陶淵明と「桃花源記」と庭園

陶淵明、またの名は潜、字《あざな》は元亮。一説に、宋代になって名を潜と改めたという。江州潯陽《じんよう》（江西省九江県）柴桑に生まれる（三六五年）。祖父は武昌の太守を務めたことがあったが、陶淵明の生まれた頃、家は没落しかけていた。三七二年（淵明八歳）父没す。二〇歳で結婚する。妻の姓氏は不明。二九歳のとき、農作業だけでは生活を維持できなくなり、縁故を頼って江州祭酒（学校行政をつかさどる）として出仕するが短日にして辞任。三九四年、妻と死別。のち翟氏《てきし》と再婚する。二人の妻との間に五人の子供（儼・俟・份・佚・佟）をもうける。三七歳のとき母の孟氏が亡くなり喪に服す。四〇四年（四〇歳）、鎮軍将軍劉裕の参軍（将軍の補佐官）となる。四〇五年（四一歳）建威将軍劉敬宣の参軍となる。同年の秋、彭沢《ほうたく》（地名）の令（長官）となるが、一一月異母妹程氏の訃報に接して職を辞し郷里に帰る。以後たびたび官職を拝命されるが就かず。四二四年、病む。四二六年、貧と病ますます激しくなる。見舞いの品を受けるも突き返す。四二七年（六三歳）病没す。（松枝茂夫・和田武司訳注『陶淵明全集』、岩波文庫、一九九〇年を参照）

彼は後世の文人の生き方に多大なる影響を与えた人物でもある。仕官の生活をきっぱりと捨てて農村に帰り、清貧の生活に甘んじつつ生涯を全うしたのであるが、その満ち足りた日々を文字に綴った詩文は、それを読んだ並みいる知識人のほとんどすべてをノックアウトしてしまった。そして陶淵明という存在自体が田園を象徴するイコンと化していった。

「帰園田居（園田の居に帰る）」 義熙二年（四〇六）、陶淵明四二歳の作。

其一　　（其の一）
少無適俗韻　　少《わか》きより俗《ぞく》に適《かな》うの韻《しらべ》無《な》く、
性本愛丘山　　性《せい》 本《もと》 丘山《きゅうざん》を愛《あい》す。
誤落塵網中　　誤《あやま》って塵網《じんもう》の中《うち》に落《お》ち、
一去十三年　　一《ひと》たび去《さ》って十三年《じゅうさんねん》。
羈鳥恋旧林　　羈鳥《きちょう》は旧林《きゅうりん》を恋《こ》い、
池魚思故淵　　池魚《ちぎょ》は故淵《こえん》を思《おも》う。
開荒南野際　　荒《こう》を南野《なんや》の際《さい》に開《ひら》かんとし、
守拙帰園田　　拙《せつ》を守《まも》って園田《えんでん》に帰《かえ》る。

方宅十余畝　　方宅《ほうたく》は十余畝《じゅうよほ》、
草屋八九間　　草屋《そうおく》は八九間《はちくけん》。
楡柳蔭後簷　　楡柳《ゆりゅう》 後簷《こうえん》を蔭《おお》い、

桃李羅堂前
曖曖遠人村
依依墟里煙
狗吠深巷中
鶏鳴桑樹巓
戸庭無塵雑
虚室有余閑
久在樊籠裏
復得返自然

桃李《とうり》　堂前《どうぜん》に羅《つら》なる。
曖曖《あいあい》たり　遠人《えんじん》の村《むら》、
依依《いい》たり　墟里《きょり》の煙《けむり》。
狗《いぬ》は吠《ほ》ゆ　深巷《しんこう》の中《うち》、
鶏《とり》は鳴《な》く　桑樹《そうじゅ》の　巓《いただき》。
戸庭《こてい》に塵雑《じんざつ》無《な》く、
虚室《きょしつ》に余閑《よかん》有《あ》り。
久《ひさ》しく樊籠《はんろう》の裏《うら》に在《あ》りしも、
復《ま》た自然《しぜん》に返《かえ》るを得《え》たり。

【若い頃からわたしは世間と調子を合わせることができず、生まれつき自然を愛する気持ちが強かった。ところが、ふと誤って埃《ちり》にまみれた世俗の網に落ち込んでしまい、あっというまに十三年の月日がたってしまった。かごの鳥がもと棲《す》んでいた林を恋い、池の魚がもとの淵《ふち》を慕うように、わたしも生まれ故郷がなつかしく、世渡りべたなもちまえの性格を守り通して田園に帰り、村の南端の荒れ地を開墾しつつある。

宅地は十畝《せ》あまり、草ぶきの家は間取り八、九室はある。楡《にれ》や柳が裏手の軒先をおおい、桃や李《すもも》が座敷の庭先に立ち並んでいる。はるか遠くにかすんでいる村里には、ゆらゆらと炊《かし》ぎの煙が立ちのぼっている。村の奥まった路地裏では犬が吠え、桑の木の梢《こずえ》では鶏が鳴いている。わが家の門や庭にはつまらぬ俗客の出入りはなく、ガランとした部屋は十分に余裕がある。長い間、かごの鳥の生活をつづけ

てきたが、これでまた本来の自然の姿にもどることができた。】
（松枝茂夫・和田武司訳注『陶淵明全集』、岩波文庫、一九九〇年）

また次に見る「桃花源記」において彼の描いた桃源郷の姿もまた後世の庭園造りに大きな影響を与えており、さらには人々が「理想郷」を夢想する際に依拠するモデルの一つとなった。それは多くの詩人がこの桃花源をモチーフに作品を書いていることからもわかる。たとえば手近にある本をめくってみると、李白は「小桃源」、蘇軾は「和陶桃花源」、陸游は「桃源」という題の詩を書いている。

「**桃花源記**」

晋の太元年間、武陵《ぶりょう》に、魚取りを生業《なりわい》としている男がいた。ある日、谷川に沿って船をこいで行くうちに、どれくらい行ったか忘れたが、突然、一面に咲きそろった桃の林に出逢った。川を夾んだ両岸には数百歩のあいだ、桃以外の木は一本もなく、芳《かぐわ》しい花が鮮《あざ》やかに咲き誇り、花びらのひらひらと舞い落ちるさまが実にみごとだった。漁師は甚だ不思議に思い、さらにさかのぼって、その林の奥まで見とどけようとした。林は水源のところで尽きて、そこに一つの山があった。その山に小さな口があって、何かしら光が射しているようだ。そこで船から下りてその口にはいりこんだ。最初のうちはひどく狭くて、やっと人ひとり通り抜けられるくらいだった。さらに数十歩行くと、からりと開《ひら》けて、土地は広く平らに、立派な家屋が立ち並び、よい田畑、美しい池、桑や竹の類《たぐい》があった。道は縦横に通じ、鶏や犬の声が聞こえた。その中を行きかい、畑仕事をしている男女の服装は、どれもみな外国の人のようであるが、老人や子どもまでみなにこにこしていていかにも楽しげである。漁師を見ると、ひどく驚いて、どこから来たのかと聞いた。そこで詳しく話してきかせると、自分の家に連れ帰って、酒の支度をし鶏《とり》をしめて、ご馳走した。村の人々は、その男の来たことを聞き、みなやって来ていろいろ質問し、自分達でいうのだった。「わたしどもの先祖が秦の時の戦乱を避けるために妻子や村人を引き連れてこの人里離れた山奥に来て、もはや決してここを出ず、そのまま外界の人々と縁が切れてしまったのです」。そういってさらに「今はどういう御代《みよ》ですか」とたずねた。なんと彼らは漢代のあったことすら知らなかったのだ。まして魏・晋はいうまでもない。漁師が一々自分の耳にした限りのことを詳しく話してやると、彼らはみな驚いて嘆息した。ほかの人々もまたそれぞれ自分の家に招待して、みな酒食を出した。かくて数日間この地に逗留して、暇を告げて去ったのだが、そのとき村の人々は告げていった。「外界《そと》の人に話すほどのことではありませんよ」。

やがて例の口を出てくると、もとの船を見つけ、前に来た路をたどって、要所要所に目印を付けた。かくて郡の町に着くと、太守のところへ参ってかくかくしかじかと話をした。太守はさっそく人を派遣してその漁師について行かせ、前に付けた目印をたどって行ったが、ついに迷ってもはや路を見つけることができなかった。

南陽郡の劉子驥《りゅうしき》先生は高潔な人物であった。この話を聞くと、喜び勇んでその秘境を探訪しようと計画を立てたが、まだ実現しないうちに、まもなく病気になって世を去った。その後ついにその地を訪ねる人はなかったのである。（同右）

白居易と庭

まずは人物紹介から始めたい。後述する太湖石がメジャーになるきっかけを作った人物なので、やや詳しく説明しておきたい。

白居易、字は楽天、号は酔吟《すいぎん》先生、香山居士。鄭州新鄭県（河南省新鄭県）に生まれる。生後半年で、「之、無」の二字を識別し、五、六歳には早くも作詩を学び、九歳にして声韻を習得したという。一五歳で科挙合格を目指して勉強を開始し、貞元一六年（八〇〇）、二九歳で進士に及第、三年後に校書郎（宮中の図書館の管理官）となる。元和元年（八〇六）、三五歳で盩厔《ちゅうしつ》県尉となる。「長恨歌」はこの年の作。のち翰林学士、左拾遺などを歴任。一連の風諭詩「新楽府」はこの頃作られた。元和一〇年（八一五）、四三歳のとき江州（江西省九江市）司馬に左遷された。文学的自叙伝といわれる「元九に与うる書」はこの年の作。翌年（八一六）、有名な「琵琶行」を作る。この頃陶淵明の旧宅を訪ね「訪陶公旧宅」一編を記す。元和一二年（八一七）、廬山の香炉峰のふもとに草堂を築き、近隣の寺僧と深く交わる。翌年（八一八）忠州刺史に任ぜられる。長慶二～四年（八二二―八二四）杭州刺史に任ぜられる。太和二年（八二八）、刑部侍郎（司法行政をつかさどる中央官庁の副長官）を拝命するも、病と称して官を免ぜられる。洛陽に隠棲する。以後、出仕と隠棲を繰り返し、会昌二年（八四二）、七一歳で官職から退く。会昌六年（八四六）、七五歳で没す。『白氏文集』七五巻（現存七一巻）がある。（川合康三『白楽天詩選』、岩波文庫、二〇一一年を参照）

「草堂記」

かなり長いが白居易の「草堂記」を紹介したい。

廬山《ろざん》のすばらしい景観は、天下一である。山の北峰を香爐といい、峰の北にある寺を遺愛寺という。この峰と寺のあたりの景勝は廬山随一である。元和一一年(八一六)の秋、太原出身の私、白居易はこの景色を一目見て気に入ってしまった。それは遠くへと旅する者が故郷を通りかかった際、恋々として去りがたいさまに似ている。そこで峰に面した寺のそばに草堂を造り、翌年の春に完成した。間口三間に二本の柱、二部屋に四つの窓、広さや設備などは自分の好みと自分の分に合ったものとなった。北の戸を開けると、涼風が吹き込み、夏の暑さを和らげてくれる。高く設けた南側の瓦屋根は、陽光を招いて冬の寒さを防いでくれる。木材は切り出したままで、赤い漆を塗ったりしていない。壁は土を塗り込めただけで、さらに白く塗ったりしていない。階段には石を用い、窓には紙を貼った。竹の簾《すだれ》、麻の帳《とばり》なども部屋にぴったりである。堂(大広間)には四つの長椅子と二つの何も描いてない屏風、漆塗りされた琴を一つと、儒、道、仏の書物をそれぞれ二、三冊ずつ置いた。私はここの主人となり、頭を上げては山を見、うつむいては泉水の音を聴く。傍らには、竹、樹木、雲、石があり、朝から晩まで見ていても、なお見尽くせない。それらの誘うままに心を従わせているうちに、身は快適になり、心も安寧を得た。一晩眠れば体が休まり、二晩眠れば心が恬淡《てんたん》としてくる。三日目以降はもう本当に平和ですべてを忘れてしまい、どうしてそうなったかさえわからないほどである。自問してみたところ、その答えとは以下のようなものである。この草堂は堂の前に平地が縦横各一〇丈（三〇メートルほど）広がっている。その半分ほどの面積を高台が占めており、台の南側にはその台の倍ほどの四角い池がある。池の周りには竹や野草が多くあり、池の中には白蓮が咲き、白魚が泳いでいる。さらに南に進むと石澗《せきかん》（石の多い谷川）がある。石澗を挟んで古い松や杉が生えていて、それらは一〇人でようやく抱え込めるほどの幹を持ち、高さは何百尺あるかもわからない。高く伸びる幹は雲を撫で、低くしなる枝は水面に垂れている。旗が立っているようなものがあるかと思えば、傘が開いているようなものもあり、また龍蛇が進みゆくようなさまのものもある。松の木の下には多くの灌木が生えており、つたかづらの葉や蔦が伸びており、地面に日光が届かないほど折り重なって地を覆っており、そこでは真夏でも秋の八、九月くらいにしか感じない。下には白石を敷いて通路を造ってある。

堂を北に五歩歩いたところに層を成した崖、積み重なった石があり、その凹凸模様は精巧にできており、さまざまな木々や珍しい草花が上を覆っている。緑の葉は生い茂り、赤い実は実って垂れ下がっている。それがなんという名前かは知らないのだが、一年中同じ色をしている。さらに水が湧き出ており、それを沸かし、ここで取れた茶をいれ、この風情を愛する者とともに一日を過ごす。

堂の東には滝があり、高さは三尺（九〇センチ）ほどである。階段の端のほうに水が注いでおり、石渠《せききょ》（石で作った溝）に流れ込んでいて、朝夕に見るとさながら白い絹糸のようであり、夜中には（その音が）女性が腰に付ける環珮《かんぱい》の音か、または琴の音のように聞こえる。

堂の西には、北の崖から竹を割ったものを空中に渡してあり、泉の水を引き込んであり、水脈が分かれていくように、ひさしからみぎり（軒下に雨滴を受けるために石や瓦を置いた場所）に、絶え間なく降るさまは連ねた真珠のようであり、細かい靄《もや》は雨か露を思わせ、したたる滴は風に吹かれて向こうのほうまで飛んでゆく。

周囲の、目で見、耳で聞き、杖つき歩いてゆけるところでは、春は錦繍谷《きんしゅうこく》（廬山にある谷）の花、夏は石門澗（石門は馬耳峰のふもとにある大石の名、その前に谷川がある）の雲、秋は虎渓（東林寺の前にある）の月、冬は廬峰の雪がある。

曇った日の暗い景色、晴れた日の明るい景色、朝夕の露を含みまたは吐き出すさまは、千変万化して極まらず、いくら文字を連ねても書き記せず、語っても語り尽くせない。だから私は廬山第一だというのである。

ああ、人というものは、よい部屋よい敷物があり、そこで寝起きしていれば得意にならずにはいられないものだ。今、私はここの主人となった。さまざまなものが私のもとを訪れ、それがまた仲間を引きつれてくる。内外心身が安寧平静を得ないわけがない。

昔、慧永《ええい》、慧遠《えおん》、宗怲《そうへい》、雷次宗ら一八人がみなこの山に入り、この地で命を全うした。ずっと以前の人のことなのに、私が彼らの気持ちを理解できるのは、こうした訳なのだ。

自分自身を振り返ってみると、幼い頃から今に至るまで、粗末な部屋であろうと、豪華な屋敷であろうと、そこにわずか一、二日しか泊まらなかったとしても、土を盛って台を造り、石を積み上げて山を造り、水をめぐらせて池を造った。山水を好む病はかくの如しであった。

天運の巡り合わせが悪く、（左遷されて）ここ江州郡で仕事をすることになった。しかし郡守は私を優しく迎え入れてくれ、廬山は霊妙なる姿で私に応対してくれた。まことに（運が悪いのではなく）天は私にすばらしい時間を、地は私にすばらしい空間を与えてくれたものだ。ついに私は愛すべきものを手に入れた。ほかにはもう何もいらない。今、私はいまだ職務に束縛され、煩わしいこともまだまだあり、行ったり来たりでまだ落ち着くことができない。弟や妹がみな結婚し、司馬の任期が終わったら、ようやく自由になることができる。そのときには左手は妻子を引き、右手には琴と本を抱え、ここで余生を過ごすという願いをかなえよう。清らかな水や白い石たちよ、私の話を聞いているかい。

時は三月二七日にこの草堂に引っ越してきた。四月九日、河南の元集虚、范陽の張允中《ちょういんちゅう》、南陽の張深之《ちょうしんし》、東林寺、西林寺の長老の湊、朗、満、晦、堅ら、二二人が精進料理を準備し、お茶や菓子を振る舞い、みなで楽しんだ。そこで「草堂記」を記したのである。

「草堂記」の前半部では草堂の様子を非常に詳しく記してあるが、このような「堂の南には○○があり、南に進むと××があり、……」という、歩きながら紹介していくような描写は後の明代、清代における庭園の説明と同じである。ある起点から位置関係を説明しながら何が建っているかを述べていくので、庭園全体の布置が絵を使わずとも理解できるようになっている。この庭園描写の記述法に関しては、「拙政園図」を取り上げる際にもう一度触れる。

白居易は杭州刺史の任期が満了となって洛陽に戻った際に洛陽城の東南の角の履道坊《りどうぼう》というところに邸宅を購入し、天寿を全うするまで、ずっとそこで起居した。そして彼はこの邸宅にも庭園を造っており、その様子が「池上篇」という詩に表されている。この邸宅については川合康三氏が現代語訳を含めて紹介しているのでそれを参照されたい（『桃源郷―中国の楽園思想』、講談社選書メチエ、二〇一三年）。川合氏は、この邸は石や植物などを蘇州・杭州から持ち帰っていることから江南の風景を模したもので、ここそが「生来の嗜好を集大成した」ものだと述べている。一九九二〜三年にこの白居易邸宅遺跡が発掘・調査されてさまざまなことがわかった。住宅は土地の北部の東寄りに位置していた。北側に正房を持ち、南に門房があり、その間に中庁がある、縦に建物が並んでいる典型的な中国式の家屋であったようである。邸宅からは多量の陶磁器が出土しており、酒器と茶器や硯も含まれていたそうである（『遣唐使が見た中国文化―中国社会科学院考古研究所最新の精華』、奈良県立橿原考古学研究所附属博物館特別展図録 第四五冊、一九九五年）。

蘇州について

谷崎潤一郎は大正七年（一九一八）の一〇月から一二月にかけて、一人で中国を旅行している。朝鮮から満州に入り、次いで北京へ、さらに漢口、武昌、廬山と南下し、南京、蘇州、杭州と江南地方を回り、上海から出国して日本に帰っている。そして各地で見聞したことを随筆に著しているが、以下の引用は江南を旅したときのことである。

南へ南へと行くに従つて支那はだんだん美しくなるのではあるまいか。現に窓外に連なつて居る豊饒な田園の趣にしても、直隷河南あたりの蕭殺たる原野の風物とは雲泥の相違である。絶え間なく打ち続く緑の桑畑や、桃の林や、楊柳の並樹や、その間を点綴する水溜りには数十羽の鶩《あひる》が群がつて泳いで居るかと思うと、忽ちにして夥しい薄《すすき》の穂が日にきらきらと輝いて居る丘陵がある。丘陵の蔭から高い塔が聳えて来たり、町の城壁の古びた煉瓦塀が蜿蜒とうねつて現れたりする。此の景色を前にして、停車場ごとに出たり這入つたりする美しい女たちの風俗を眺めて居ると、私の夢はひとりでに楊鉄崖や高青邱や王漁洋の詩の世界に迷ひ込んで行くやうな心地になる。

（「西湖の月」、『谷崎潤一郎全集』第六巻、中央公論社、一九六七年）

また谷崎は、一一月二二日から二五日にかけて蘇州に滞在した。そのときのことを「蘇州紀行」という一文に著している。その中で彼は「画舫」と呼ばれる、宴会などに用いる華美な装飾を施した船に乗って、蘇州城の南側にあった日本租界から出発して、蘇州城南西部の胥門《しょもん》あたりから西へと向かい、蘇州の西方約一四キロのところにある天平山まで行き、寒山寺まで戻ってきたところまで記している。現在の蘇州の地図で見ても船で同様のルートを行くことは可能なようである。彼が船上から見た景色を、街なかと郊外との二つを選んで紹介したい。

川筋の混雑は前よりも一層甚だしく、殆んど深川の小名木川を想ひ出させる。例によつて乞食船がある、泥船がある、蝦をあさる船がある、肥船がある、其の間を掻い潜つて、鵞鳥がガアガアと啼きながら、騒々しく水の上を泳いで廻る。町家の女房らしい婦人が、汀の石段にしやがんでササラでお鉢を洗つたり菜を洗つたりして居る。そんな間を一町ばかりうねうねと漕いで行つたかと思ふと、右側の町の中に又幅の狭い運河があつて、それに鼓橋が懸つて居る。

（「蘇州紀行」、『谷崎潤一郎全集』第二三巻、中央公論社、一九六九年）

河上の方には両岸に一と叢《むら》の灌木の林があつて、水はその林の枝葉の下に隠れてしまふのであるらしい。此方から眺めると、林のあるあたりがいかにも清い美しい仙境のやうに感ぜられる。お伽噺のお爺さんやお媼《ばあ》さんの住んでゐる村は、きつとあゝいふ所にあるのではないか知らん。さうして、桃太郎の桃の流れて来る川は、大方こんな川だつただらうなどと思ふ。……（中略）……すると、その川上の仙境の方から、一艘の船がゆるゆると、桃が流れて来るやうにゆるゆると、櫓の音も立てずに此方へ漕いで来る様子である。船は第一の鼓橋を潜り、第二の鼓橋を潜り、第三の鼓橋を潜つて漸く私の方へ近づいてくる。それは私の船と同じくらゐな大きさの画舫であつた。屋根の下にはどんな客が乗つてゐるか分からないけれど、舳には扉の左右に二人の歌妓がうづくまつて居る。右の方は浅黄の服を着た、細面の色の白い女。左の方は茶色の服を着た、瞳の大きい色の黒い女である。二人とも片膝を立てゝ、頬杖を衝いたまゝ身動きもしない。あの盆石のやうな遠山を背景にしてゐるので、その女までが箱庭の中の人形のやうである。船が擦れ違う時に、私はちらりと二人の顔を偸み視たが、どちらも人形と云ふ感じに背かない美女であつた。（同右）

蘇州は江南地方の代表的な都市である。上海から高速鉄道に乗れば三〇分足らずで到着する。蘇州市内の様子は大上海とはまったく異なっている。京都と同様に建築物の高さ制限があるために高層ビルは建っていない。大通りをはずれて一歩路地に入ると、黒い屋根瓦に白い壁の民家が路地を挟んで連なっている。運河が町なかを流れ、井戸で洗濯をしている人を見かけることもある。たくさんの街路樹が緑をもたらし、その下を輪タクがゆっくりと走って行く。

かつての蘇州城内は運河が縦横に流れていた。『中国の水郷都市―蘇州と周辺の水の文化』(陣内秀信編、鹿島出版会、一九九三年)には、南宋の一二二九年に制作された蘇州の地図である『宋平江図』から運河だけを抜き出した図が載っているが、町の中に網の目のように運河が張り巡らされていた様子がうかがえる。たとえば名園の一つである滄浪亭は、蘇州市街のど真ん中、蘇州市を南北に貫く人民路という道の南寄り、ちょうどりっぱな孔子廟のあるところを東側に入って一〇〇メートルほどのところにある。この庭は現存する蘇州庭園の中でも最も早い宋代に建てられた。初代園主の蘇舜欽は自ら「滄浪亭記」を著して庭園を構える経緯を伝えているが、その中に自宅から船に乗って亭に向かうという記述があり、当時は船で町の真ん中までやって来られたのだということがわかる。その後、徐々に運河は埋め立てられていくが、現在でもいくつかは街中に、縦に横にと何筋かは残っている。街の東部を運河に沿って南北に走る平江街という通りがある。1 現在再開発が行なわれて、運河を眺める場所にカフェやレストランが建ち並んでいるが、その建物も昔の建物をそのままリフォームして使用しているものが多く、石畳の

1蘇州平江街

2平江街沿いの運河

敷かれた道を歩いているだけで楽しくなる。運河には観光客を乗せた手こぎの船が往来しており、素朴な装いの民家や岸辺から川面に枝を垂らす柳と相いまって、往年の蘇州を味わわせてくれる。2

蘇州は明代嘉靖以降に、巡撫《じゅんぶ》（省の地方長官）が置かれて以後、江蘇の政治の中心となり、また手工業や商業が発展して経済的な面から見ても、中国国内はおろか世界的規模で見ても有数の都市の一つとなっていた。また科挙合格者の二割以上をこの地から出し、文人らがことあるごとに集う文化都市でもあった（魏嘉瓚『蘇州古典園林史』、上海三聯書店、二〇〇五年）。宮崎市定氏によれば、福建の漳州からは、絹を筆頭とする蘇州の商品が海外に輸出され、また異国の商品が輸入されて蘇州に集まり、明代の万暦年間にはその隆興は絶頂に達したという。その後はやや後退するが、清代に入り康熙帝の時代に入ると、生産力が復活し再び繁栄を取り戻す。広東や福建廈門の港にイギリス、オランダ、フランスの船が入港し絹布などを買い付けたが、蘇州では専門の工房が立ち並び、対外貿易によって栄耀を得た。しかし乾隆帝期の中頃から貿易が停滞し始めると蘇州の経済も衰退していき、太平天国の乱が転機となって江南の栄華は蘇州から上海に移ることになる（「明清時代の蘇州と軽工業の発達」、『宮崎市定全集』第一三巻、岩波書店、一九九二年）。

『園冶』

ここで『園冶《えんや》』について説明しておきたい。『園冶』とは、造園に関するさまざまな技術的メソッドを詳細に記した書物であり、明の計成によって執筆された。計成は、万暦七年（一五八二）に蘇州の同里で生まれた。字は無否、号は否道人。卒年は不明である。東第園（常州）、寤園《ごえん》（儀真）、影園（揚州）などいくつもの庭園の造築を手がけた名うての造園家であり、後半生に至って著した書物がこの『園冶』である。原稿が完成したのは崇禎四年（一六三一）、刊行されたのは三年後の崇禎七年（一六三四）のことであった。

書物は「相地」「立基」「屋宇」「装折」「門窓」「鋪地」「掇山」「選石」「借景」から構成されている。土地を選ぶところから、基礎建築、建物を建てること、装飾について、門や窓について、鋪地という模様のある鋪装について、どのように山を造るか、庭石の種類について述べていき、最後に借景に関する記述で終わる。窓や扉、鋪装のデザインをカタログのように図示したりして、非常に具体的でわかりやすい。このマニュアルがあれば庭園の建設はずいぶんと容易になるであろうことは想像に難くない。

ところがこの『園冶』は発禁処分を受けてしまう。その背景はこうである。阮大鋮《げんたいせい》（一五八七―一六四六）という人物がいたが、彼は悪名高き宦官《かんがん》である魏忠賢に仕え、東林党や復社に弾圧を加えたのである。『明史』では奸臣列伝に入れられている。その中でも彼は「機敏な滑賊であるが、才藻がある」と評されているように、文才にも優れるという一面も持ち、戯曲作家でもあった。同時代人である張《ちょう》岱《たい》（一五九七―一六八九）は、その著書『陶庵夢憶』の中で、阮大鋮が自前の劇団を使って上演した芝居について、大道具小道具などの舞台装置から、脚本、演出、俳優の演技に至るまで、すべてにおいて傑出していたと評価していた（「阮円海の演劇」、岩波文庫、一九八一年）。

この阮大鋮は、計成に自分の庭園である石巣園を改修させているが、実は計成は彼の門客でもあった。『園冶研究』を著した佐藤昌氏によれば、『園冶』に阮大鋮の序文が載せられていること、出版元の安徽省安慶は阮大鋮の出身地であることから鑑みて、この著作を出版したのは阮大鋮かその関係者だと述べる（佐藤昌『園冶研究』、財団法人日本造園修景協会東洋庭園研究会、一九八六年）。

清の乾隆年間に阮大鋮の著書はすべて発禁となってしまい、本書もまたその巻き添えとなって発禁となってしまうのである。『園冶』の原刻本は江戸時代に日本にもたらされ、その後内閣文庫に収められる。そして一九三二年に内閣文庫本をもとに北京で復刻されるに至る。では『園冶』はまったく中国では読まれなかったのかというと、実はそうではない。『奪天工』や『木工全書』という別の書名を付けられ、阮大鋮の序文を削除して印刷され、流通していた。

同里を旅したとき、計成の故居に遭遇したことがある。当地の名庭園である退思園を訪問することが目的であったが、そのエリアは街全体が観光地として整備されていてあちこちに土産物店や食堂ができていた。崇本堂、嘉蔭堂などのすばらしい庭園を備えた邸宅も参観し、街をぶらぶらと歩いていたら、目の前の壁に「計成故居」という額が嵌め込まれているのに気が付いた。その横の入り口から入ってみたが、民家がただ連なっているだけであった。表の額は計成の住居がここにあったと示しているにすぎないということなのだろう。しかし庭園を見に来て計成の故居に遭遇して気分が高揚したことを今でも覚えている。

滄浪亭

先ほど触れた滄浪亭をもう少し紹介しておきたい。この滄浪亭は、蘇州に現存する最古の園林である。五代にはじめて孫承祐によって建てられたが、一〇〇年後に廃棄される。北宋の慶暦四年（一〇四四）に集賢院校理（経籍の編集・刊行や散逸した書籍の探索を行なう役所で校勘・整理を行なう）であり、詩人でもある蘇舜欽が免職されて蘇州に流れて来る。彼は遺棄されていた孫氏の園林を四万銭あまりで購入し、河のほとりに亭を建て、「滄浪亭」と名付ける。友人である著名な詩人の欧陽脩によって長詩「滄浪亭」が書かれて以後、この園林は人口に膾炙《かいしゃ》するようになり、また著名な文人らによって多くの詩文が書かれることとなる。蘇舜欽による「滄浪亭記」を紹介したい。庭の様子が描かれ、そこに身を置くことで心身が爽快になっていく過程と俗世間への嫌悪が語られている。

「滄浪亭記」

私は罪によって官位を廃され、帰るところもないので、船に乗り南に下り呉都にやって来た。はじめは借家に住んだが、時は真夏、蒸し暑く、土地は狭苦しくて、暑気を払うこともできない。爽やかで開けた土地を得てのびのびしたいと思うが、入手できていない。ある日、郡の学校を通りかかったとき、その東に草木が鬱蒼と茂り、そこに高い丘、広々とした水辺があり、その様子は蘇州城内であるとは考えられない。

花々が咲き、竹がすっくとのびるその間、水に沿って小径があり、その道を東に数百歩行くと空き地があった。そこは縦横合わせて五、六〇尋（一二〇〜一五〇メートル）ほど、三方は水に面しており、小さな橋を渡って南に行くと、そこはさらに広く、また近くには誰も住んでいない。どちらを向いても木々がびっしりと生えている。昔から住んでいる老人に尋ねると、五代十国時代の広陵王銭元璙の親族である孫承佑の邸宅であったとのことである。地形がすばらしく、私は気に入ってしばらく歩き回り、遂に四万銭を出してこれを買うことにした。亭を北碕に構え、「滄浪」と名付けた。

前には竹が生え、後ろには水辺があり、その水辺の後ろにはまた竹と、景色は極まることがない。澄みきった川と緑の木の幹の光と影が建物のあいだにきらめいており、とりわけ風月との取り合わせは格別である。

3 滄浪亭

私はときには小舟に乗り、頭巾を被って亭に向かった。到着すると気持ちがたちまち爽やかになり帰ることも忘れてしまう。ときには両足を投げ出して高歌し、またときには座って嘯詠する。誰も来ないここで、魚鳥とともに楽しむ。身体が快適になれば心が乱されることもなくなる。見るもの聞くものによこしまなものがなくなれば、ものの道理は自然と明らかになる。日々わずかな利害に我が身をすり減らしてばかりで、このような真の楽しみを知らなかったとは、なんと見識が狭かったことか。ああ。

人はもともと単なる動物である。情を体内で好きにさせると性は隠れてしまう。そしてこの情は外物に出会うと引っ張られていってしまうが、長いこと外に出ているとそこで溺れてしまうのは、当然の理である。それに打ち勝って考え方を改めねば、心は痛み閉ざされてしまう。仕官は人を最も深く溺れさせるものだ。いにしえの才人君子であっても、ひとたび己れを失ってしまえば死に至る者も多いが、それは自らに勝つための道をわかっていないのである。私は官位を廃されてやっとこの境地を得ることができた。精神はからっと開けて雑念もない状態に落ち着いて、みなと競い合うこともない。内外得失の原因を見極め、悠然と構えて、万古を笑い飛ばせるようになった。目にしたものを未だに忘れることができないものの、それを己れの戒めとするばかりだ。❸

中国庭園に関する本

日本で中国庭園について調べてみたいと思った場合、たとえば書店や図書館に出かけてみても一般の人に向けて日本語で書かれた書物というものはあまり多くない。専門家が少ないというのも理由の一つであろうが、出版社が興味を示さないというのも大きな理由であろうと思う。以下、日本語で書かれた中国庭園に関する本をいくつか紹介するが、古いものも若干混じっている。ただ、現在はインターネットで古書が容易に買える時代でもあるし、ざっと紹介しておきたい。

・『中国の庭』（杉村勇造著、求龍堂、一九六六年）古代から清代までの庭園を紹介しつつ、合い間に歴史的エピソードや文人との関わり、そこで読まれた詩などを適宜紹介するバランスのとれた解説書。書物の半分のボリュームを持つ付録はさながら園林辞典となっている。

・『中国の名庭―蘇州古典園林』（劉敦楨著、田中淡訳、小学館、一九八二年）　中国庭園に関する名著を中国建築研究の碩学が翻訳した豪華な著作。文献に裏付けられた解説と実測にもとづく図版が多数収録されており、庭園について語る場合避けて通れない書物である。

・『蘇州園林』（陳従周著、横山正訳、リブロポート、一九八二年）　著者の陳従周氏（一九一八―二〇〇〇）は上海にある同済《どうせい》大学の教授で中国庭園の研究者である。中国庭園に関する著書も多く、また豫園の修復も指揮している。本書は、少量の解説と大部分の写真および実測図面から成り、解説部分の訳注は行き届いており非常に役に立つ。

・『中国の庭園―山水の錬金術』（木津雅代著、東京堂出版、一九九四年）　『蘇州園林』の著者である陳従周氏に師事した著者が豫園修復の様子を丁寧に解説する。庭園がどのように建設されていくかがよくわかる。後半部分の、庭園の空間分析や中国人の石への偏愛についての記述もきわめて示唆に富む。

・『中国庭園』（青羽光夫著、誠文堂新光社、一九九八年）　前半が中国庭園の概要で後半は中国各地の庭園の紹介。全ページカラーで非常に美しい。

・『江南の庭―中国文人のこころをたずねて』（中村蘇人著、新評論、一九九九年）　蘇州、揚州、上海の庭園について、一つひとつ独自の視点で語っていく。その語り口の中に著者の庭への愛が溢れている。

・『明代中国の庭園文化―みのりの場所／場所のみのり』（クレイグ・クルナス著、中野美代子・中島健訳、青土社、二〇〇八年）　中国庭園を経済的視点から読む異色の書。園内で採れた野菜や果物は売買され家計の足しになっていたことなどが指摘されている。

また一冊の専著ではないが、たびたび中国庭園に言及しているのは中野美代子氏の著書である。同氏は、学問上は中国文学研究者に分類されはするものの、その著作は中国や文学といった枠にとらわれず、西洋文化も視野に入れた、自由自在かつ圧倒的なスケールで、庭園を含めた空間に関するさまざまな観念についての見取り図を描き出しており、その射程は小著の到底及ぶところではない。中国庭園に関係するものとしては、『龍の住むランドスケープ―中国人の空間デザイン』（福武書店、一九九一年）、『ひょうたん漫遊録―記憶の中の地誌』（朝日選書、一九九一年）、『奇景の図像学』（角川春樹事務所、一九九六年）などが挙げられる。

三浦國雄氏は中国思想の専門家であるが、この三浦氏の著書もお堅い学者の訓詁学的な仕事を軽々と飛び越えて、今まで見たことのなかったような目の覚める説を次々に繰り出し、庭園を含めた中国的な空間というものが、どれほどの不思議に満ちているかを鮮やかに提示してくれる。『気の中国文化』（創元社、一九九四年）、『風水・中国人のトポス』（平凡社ライブラリー、一九九五年）などが参考になる。

そのほかの著書や論文などは随時必要に応じて紹介していきたい。

第一章　拙政園　蘇州の庭（一）

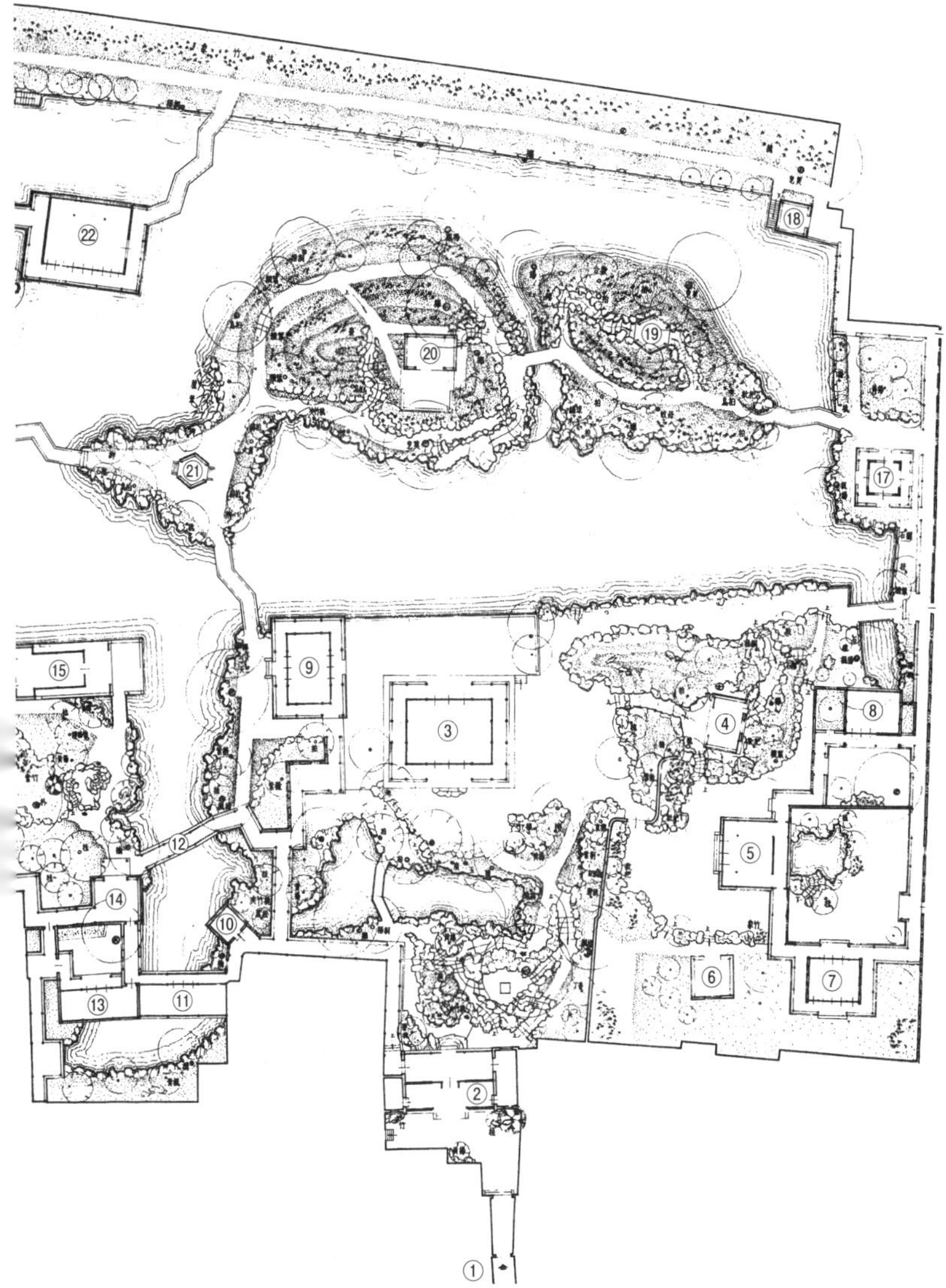

①
②
③
④
⑤
⑥
⑦
⑧
⑨
⑩
⑪
⑫
⑬
⑭
⑮
⑰
⑱
⑲
⑳
㉑
㉒

［拙政園中部・西部平面図］（『蘇州古典園林　図録』〔台北・風格出版社、2001 年〕参照）
①(昔の)入口／②腰門／③遠香堂／④繍綺亭／⑤玲瓏館／⑥嘉実亭／⑦聴雨軒／⑧海棠春塢／⑨倚玉軒／⑩聴松風処／⑪小滄浪／⑫小飛虹／⑬志清意遠／⑭得真亭／⑮香洲、瀓観楼／⑯玉蘭堂／⑰梧竹幽居／⑱緑漪亭／⑲待霜亭／⑳雪香雲蔚亭／㉑荷風四面亭／㉒見山楼／㉓柳陰路曲／㉔別有洞天／㉕宜両亭／㉖卅六鴛鴦館／㉗十八曼茶羅花館／㉘倒影楼／㉙浮翠閣／㉚与誰同坐軒／㉛笠亭／㉜留聴閣／㉝塔影亭／㉞盆景園

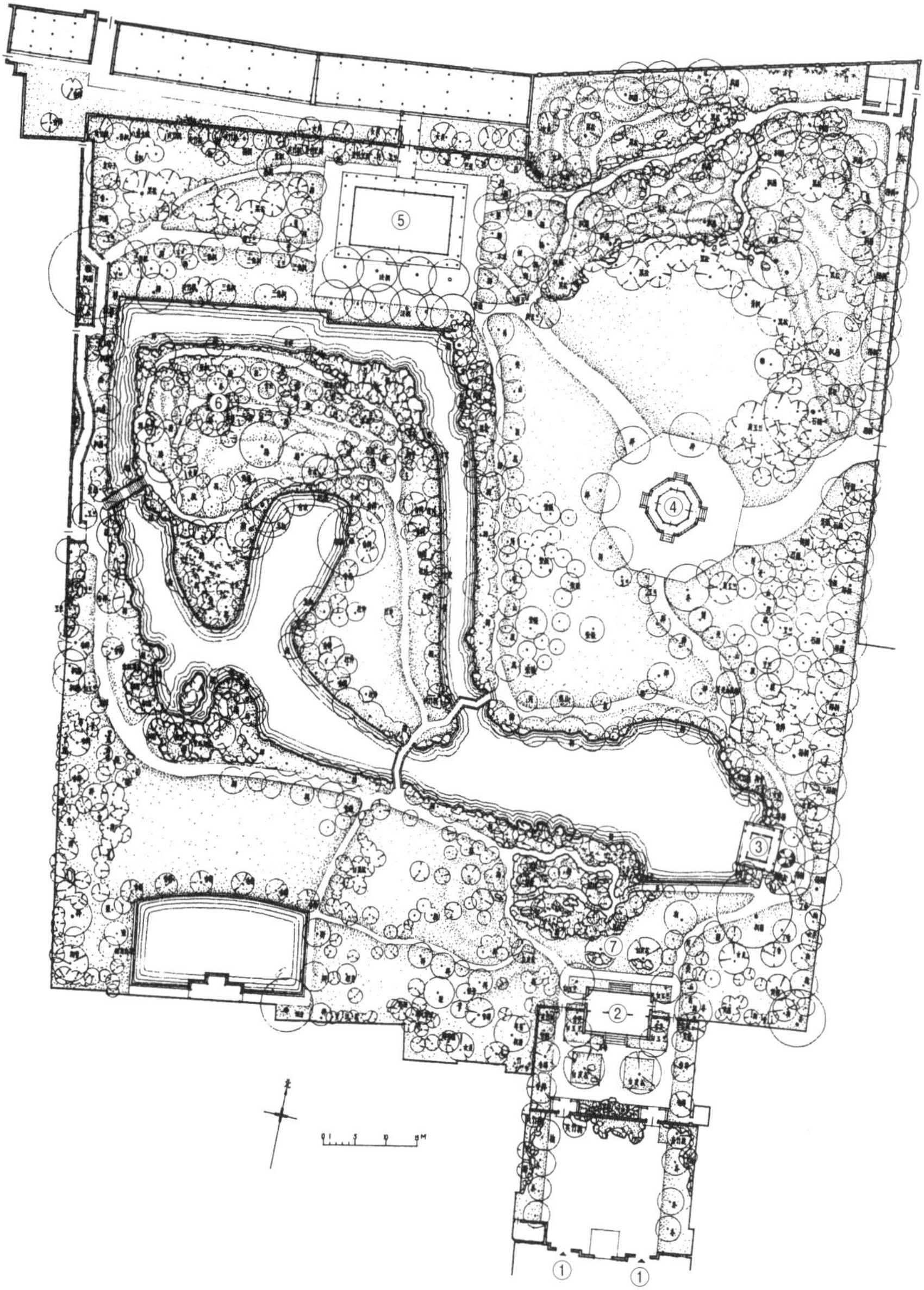

[拙政園東部平面図]（『蘇州古典園林　図録』〔台北・風格出版社、2001 年〕参照）
①入口／②蘭雪堂／③芙蓉榭／④天泉亭／⑤秫香館／⑥放眼亭／⑦綴雲峰（太湖石）

拙政園の位置とその規模

拙政園は蘇州市街地の東北エリアに位置している。園の東側には百家巷《ひゃかこう》という道が走り、北側は平家《へいか》巷《こう》が、そして西側には斉門路《せいもんろ》が走っている。斉門路という名はその昔その道をまっすぐ北に進んだところに斉門という城門があったことにちなむ。当時の斉門の写真を見ると、運河に向かって半円形に突き出ており、水面に描かれた弧の形がたいそう美しい。拙政園の南側を走る東北街（昔は「迎春坊」と呼ばれていた。現在の蘇州市街の南方を南北に走る迎春路とは異なる）は、現在は整備され石畳の敷かれた遊歩道となっていて、一般の車は入れない。この東北街を東にずっと進んでいくと、昔は婁門《ろうもん》という三重構造の重厚な門があった。現在、この斉門と婁門を復元する計画が持ち上がっていて、その青写真がインターネットでも見られるが、どうも普通のどこにでもあるようなデザインの城門となっていて、市民からも味気

1拙政園の現在の入り口

2拙政園の昔の入り口

ないとの声が上がっているようだ。園の東側には土産物を売る商店が軒を連ね、一種の街と化している。さらにその東側に車が通行できる道路が走っていて、観光バスが観光客をひっきりなしに吐き出している。向かって反対側である拙政園の西隣りには忠王府があり、そのまた西側にはモダンなデザインの蘇州博物館がある。忠王府とは太平天国の指導者の一人李秀成が蘇州を陥落させた後に構えた役所である。この忠王府と蘇州博物館は中で繋がっており、博物館側に入り口があり、忠王府から外に出るようになっている。後で述べるが、この忠王府の土地ももとは拙政園の一部であった。東北街の南側には土産物屋が軒を連ね、そのさらに南側には細い運河が東西に走っている。拙政園から南に一五〇メートルほど下ると、有名な獅子林がある。

拙政園の全面積は約五万五〇〇〇平方メートル、開放されている部分は約四万八〇〇〇平方メートル、蘇州市内で最大の中国庭園である。現在は、東部、中部、西部の三つに大きく分かれている。入り口は東部の南側にある。❶大きく立派な牌楼《はいろう》が立ち、多くの観光客が記念撮影をしている。切符売り場はその左右にあり、書籍や写真集を売る店もそこにある。ついでにいえばフリーの観光ガイドがうようよいて、ひっきりなしに客に声をかけている。

しかしかつての入り口はここではなかった。元来、園の入り口は中部の真ん中あたりにあったが、現在は閉ざされている。❷写真からわかるように、扉はかなり小さい。以前NHKの番組で見たことがあるのだが、この昔の入り口から入ると、人が一人か二人ほどしか通れそうもない狭い通路が伸びており、通路の両側には高い白壁が空を圧するようにそびえ立っている。園を訪れた客はその縦に薄っぺらな空間を窮屈な思いをしながら前へと進むしかない。少し広い場所に出るとそこには門がある。そこをくぐり抜けるとようやく庭に出るのだが、そこには岩山が立ちはだかってなおも観客の視線が園を望むことを阻む。岩山を迂回してようやく建物や池が見えてくるのである。

なぜこのような仕掛けをするのかといえば、次章の留園でも触れるが、すぐに全体を見せずにおくことで、客にさまざまな期待と想像をさせるためであり、狭い空間を通過することで、開けた空間に出たときの開放感を味わわせるためである。また外の猥雑な空間と庭園のある空間とを区切ることで、客にまったく別の空間に来たことを体感させるためでもある。中国では、昔からこの世から仙界などの異空間に紛れ込む物語があるが、その場合「洞窟を通る」という行為が発端となっていることが非常に多い（この洞窟に関しては後述する）。そしてこの拙政園の狭い閉鎖的な通路も同様の働きをしている。

3蘭雪堂

現在の入り口に戻って、とりあえず切符を購入して（入場料は二〇一四年の時点で七〇元。四月一六日から一〇月三〇日のハイシーズンは九〇元）、中に入ろう。大門をくぐると高い白壁に挟まれた空間があり、その中央に蘭雪堂が鎮座している。3「蘭雪」の名は李白の詩「独立天地間、清風灑蘭雪（独り天地の間に立ち、清風 蘭雪に灑《そそ》ぐ）」にもとづく。蘭雪堂とは、拙政園が最初に二分割されたときに東部の所有者となった王心一が、整備した東部「帰田園居」の中に設けた堂の名である。沈徳潜《しんとくせん》（一六七三—一七六九）の「蘭雪堂図記」によれば、当時は園の中央にあったようだ。堂の中には大きな衝立が立ち、

4拙政園東部

そこには漆塗りの板に拙政園全図が描かれており、緑の描線が目を引く。蘭雪堂を出てその後ろに回り込むと、そこでようやく視界が開ける。目に入るのは、ぽっかりと開けた空間に建物や木々が点在している光景である。地面が少し小高くなっているところはあるが、この東部は基本的にだだっ広い平らな空間からなる。一番奥の北端にある建物までが見通せる。ここでは空が広い。4

拙政園の歴史

東部の紹介をする前に拙政園の歴史を簡単に記しておきたい。ただし、拙政園は五〇〇年以上もの歴史を持つ庭園である。よって現在までの足取りは非常に複雑なものとなっている。その理由は、簡単である。庭園は、土地と、そこに建てられた建築物、植物や石から成る一大財産である。持ち主が維持できなくなれば手放され、持ち主が替わるとその趣味趣向によって改築が行なわれる。あるいは買い手がつかず、そのまま数年が経てば、手入れされない植物はあっという間に無秩序状態になり、メンテナンスされない建物はほこりまみれとなってやがて朽ちていく。ほぼすべての庭園が同様の道を辿っている。拙政園においてもそれは例外ではない。土地は分割され、別々の人に購入され、思い思いに手を加えられ、その姿を刻々と変えられていったのである。

明の正徳四年（一五〇九）、官界に失望した王献臣が故郷の蘇州に建てたのが拙政園である。王献臣の生卒年は確認できない。『明史』列伝および『文徴明年譜』によれば、王献臣、字《あざな》は敬止、号は槐《かい》雨《う》。先祖は蘇州の人で、弘治六年（一四九三）に科挙に及第し進士となる。御史（役人の不正を調査する）となり、紆余曲折を経つつ広東駅丞《えきじょう》（長官の補佐）や永嘉知県（長官）、高州通判（副長官）などを歴任する。

この地はさかのぼれば、もとは後漢の陸績（一八七―二一九）の邸宅があったところである。この陸績は、『三国志』において呉の武将として有名な陸遜（一八三―二四五）の同族である。東晋の際には琴曲の作家である戴顒《たいぎょう》（三七八―四四一）が家を構え、唐末には詩人の陸亀蒙《りくきもう》（？―八八一）が住み、また北宋のときには学者の胡稷言《こしょくげん》（生卒年不詳。字は正思）がこの地に田畑を築き池を掘り、また五柳堂なる建物を建てて陶淵明を追想した（「五柳」は陶淵明の号）。元の大徳年間（一二九七―一三〇七）に寺院が建設され、延祐年間（一三一四―一三二〇）には大弘寺の寺額が下賜された。またその東側には別に東斎が創建された。元末に寺院が荒廃したときもこの東斎は残っていたという。元末の混乱期、至正一六年（一三五六）に張士誠（一三二一―一三六七）が蘇州を占領したときには、娘婿の潘元紹がこの地を管理した。

そして明の正徳四年（一五〇九）、王献臣が大弘寺の址《あと》に庭園を建築するに至る。はじめは名前がなく単に園池とだけ称されていたが、正徳一二年（一五一七）頃に拙政園という名に定まったという記録がある（『文徴明年譜』）。

「拙政」の名は西晋の詩人である潘岳《はんがく》（二四七―三〇〇）の賦「閑居賦」の序「園に水を灌《そそ》ぎ、蔬《な》を粥《ひさ》いで以て朝夕の膳に供す…此れ亦た拙《つたな》き者の政を為すなり」にもとづく。「畑に水をやり取れた野菜を売っては、朝夕の食費に供す、…これだってりっぱに拙い人間の政治参加なのである」の意（興膳宏『潘岳・陸機』、筑摩書房、一九七三年）。

文徴明と「王氏拙政園記」

拙政園の最初期の様子は文徴明の「王氏拙政園記」に記されている。その記述を少し紹介したいのだが、その前にまずは文徴明について簡単に説明しておきたい。文徴明は初名は璧《へき》、徴明は字である。後年、字をさらに徴仲に改める。号は衡山。父は文林（一四四五―一四九九、一四七二年の進士、官は温州知府）。文徴明は当時の蘇州画壇の重鎮であった沈周《しんしゅう》（一四二七―一五〇九、字は啓南、号は石田）に師事する。沈周の周りには常に文人や芸術家らが集まっては交際を結んでいたが、徴明の父である文林もその一人であった。

文徴明自身は科挙には及第しなかったが、嘉靖二年（一五二三）に特に召されて翰林院待詔に上り、『武宗実録』の編纂に参与した。官に居《お》ること四年で辞して帰郷し、玉磐山房を築いて文墨三昧の生活を送った。蘇州文苑の長老として尊敬を集め、九〇歳で没した。画は緻密で技巧に優れ、文人画の再興に寄与し、後世への影響も大きかった。

『文徴明集』に収められている詩文や『文徴明年譜』を眺めていると、王献臣や拙政園の名がしばしば挙がっており、文徴明が頻繁に拙政園を訪れていたこと、王献臣と会っていたことが確認できる。少し例を挙げると、王献臣が福建に左遷させられるとき（一五〇〇年）には「侍御王君の上杭丞に左遷さるるを送るの叙」を著し、「王侍御敬止の扇に書す」や「又た敬止所蔵の仲穆馬図に題す」という詩を一五〇三年に書いている。拙政園はまだ建設されておらず、二人が設園以前からの仲であったことがわかる。以下、両者の交流が確認できる部分を箇条書きで示しておきたい。


正徳九年（一五一四）　春、「王献臣の園池にて飲む」の詩あり。

正徳一〇年（一五一五）「王敬止『秋池晩興』に次韻す」の詩あり。

正徳一二年（一五一七）王献臣の園池が拙政園という名に定まる。

正徳一三年（一五一八）王献臣が文徴明の書斎である停雲館に竹を贈り、文徴明は詩を作り感謝を表す。

正徳一四年（一五一九）正月二日、雪の中、拙政園の夢隠楼に登り酒を飲み日を終える。

嘉靖七年（一五二八）三月一〇日、王献臣のために「拙政園図」と「題」を書く。

嘉靖八年（一五二九）秋、拙政園にて飲む。席上にて王献臣の詩に次す。

嘉靖一〇年（一五三一）王献臣の「拙政園詩」三〇首に題す。

嘉靖一一年（一五三二）三月六日、王献臣の拙政園に立ち寄り蘇軾「洋州園池詩」を模写する。また紫藤を園中に手ずから植える。

嘉靖一二年（一五三三）五月既望（一五日）、「拙政園画冊」を制作。


右にもあるが、文徴明は一五二八年に「拙政園図」を制作した。拙政園の三一か所の風景をそれぞれ絵に描き、またその一つひとつに詩を付けて、その詩も適宜字体を変えるという凝った作りである。園主の王献臣は官吏であって芸術家ではないことからすると、拙政園創設時に文徴明がさまざまなアイディアを出したのではないかという想像が働くのはそう理不尽なことではない。文徴明にしてみれば、今まで描いてきた山水画の世界をこの世に現出させるまたとない機会だと考えたのではないだろうか。王献臣のほうも、自分の案よりも文徴明のほうがよいと思ったらそれに従ったはずである。家を購入ないし建てたことのある方ならおわかりいただけると思うが、すべてを建設業者におまかせということはありえない。施主は次から次へと絶え間なく決断を迫られる。壁はどうする、池の大きさはどうする、建物はどうする、建材はどうする、色はどうする、高さはこれでいいか、向きはこれでいいのか、これはここに取り付けてよいのだな云々。普通は迷う。決断する根拠が自分の中に確固としていないためである。そこに文徴明のような自分の美意識をきちんと持った人間がいたらさぞ心強かったに違いない。かくて拙政園は竣工を迎える。ちなみにこの「拙政園図」はしばらく入手が困難（というより不可能）であった。山のように出ている文徴明の画集にもまったく収められておらず、中国庭園に関する本にその一部がたまに載せられるだけという状態であったのであるが、この数年のあいだに中国と台湾から相い次いで出版されて手にしやすくなった。

文徴明は一五五一年にもう一度拙政園の絵を描いている。この絵は現在メトロポリタン美術館に八枚が収められている。ロデリック・ウィットフィールド『古代の追求―アール・モース夫妻の明清絵画より』（プリンストン大学美術館、一九七〇年）に収められているので、見ることができるのであるが、初期の「拙政園図」とやや、いやかなり変わっている。二〇年弱の間に改修したのだと考えられる。

また文徴明自身も停雲館という庭園を築いていた。上海発行の新聞『東方早報』（二〇一三年一一月一八日）の記事「雅集『衡山』覓停雲」の中で、蘇州博物館の潘文協氏が語るところによれば、停雲館は現在の曹家巷にあったという。曹家巷は拙政園のやや西南、蘇州市街の中心を南北に貫く人民路を渡り、東中市という東西に走る大きな通りの一本南の筋にある。

「王氏拙政園記」の記述に沿って、できたばかりの拙政園の姿を再現してみたい。

槐雨先生王君敬意止の住居は、城内の東北のあたり、婁門と斉門のあいだにある。邸内は空地が多く、積水がその間を流れている。少し浚渫《しゅんせつ》を施し、林木をめぐらせた。池の北側に二階建ての建物を建てて、これを「夢隠楼」と名付けた。池を挟んでその南側に堂を建てて、「若墅堂《じゃくしょどう》」と名付けた。堂の前には「繁香塢《はんこうう》（「塢」は「土手」の意味」）があり、その後ろには「倚玉軒《きぎょくけん》」がある。軒の北側から夢隠楼に行くことができるよう、水辺に橋を渡して「小飛虹」とした。小飛虹から北側に渡り、水辺に沿って西に進む。岸には芙蓉の花がたくさんあり、「芙蓉隈《ふようわい》」という。さらに西に行くと、水辺に臨んで榭《しゃ》が設けてあり、「小滄浪亭」という。亭の南には竹を植えて木陰を作った。その西側に、水潑《みぎわ》から出て、人の座れる石がある。俯《うつむ》けば冠を洗うことができる、「志清処」という。ここまで来ると、水は北に屈曲していき、揺蕩《たゆた》う水は深く、また果てしなく、湖に臨んでいるかのようである。（以下略）

白居易の「草堂記」のところでも触れたが、庭園の様子を表す記述は、ある施設からその近くの施設へと移り、その施設からまた近くの施設へと、まるで一筆書きのように進んでいく。それぞれの位置関係はつかめるが、全体の布置がどうなっているのかに関しての言及がないため、またそれぞれの施設間の具体的な距離などが示されていないため、全体像の把握がし難く、漠然としたものとならざるを得ないのがつらいところである。中国で出版された庭園の本にも二例ほど再現図が載せられているが、細かなところで食い違いを見せている。たとえば「AはBの左にある」とか「AはBの後ろにある」と書かれていることがあるが、どこから見て左なんだ？後ろってどっちだ？と困ってしまうのである。

「王氏拙政園記」の記述から竣工時の拙政園を再現するとだいたい以下のようになる。

真ん中に東西方向に大きな水の流れがあり、それを挟んで南北に建物を配置する布置になっている。水の流れは西の端から北に向かい、東の端では南に向かっている。「拙政園図」を見ると、建物はきわめて簡素な造りで、装飾などはほとんど施されていない。また建物と建物のあいだには現在の庭園のような廊下や舗装された通路などは設けられていないようである。全体的には、草木が生い茂る地に建物が点在しているといった風景が想像される。

王献臣が亡くなった後はその子が拙政園を継ぐが、ある夜徐某とサイコロ博打《ばくち》に行って大負けし、拙政園を取られてしまうはめになる。徐某とは徐少泉なる人物で、彼は六面すべてが六になっているインチキのサイコロを準備し、賭け事に疲れて注意が散漫になっていた隙にすり替えて、徐氏をまんまと陥れ拙政園を手に入れたとのことである。徐少泉を曽叔祖（曽祖父の兄弟）と称する徐樹丕《じょじゅひ》が『識小録』の中で述べている。しかしその徐氏も子孫の代に衰亡していき、やがて園は荒廃する。

これ以後、拙政園は分割され、それぞれの持ち主が思い思いに手を加えていき、その姿を刻々と変えていくことになる。ここからは拙政園を東部、中部、西部に分けて、その歴史を追っていくことにしたい。拙政園の以後の歴史は非常に複雑で、把握が難しい。

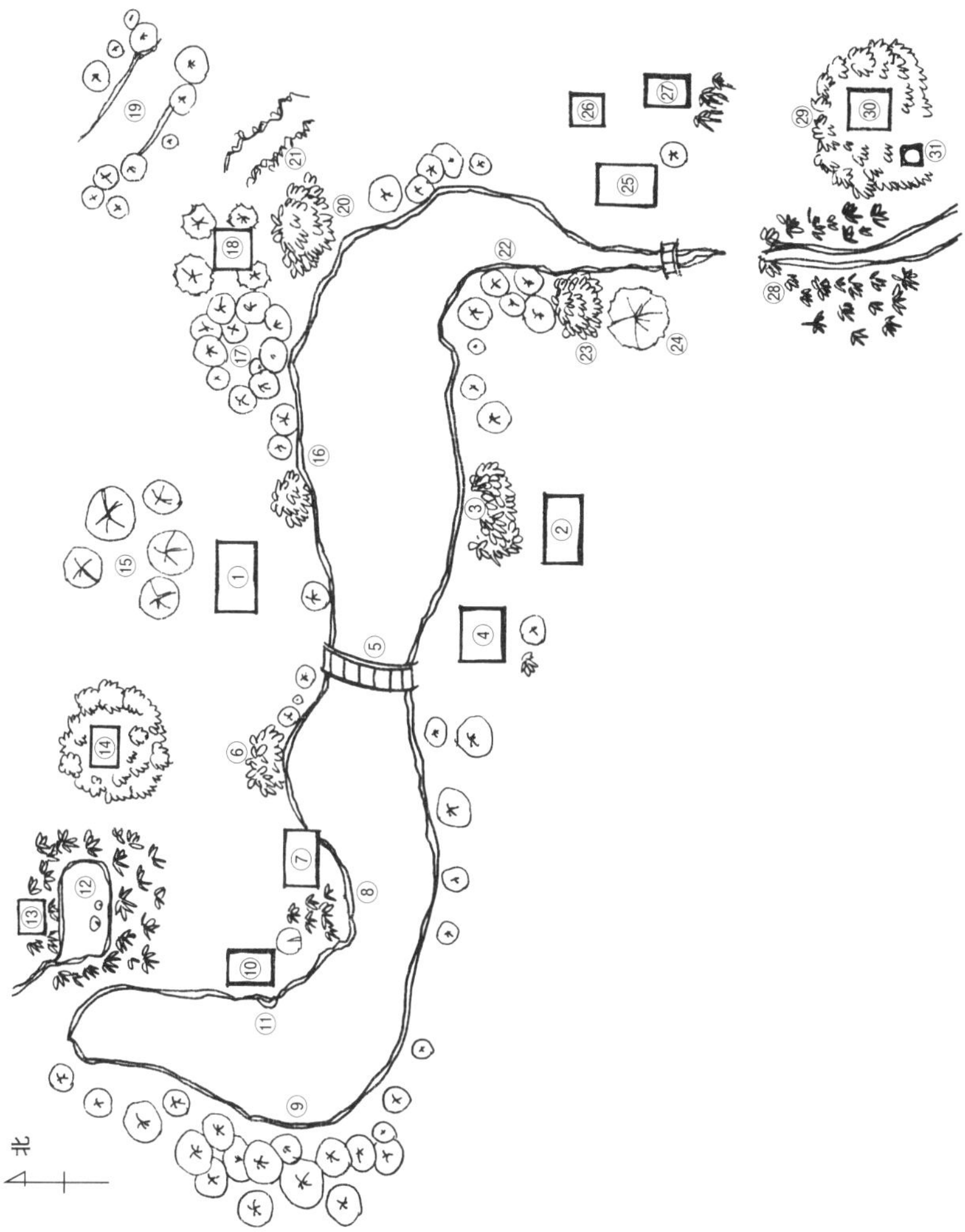

［最初期の拙政園］
①夢隠楼／②若墅堂／③繁香塢／④倚玉軒／⑤小飛虹／⑥芙蓉隈／⑦小滄浪亭／⑧志清処／⑨柳隩／⑩意遠台／⑪釣碧／⑫水花池／⑬浄深／⑭待霜／⑮聴松風処／⑯怡顔処／⑰来禽囿／⑱得真亭／⑲珍李坂／⑳玫瑰柴／㉑薔薇径／㉒桃花沜／㉓湘筠塢／㉔槐幄／㉕槐雨亭／㉖爾耳軒／㉗芭蕉檻／㉘竹澗／㉙瑶圃／㉚嘉実亭／㉛玉泉

拙政園の「東部」

§「帰田園居」

明の崇禎四年（一六三一）のこと、園の東部の荒れ地を王心一（一五七二―一六四五、字は純甫、号は玄珠、一六一三年の進士）が、自分の父親の隠居の場所とし購入する。王心一はこの土地を、陶淵明にちなんで「帰田園居」と名付け、庭園として整備していく。彼が陶淵明をいかに慕っていたかは、彼の手になる「帰田園居記」から容易に見て取れる。たとえば庭内の一部を紹介するくだり、「洞窟に一歩足を踏み入れると、あたかも漁師が桃源郷に迷い込んだかのようで、桑麻の畑や鶏犬の鳴き声、まさに別天地である」（「帰田園居記」）。また彼が書いた詩「和帰田園居」五首には「和陶（陶淵明に和す）」と副題が付けられている。また自ら「帰田園居図」を描き、「風波吾道穏、垂釣一身安（風波が吹こうとも我が道は穏やか、釣り糸を垂れるこの身は安らか）」と画題を記した。

「帰田園居記」には、購入後、荒れ果てていた土地を少しずつ整備していき、崇禎八年（一六三五）の冬に落成したとある。文震孟（一五七四―一六三六、字は文起、号は湘南、別号は湛持）が「帰田園居」の扁額を揮毫する。文震孟は文徴明の曾孫で、書法家としても名を馳せていた人物で、本書でも幾度か参照する、文人趣味の指南書である『長物志』の編者、文震亨《ぶんしんこう》の兄である。

この帰田園居に関しては王心一の後裔である王庚（?―一九七〇年代初）が見取り図を所有しており、当時の姿を偲ぶことができる。この図については、清代の学者であり、画家でもあった潘奕雋《はんえきせん》（一七四〇―一八三〇）の残した文にも「私はかつて王心一先生の故居を訪れ、蘭雪堂に登ったことがあるが、

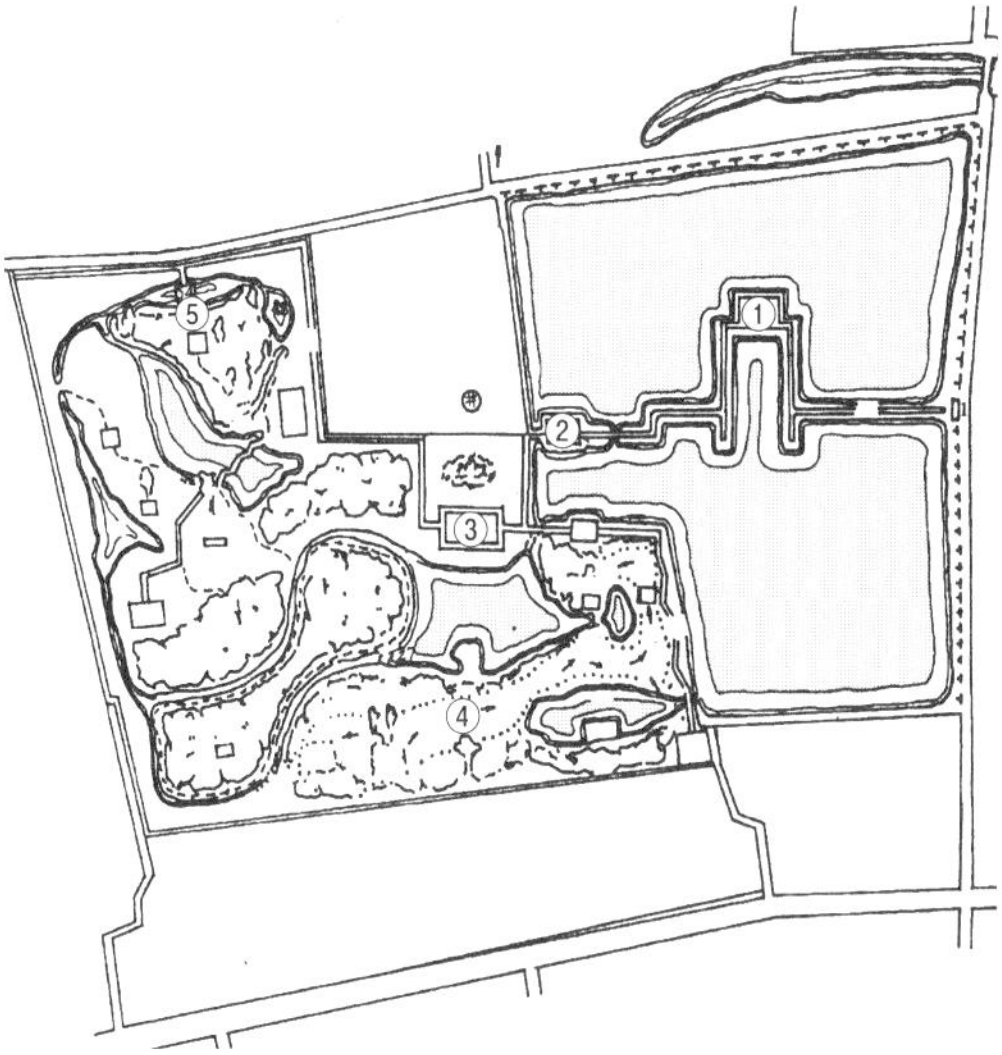

［帰田園居復元図］
（顧凱『明代江南園林研究』〔東南大学、2010年〕参照）
①秫香楼／②芙蓉榭／③蘭雪堂／④綴雲峰／⑤放眼亭

その際、先生の玄孫である暁叔に『帰田園図』を見せてもらったことがある」という記載が見られる（『三松堂集』、『拙政園志稿』）。

　図を見ると、王献臣のときとはずいぶんと形が変わっていることがわかる。全体の南側約三分の一は住居部分となっている。帰田園居の東半分は池となっていて、その池には真ん中を貫いて東西にまたがる橋が架かっている。説明文によれば、この庭園の入り口は東辺の真ん中あたりにあり、そこからまっすぐ西側に向かって通路が走っており、一度コの字形に屈曲した後、橋を渡って山や亭から構成される園地に至ることになる。だとすると、外界から庭園部分へは細長い通路を通りつつ、さらに橋を渡るという経過を辿ることになる。細長い通路は外界と庭園とを切り離す役目を持つことが多くの蘇州庭園に共通する要素であることは先に指摘した。また池の上に架かった橋が、基本的に異世界へと通じる道の象徴であることは世の東西を問わず共通しており、ここでは庭の敷地半分という広大なスペースがその機能に割かれているといえる。

施設の名称を見ていくと、蘭雪堂や芙蓉榭《ふようしゃ》、放眼亭、綴雲峰《ていうんほう》など今の拙政園東部にあるものと共通するものもある。現存の蘭雪堂や芙蓉榭、放眼亭などは一九六〇年代の拙政園東部修復期に新たに建てた建築物に昔の名前にちなんで命名したもので、位置は昔とまったく異なっている。

この王心一は御史《ぎょし》だったとき、天啓元年（一六二一）に専横を極めていた東林党弾圧で有名な宦官《かんがん》魏忠賢一味に対し弾劾を行なったが、聞き入れられるどころか降格されてしまうという経歴も持っている。魏忠賢失脚後には刑部左侍郎（副長官）に至る。王心一はまた絵画にも秀でており、崇禎一六年（一六四三）に「帰田園居」という画巻を完成させている。

銭泳《せんえい》（一七五九―一八四四）の『履園叢話《りえんそうわ》』には、王心一が友人の蒋伯玉に宛てた崇禎一六年（一六四三）一二月二五日付けの手紙を見たとあり、そこには王心一みずからが花や木を一本一本植えたと記されている。「帰田園居記」によれば、一六四〇年に「帰田」し、庭園の修復に努めたとのことである。かように、彼のこの園に対する愛情は並々ならぬものがあった。しかし時は明朝の最末期であった。一六四四年に明が滅亡し、清朝が成立すると、王心一は抵抗運動に参加するが、ことが成就しなかったため自死する。王心一の没後は子孫が園を継承し、徐々に荒廃するものの、太平天国の乱（一八五〇―一八六四）の際、咸豊一〇年（一八六〇）に拙政園全体が太平天国の将軍である忠王李秀成（一八二三―一八六四）に接収されるまで、二〇〇年以上にわたって王氏一族の所有となっていたことになる。拙政園の中、西部が頻繁に持ち主を替えたことに比べると、また蘇州のほかの庭園を見渡しても、一定の持ち主がこのような長い期間にわたって継続して所有していたことは、個人が所有する庭園としてはまことに希有だといえる。

§芙蓉榭

現在の拙政園東部に戻りたい。蘭雪堂の北側には大きな池があり、その右端に亭《あずまや》が建っている。中国古代の字書『釈名《しゃくみょう》』に「亭、停也。亦人所停集也（亭は停なり。また人の停集する所なり）」とある通り、「亭」とは、人がそこで停まって休むところである。造りは屋根とそれを支える柱から成る簡素なもので、壁などは設けられない。『園冶』では「定式というものはなく、三角、四角、梅花など、随意に、その場に合った形に造る」と記されている。

この亭は名を芙蓉榭という。夏には池の芙蓉（蓮の別名）が眺められるところからこの名がある。「榭」は、辞書的な意味では、屋根のある木造の建築物を指すが、庭園では水辺に、または水辺にせり出して置かれることが多く、水榭《すいしゃ》とも呼ばれる。歇山《けつざん》型（入母屋造り）の屋根を持ち、屋檐《おくえん》の翼角を持つ。

①

②

③

④

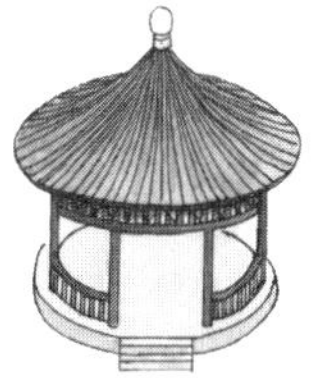
⑤

①歇山型
②廡山型
③硬山型
④懸山型
⑤攢尖頂型
『中国建築図解事典』
（北京・機械工業出版社、2008年）

ここで中国建築の、形による分類をごくごく簡単に説明しておきたい。中国で出されている庭園の本を読んでいると、まずは建物の規模、そして屋根の形で建物を分類していることがわかる。だいたい、歇山型・廡山型《ぶざん》（寄棟造り）、硬山型（そば軒が妻壁面より出ない両流れ造り）、懸山型（切妻造り）、攢尖頂型《さんせんちょう》（尖塔形の屋根）の四つに分かれている。

「屋檐」とは屋根の軒の先端部分で、「翼角」とはその先が大きく湾曲して反り返り、天に向かって突き出している中国の建築物に多く見られるものといえば、ああ、あれのことかとおわかりになる方も多いに違いない。

§「水榭」について

中国庭園の池にはよく水榭が設けられている。だいたい長方形型のものが水面に突き出た姿をしている。そこに立つと船の舳先《へさき》にいるような感じを受ける。そう、これは船を模しているのだ。実際の船に乗らずして船遊びを楽しむことができるユニークかつ便利な施設なのである。獅子林にある「石舫《せきぼう》」は完全に船の形をしている。5 一見するとただの遊戯施設のようであるが、船の形をしているのは遊びのためだけではない。これは士大夫が、己れの理想的な生き方の一つである漁師になるための装置でもあるのだ。漁師と農夫は士大夫にとっての二大アイコンである。都会で役人として忙しく生きる士大夫は、常に自然への回帰を夢見ている。自然とともに生き、生かされる、早くそのような生活を送りたいと彼らは詩に詠い、文字に著す（もっともそれが士大夫たるべき者の取るポーズだと冷めた考えをする者もいたであろうが）。そして水榭はやがては漁師たらんとする士大夫らがヴァーチャルな経験を実体験できる仮想空間なのである。

芙蓉榭は、中央に大きな太湖石が据え付けられており、人が座って休むためのスペースがないという風変わりな亭である。6 巨大な石塊が亭の中から、池に臨んで西を向き拙政園東部全体を眺めている様子は、むしろこの太湖石こそがこの亭のあるじなのだと主張しているかのようである。蘇州市内の滄浪亭に近いところに網師園という庭園がある。ここも世界遺産に登録されていて訪れる人の多い庭園であるが、この網師園西部のこぢんまりとした空間内に敷設されている「冷泉亭」という亭も、その屋根の下にはやはり大きな太湖石が置かれている。7

§太湖石について

ここで太湖石について説明をしておきたい。8 はじめて中国庭園を見た人は、何人であろうと「この奇妙

5獅子林の石舫

6芙蓉榭

7冷泉亭

な形をした石は何なのだ？」と必ず思うはずである。最初に見た驚きを抱きつつ、二つ目の庭園、三つ目と見ていくうちに、「中国ではこのような石を珍重しているのだな」ということに気付く。同時に「我々には理解しがたい美意識だな」とも思う（はず）。明代や清代の庭園に関する文章を読むと、確かにそのすばらしさが縷《る》々《る》綴られている。「透・痩・漏・皺」とその鑑賞の仕方が指南されてもいる（米芾が唱えたといわれるが、現存する彼自身の文集には見られない）。しかし少し調べてみたらすぐにわかるのだが、この太湖石という奇石が珍重されるようになるのは唐代からの話であり、それ以前はまったく見向きもされていない。詩に詠われることもないし、絵画に描かれることもない。

8 太湖石

芸術なり思想なり文化なり、ある特定のものがその時代に受容されて流行、浸透し、流行が終わった後もずっと定着して残っていくには複雑な要因が存在していよう。

太湖石が注目されるのは唐代に入ってからと述べたが、石そのものを愛好して収集するという考えさえ当時にはなかった。白居易の文「太湖石記」の冒頭にはそのことが明白に述べられている。

古の達人、皆嗜む所有り。玄晏先生は書を嗜み、嵇中散は琴を嗜み、靖節先生は酒を嗜む。今、丞相奇章公は石を嗜む。石は無文無声、無臭無味、三物と同じからずして、公之を嗜むは何ぞや？

衆皆之を怪しむ。走独り之を知る。（玄晏先生（皇甫謐《こうほひつ》）は書を嗜《たしな》み、嵆中散《けいちゅうさん》（嵆康）は琴を嗜み、靖節先生（陶淵明）は酒を嗜む。石は無文無声、無味無臭で、（書・琴・酒の）三つと同じではないのに、公が石を嗜むはなぜなのかと、みなはこれを訝《いぶか》しんだ。私（白居易）だけがそれを理解している）

（白居易「太湖石記」）

「公」とは奇章公、牛僧孺《ぎゅうそうじゅ》（七七九―八四七）のこと。唐の穆宗《ぼくそう》および文宗のときに宰相を務めた政治家である。「無文無声、無味無臭」のこんな物を牛僧孺が好んだのはなぜなのか。それは太湖石が彼にとって「適意」だったからだという。「適意」とは「意に適《かな》う」こと、つまり己れの心にピッタリとくることである。そして彼は「遊息の時、石と伍と為る」（休みのときは、石と仲間となる）のだという。石のすばらしさを知るのは自分だけで、そのような私を理解してくれるのは石だけだということなのであろう。あるいは物申さぬ石に対して無償の愛を捧げているとも考えられる。

圧巻なのは太湖石を形容する次の文である。

厥《そ》の状は一に非ず、盤拗《ばんよう》秀出《しゅうしゅつ》すること、霊丘鮮雲の如き者有り、端儼挺立《たんげんていりつ》すること、真官神人の如き者有り、縝潤削成《しんじゅんさくせい》すること珪瓚の如き者有り、廉稜鋭劌《れんりょうえいけい》すること剣戟《けんげき》の如き者有り。又虯《みずち》の如く鳳の如く、跧《せん》するが若く動くが若く、将《まさ》に翔せんとし将に踊《よう》せんとす、鬼の如く獣の如く、行くが若く驟《しゅう》するが若く、将に攫《とら》えんとし将に闘わんとする〔者〕有り。風烈雨晦《ふうれつうかい》の夕べ、洞穴開嘅《どうけつかいかい》、欱雲歕雷《こううんほんらい》の若く、嶷嶷然《ぎょくぎょくぜん》として望みて之を畏るべき者有り。烟霽景麗《えんせいけいれい》の旦、巌崿霮霼《がんがくたんたい》、嵐を払い黛を撲するが若く、靄靄然《あいあいぜん》として狎して之を玩ぶべき者有り。昏旦の交は、名状不可なり。

【太湖石の姿はさまざまである。端正に厳かさの際立つこと、ほかの石に比べてひときわ曲がりくねること、すばらしい丘陵や美しい雲のようなものがある。神仙のようなものがある。彫刻されて緻密に装飾が施されていること、玉の酒器のようなものがある。鋭く角が立っていること、剣や矛のようなものがある。また蛟や鳳のように伏せたり動いたり、飛翔したり飛び上がろうとする。鬼神や獣のように進んだり走ったり、獲物を捕らえようとし、戦おうとする。風が吹き雨が降る夜には、洞窟が口を開けて、雲が集まり雷が鳴るかのごとく、高くそびえている石を望めば畏怖を感じる。もやの薄くかかる美しい晴天の朝、ごつごつと険しくまた雲がたなびき、嵐は吹き払われて黛を引いたかのような清らかさ、和気あいあいとみなが群集い戯れているかのように感じる。さらに夜と朝が交わる時間などはたとえようもないほどにすばらしい。】（同右）

太湖石の形を、丘や雲にたとえ、神仙にたとえ、玉器に、剣や矛に、蛟《みずち》や鳳に、鬼神や獣にとさまざまな姿に形容し、また美しさ、端正さ、華美、鋭さを備えていると説いたかと思えば、今度は今にも動き出さんばかりだと述べる。そして雨の夜は畏怖を、晴れた朝は清らかさを感じさせると、言葉の限りを尽くして、その魅力を伝えようとしている。

次に紹介するのは詩である。

「太湖石」

遠望老嵯峨
近観怪嶔崟
纔高八九尺
勢若千万尋
嵌空華陽洞
重畳匡山岑
邈矣仙掌迴
呀然剣門深
形質冠今古
気色通晴陰
未秋已瑟瑟
欲雨先沉沉
天姿信為異
時用非所在
磨刀不如礪
擣帛不如砧
何乃主人意
重之如万金

遠くに望む　老嵯峨《さが》（山が高く険しいさま）
近くに観る　怪嶔崟《きんぎん》（山が高く険しいさま）。
纔《わず》かに高さ八九尺なるも
勢いは千万尋の若《ごと》し。
嵌空《かんくう》たる華陽の洞
重畳《ちょうじょう》たる匡山（廬山）の岑。
邈《ばく》なるかな仙掌の迴
呀然《がぜん》たるかな剣門の深き
形質は今古に冠たり
気色は晴陰に通ず
いまだ秋ならざるも已に瑟瑟《しつしつ》
雨ふらんと欲するも先づ沈沈
天姿は信に異と為す
時用の在る所に非ず
刀を磨くは礪《といし》に如かず
帛を擣《う》つは砧《きぬた》に如かず
何ぞ乃ち主人の意
之を重んずること万金の如きか

豈伊造物者　豈伊《た》だ造物者のみ
独能知我心　独り能く我が心を知る

全体の大意を記せば以下のようになる。

【遠くや近くの山々がここにある。高さがわずか八、九尺足らずにすぎない石でもそこにはそびえ立つ山々の勢いが封じ込まれている。華山の洞窟、盧山の重なる峰、仙人掌峰の遠大なる屈曲、剣門の広大なる深遠さなど、中国の名山がすべてここに凝縮されて備わっている。その形や質は古今を通じて第一、その色つやはどんな天気のときでもすばらしい。まだ秋でもないのにふるふると震え、雨が降る前からすでにしっとりとしている。その姿は異様で、砥石やきぬたのように人の役に立つわけでもないが、私はこれを万金に値するほどに珍重するのだ。かような私の心を知る者は神だけではあるまい。】

右の詩文で、太湖石というものを白居易は史上はじめて文学的に表現しようとしている。太湖石のすばらしさを、それを見たことも聞いたこともない人に伝えるべく、まさに動き出さんとする動物にたとえ、厳然と屹立する神仙にたとえ、天候や時間帯によってさまざまに変化する姿態を描き出し、その魅力を伝えようとしたのだ。

要を撮れば、則ち三山五岳、百洞千壑《ひゃくどうせんがく》、覼縷《らんる》簇縮《そうしゅく》、尽《ことごと》く其の中に在り。百仞一拳《ひゃくじんいっけん》、千里一

瞬、坐して之を得。此れ其の公の適意の用為る所以なり

【要約すれば、三山・五岳、百の洞窟・千の崖などが、凝縮されてすべてこの中に収まっている。百仞も一つの拳の中に、千里も一瞬のうちに、座して之を得ることができるのである。】（「太湖石記」）

すべての山や谷や洞窟はことごとくがこの石の中に備わっている。深山幽谷を眼前に再現するもの、それが太湖石なのである。そのような絶景を座したまま手にすることができるのだ。

彼はもう一つ「太湖石」という題の詩を書いている。

「太湖石」

煙翠三秋色　　煙翠《えんすい》三秋《さんしゅう》の色《いろ》
波濤万古痕　　波濤《はとう》万古《ばんこ》の痕《あと》
削成青玉片　　削《けず》りて青《あお》き玉片《ぎょくへん》を成《な》し
截断碧雲根　　截《き》りて碧《みどり》の雲根《うんこん》を断《た》つ
風気通巌穴　　風気《ふうき》巌穴《がんけつ》に通《つう》じ
苔文護洞門　　苔文《たいぶん》洞門《どうもん》を護《まも》る
三峯具体小　　三峯《さんぽう》体《たい》を具《そな》えて小《ちい》さし
応是華山孫　　応《まさ》に是《こ》れ華山《かざん》の孫《まご》なるべし

【けぶる翠《みどり》は秋三月の色。波の模様は万古の痕跡。削り取られた青玉《せいぎょく》一片、切り出された碧《みどり》の岩

石。凪は遠い巌《いわお》の洞《ほら》まで通じ、綾ある苔が洞窟の口を守る。小さくとも三峰そのまま備えた姿、まさに華山の孫ではないか。】

（川合康三訳『白楽天詩選』、岩波文庫、二〇一一年）

白居易がこのように文字に表して、太湖石を顕彰するまで人々はその魅力を語らなかった。それに魅力を感じなかったからである。たとえば、花や樹木や山や川に対して、そこに美しさを看取る感覚は自然なものであろう。しかし、太湖石をすばらしいものだと感じるにはそこからいくつものハードルがある。まずは石に対して魅力を感じ取ることができるのか。石を好む者は少ない。しかしがんばって石を好きになったとしよう。人に見立てたり、動物に見立てたり、または山に見立てたりして、そこに何らかの魅力を見出すことができるようになった。

それでも太湖石に魅力を見出すにはさらなる努力がいるだろう。なぜなら太湖石は、いびつな形をしていて、筋目模様が縦横に走り、デコボコしていて、あろうことか穴さえ開いているからである。はっきりいってそれをはじめて見る者にとって、太湖石の形やあり方は「普通の石」のカテゴリーから大きく逸脱している。さらにいえば、グロテスクですらある。日本庭園に置いてあるような丸っこい石や四角い石は、大きさはともかく形状は我々に見慣れた、そこら辺に普通に転がっているものである。それを何かに見立てるという作業も決して困難なことではない。たとえば、「△」のような形の石であれば、そこに「山」を見出すことは自然であるし、誰にとっても可能なことであろう。しかし太湖石を見て、そこに何かを見出すことは常識的に考えてかなり困難なことではないだろうか。これは何に似ているのかと考えたとき、白居易は深山幽谷のミニチュアであり、中国中の名山のエッセンスが凝縮したものだと述べた。しかし、太湖石と深山幽谷、太湖石と五岳とを結び付けるには相当な想像力を必要とするだろう。想像力だけでなく、さらには抽象化する力も必要とされよう。

太湖石が普及していなかった当時、その実物を見ることはかなり難しかったと思われる。白居易の詩文が広まってもそれがどんなものかは人々には想像もできなかったはずである。太湖石に関する情報は徐々に広まっていったことであろう。最初は実物を見てぎょっとした人も多かったに違いない。しかし見方を白居易に教わっているので、その「好《よ》さ」を受容するのはすでに困難なことではなくなっている。「あの白居易がよいといっているからにはよいものに違いない」という図式がすでにできあがっている。

福本雅一氏によれば、白居易のいた頃から徐々に流行し始めた太湖石が庭園に欠くべからざる地位を占めるようになるのは、北宋中期だとのことである（「太湖石」、『國學院大學紀要』第三八巻、二〇〇〇年）。『明代江南園林研究』によれば、宋元の後の明代の人の文章においてでさえ、まだ太湖石を「怪奇」なものだと見なしていたとみられる。となれば太湖石自体が人々にとって「自然」なものとして違和感なく受け入れられるには、数百年かかったということになる。いや、違和感そのものは誰もが最初に抱くとして、先達の残した言葉や書物、絵画などのメディアから情報を蓄積していく過程で、自分の中でいわば無理やり消化していくのかもしれない。我々もこれまでの人生の中で、訳のわからない斬新な物体を見せられて、それがやがて自分の中に定着して当たり前のものとなっていくさまを何度となく経験してきたはずである。同様のことが数倍、数十倍の年月をかけて近世中国に起こり得なかったとはいい切れない。むしろそれはごく自然な推移であろう。いったん、太湖石が魅力的なものだと一般に認知されたら、それはすみやかに伝播したことであろう。石の見方、太湖石の見方はここに発見された。後はそれがどれほどの早さで広まるかだけが問題となる。その早さは当時のメディアのあり方に従っていたことであろう。

太湖石が流行して庭園には欠くべからざるものとなった後、コレクターたちの熱意はさらに過剰になっていく。石をたくさん並べて石林を造ったり、石を積んで山を造ったりするようになってくる。太湖石趣味がどんどんエスカレートしていくのである。太湖石のインフレーションである。

明代の文人もそれを異常なことだと認めている。

たとえば、『五雑組』において謝肇淛《しゃちょうせつ》は次のようにいう。やや長いが紹介したい。

築山には山の石を用いるようにすべきである。大きいのや小さいの、高いのや低いのを形のよいように配置し、斧や鑿を加えてはならない。思うに石はその皮を取り去ると、枯れてしまって、もはや潤いがなくなり、苔の生えることがないからである。太湖や錦江のような美しい水の眺めもなくてはいけないけれども、一つ二つを飾りに添える程度にしておくべきである。もしも得難い奇品ばかりであると、粉飾の度が過ぎて、もはや丘や谷の天然の趣がなくなってしまう。わたしはいつも人の庭園が名山の景勝に模して造ってあるのを見るのだが、それらは必ず亭や水榭をあちこちに建てて佳趣を蔽《おお》い、模様の美しい石で石畳を飾り、曲房をめぐらし、頂の尖った峰を高く畳みあげたりし、はなはだしい場合は、品の悪い聯や額を掛け並べ、累々として相望むほどで、いたずらに勝地の不幸を増し、山霊に嘔吐をもよおさせるばかりである。こんなことをするのは江南のいやしい商人でなければ、必ずや江北の宦官にちがいないのである。

(岩城秀夫訳、平凡社東洋文庫、一九九七年)

「粉飾の度が過ぎる」「天然の趣がなくなる」「峰を高く積み上げる」ことはなはだしく、吐き気を催すとまで述べられている。獅子林や環秀山荘の築山などは、本来山のミニチュアであった太湖石が、積み重ねられて山そのものとなってしまい、人々がその中を歩いているという、倒錯した事態になっている。

いにしえの人が山を目指したのはなぜなのか、というところをもう少し考えてみたい。中国では古来、山は神々や仙人の住むところと考えられている。いわゆる山岳信仰であるが、藐姑射《はこや》の山には天かける神人が住み、崑崙山の頂上は天界に通じているといわれた。葛洪《かっこう》の『神仙伝』には「仙人は大空を浮遊し名山に飛翔し、深山幽谷を好む」とある(「道教の名山と宮観」、『「道教」の大事典―道教の世界を読む』、新人物往来社、一九九四年)。説話の中にも、山中をさまよい歩いていたら仙人や仙女に出会ったという話はいくらでもある。

しかしただ山に入れば仙人に会えるとは限らない。まずは「迷う」ことが必要である。あるいは前掲の「桃花源記」のように知らぬ間に仙界に迷いこんでいる、という過程が前提として求められる。行こうと思って行けるところではないのである。たとえば南朝宋の劉義慶の説話集『幽明録』に収められ、その後『太平広記』に再録された「天台二女」という説話は、劉晨《りゅうしん》と阮肇《げんちょう》の二人が薬草を採りに山に入るところから始まる。彼らは山中深くまで入って帰れなくなり、そのまま一三日が経って飢餓状態になる。遥か山上を眺めると木に熟した桃の実がなっているのが見える。やっとのことで木の下に辿り着

9 滄浪亭の築山

10 迷路に迷う

き桃の実を食べると飢えはぴたりと止んだ。山を下りようとする途中で二人の美女に出会う。彼女らは二人を家に誘う。豪華な屋敷に着くと桃を持ったたくさんの女性が現れ、婿が来たとご馳走や酒を振る舞う。屋敷のあるところは、百鳥が歌い、季節は常に春のままであった。一〇日ほど滞在したところで別れを告げて村に帰ると、すでに数百年が過ぎていた、という話である。

先ほど獅子林などの太湖石で造った山について述べたが、これらの山は迷路のように造ってあるものが多い。規模は小さいが滄浪亭の築山にも迷路が造られている。9 道は枝分かれし、もう少しで頂上だと思うと、道は下降し始める。すぐ隣に見える通路にはいつまで経っても行けず、いつの間にか方向感覚もあやふやになってくる。最初は子供じみたことをしてるなと感じただけだった。実際山を歩いている観光客も純粋に迷路として楽しんでいる。10 しかし山頂へ辿り着くには、あるいは仙境に辿り着くには迷う過程が必要だと理解したならば、この迷路は実はなければならない仕掛けであると捉えることができよう。ノンフィクションの体裁を取っている陶淵明の「桃花源記」さえも桃源郷に至るには、知らないうちに見たこともないような場所に来ているという場面が必要であった。そして現実にはありえないような桃の花だけが両岸に咲き乱れる川を遡上し、さらに窮屈な洞窟を抜けていくという過程が描かれたのである。

　この「洞窟」も同様に人々を異界へと誘う通路の役目を持っている。洞窟の中で仙人に出会うという話もまた無数にある。先ほど挙げた『幽明録』にはこんな話も載っている。嵩高山《すうこうざん》（河南の嵩山）という山の北側には深く大きな穴があり、ある男がそこに誤って落ちてしまう。穴に沿って一〇日あまり歩いていると、急に明るく開けた場所に出た。11するとそこには碁を打っている二人の人間がいた。透明な液体を飲ませてもらうと一気に元気になった。教えに従ってさらに西に向かって歩いて行くと、半年ばかり経ってようやく出られたが、そこは蜀の国だった。洛陽に帰り物知りに説明すると、彼が落ちたところは仙人の館だったのだと教えられる。洞窟を歩いていると明るく広い場所に出るというこの経過は「桃花源記」と同じパターンである。さらに妻の企みによって深い穴に落とされた夫が、穴の中を数十里歩くと明るく広い場所に出るが、そこには荘厳できらびやかな宮殿のある町があり、帰還後にそこは仙界だったと説明されるという話もある。『幽明録』の編者の劉義慶は生卒年が四〇三—四四四年で、陶淵明（三六五—四二七）よりは少し若いがほぼ同時代の人物である。「洞窟を通っていくと、広くて明る

11洞窟の中

い場所に出るがそこは仙界であった」という話型がこの時期には成立していたと考えられよう。洞窟の中は別世界で、この世とは異なる法則で動いているのである。

洞窟の中に入っていくという行為は、胎内回帰を容易に想像させる。『老子』第六章にも「玄牝《げんぴん》の門、是れを天地の根《こん》と謂う（神秘的な牝《めす》の入り口、これが天地の根源である）」とあるが、奥深い洞窟の中は、万物が生まれる以前の、原初の状態における無時間的な、あるいは羊水の中のたゆたいがあると意識されていると思われる。そこは危険な外界から切り離され、老いることも空腹や喉の渇きに苦しむこともない、とこしえに平和な空間なのである。

ただ一つ疑問がある。太湖石や太湖石を用いて造られた築山に見られるものであるが、そこに現れた光景は単なる洞窟としては、その形態があまりに過剰ではないかという点である。洞窟なら穴は一つか、または出口もいれて二つくらいで十分なのではないか。これだけ穴があると、あっちからこっちから出入りし放題である。そうなると、これはこの世と仙界とを繋ぐだけの機能しか持たない、単なるパイプではなくなるのではないか。ＳＦ映画「二〇〇一年宇宙の旅」や「コンタクト」のラストシーンに出てくるワームホールのように、あちこちの宇宙や空間を結ぶ働きでも持っているのかもしれないと、ふと思わせるものがある。

三浦國雄氏は洞窟同士はお互いが地下で繋がっているのだと指摘している（「洞庭湖と洞庭山」『風水―中国人のトポス』）が、そうであれば太湖石は地下に潜んでいた無数の洞窟を地上に引き上げ、視覚化・具体化したものといえよう。

さらに想像力を働かせるならば、相異なる時間も結び付けていたとも考えられるのではないか。説話の中には、洞窟の中で数日を過ごした後に帰宅してみると、数百年が経っていたというものが数多くある。洞窟の中では時間の流れもこの世と異なっているのである。そうであれば、太湖石の中で、洞窟の中で、我々は時間旅行をし、陶淵明や李白や白居易に出会うことができるのである。

とはいうものの、庭園を造った人たちがそれをきちんと理解し、意識して山々を構築していたかというと、たぶんそうではないだろう。案外「盛りつけ」というかデコレーションが、ほかの人と競争するうちにどんどんエスカレートしていっただけという感じもする。まず太湖石は非常に高価なものであり、それを高く積み上げて威容を成す行為は財力や権力の誇示でもあったはずである。

そもそも中国において、庭園は天然の山水の代用品であった。本物の山水に住むのが理想であるが、現実にはなかなか難しい。明末清初の文人である李漁《りぎょ》（一六一一―一六八〇）は随筆『閑情偶寄』の中で、以下のように述べている。

幽斎磊石、原非得已。不能致身岩下、与木石居、故以一巻代山、一勺代水、所謂無聊之極思也。然能変城市為山林、招飛来峰使居平地。

【静かな書斎を構えたり石を積み上げたりするのは、もともとやむを得ないからやっているのである。自然の岩の下に身を置き、木や石とともにいることができないので、こぶしほどの石をもって山に代え、ひとさじの水をもって川や湖に代えるのである。いわゆる無聊を慰めるための考え抜いた末の結論である。そうであればこそ、都市を山林に変え、インドから飛んできたという飛来峰を平地に招くことができるのである。】

§天泉亭

さて、拙政園に戻ろう。さらに北に進んでいくと、天泉亭が近づいてくる。亭という名前ではあるが、およその名にふさわしからぬ規模の大きな建物である。⑫全体は八角形で攢尖頂型の屋根は二層になっていて、建物の外にはさらにぐるりと回廊がめぐらされている。亭の中には井戸があり、元代にここが大弘寺だったときの遺構だと伝えられている。天泉の名もそれにもとづいている。

天泉亭の北側はずっと開けた平坦な地となっている。案内図にも載っていない粗末な小屋が建っている。⑬周りには植物を植えた鉢などがたくさん置かれていて、そこだけほかの施設と雰囲気が大いに異なっている。なんというのか、ある農村風景の一コマといった感じである。最初はなんだこれはと通り過ぎてしまうことだろう。ほかの観光客らも特に興味を引かれることなく素通りしていく。しかし、とふと立ち止まり考える。なぜあんなものがわざわざ建てられているのだろう。東部があまりにもガランとしてさみしいから間に合わせにこしらえたのか。いやいや庭園に置かれているものにはすべて意味があるはずである。意図のないものは置かれていないはずだ。するとあれはあえて粗末な小屋をデザインして建てたということになる。これを設けた設計者の意図はどこにあるのか。どこにも説明がないの

⑫天泉亭

⑬農村風の小屋

で、これは推測でしかないが、設計者は拙政園の原初の姿をよみがえらせることを意図したのではないだろうか。東部全体の持つ素っ気なさもそれを裏付けているように思う。この東部の特徴についてはもう少し後で考えるとして、さらに歩いてみよう。

§ 秫香館、放眼亭、綴雲峰（太湖石）

小屋から西北に向かうと秫香館《じゅっこうかん》に着く。14 場所は東部のほぼ最北端である。「秫《じゅつ》」とはコーリャンのことで、南宋の詩人范成大《はんせいだい》（一一二六―一一九三）の詩句「塵居何似山居楽、秫米新来禁入城（俗塵にまみれたこの住まいは山中に居ることの楽しみに及ばないが、コーリャンの香りが新たに城内に入ってくると田園を思い出す）」（「冬日田園雑興詩」）にもとづく。もともと北の壁の外には農園が広がっており、稲の香りが流れてきたことにちなむという。堂々たる長方形の立派な建物で、縦長の窓の下部には、そのすべてに戯曲『西廂記』の場面が彫刻されている。

14秫香館

15放眼亭

秫香館から南に下りてくると一筋の川を挟んでこんもりと土の盛

り上がった場所に出る。上には亭が一つ建っている。四本の柱の上に屋根がちょこんと載っているばかりの素朴な亭である。名を放眼亭という。15 白居易の詩「放眼看青山（眼を放ちて青山を看《み》る）」（「洛陽有愚叟」）から取られている。山を南に下り池を迂回しさらに南に進むと、東部の西南端に至る。壁際に涵青亭が建っている、というより壁から張り出している。上から見ると凸型をしていて、その周りを四角い池が囲んでいる。名は田園詩人として知られる唐の儲光羲の詩「同侍御鼎和京兆蕭兵曹華歳晩南園」の句「池草涵青色、山帯白雲陰（池の草は青く、山には白雲がたなびく）」から取られており、綴雲峰《ていうんほう》という名の太湖石がその東側にそびえている。この綴雲峰は、ここにかつて帰田園居があったときからたたずんでいたようである（復元図参照）。軸の太いシイタケのような形をしており、土を盛った上に据え付けられている。その体躯は堂々としており、東部随一の奇観をなしている。綴雲峰を東に進むと蘭雪堂へと帰り着く。これで東部を一周したことになる。

　さて、ここまで見てきた東部はすべて近年に設計され、造築された場所である。清朝末期は荒廃し、戦後は国立社教学院という学校の宿舎と運動場になっていた。よって歴史的な建造物もなければ、高名な文人の扁額もない。それゆえ庭園好きや専門家にはやや軽視されているようである。たとえば台湾から『拙政園』（郭冠宏著、地景企業股份有限公司、一九九七年）というそのもののズバリのタイトルの書物が出ているが、中、西部は清朝期の趣が残っているのに対し、東部は平原や草地が主であって前二者とは風格が異なるゆえ扱わないときっぱり言明される始末である。さらに園の全体図も中部と西部しか載せられていないという冷遇ぶりである。『拙政園志稿』およびそのほかの拙政園の歴史に関する記述によれば、この東部は、中華人民共和国建国後、中部や西部が修繕された後も最後まで人の手が入らず荒れ果てたままだった。中、西部が一般公開され（一九五二年）、その後一九五九年になってようやく整備がなされ、翌年に公開されたという。中部や西部のような緻密に造形された空間に比べると、広漠で荒々しい。そのあまりの密度の低さ、素っ気なさからは寂しささえ感じる。

さらに蘇州にあるほかの庭園と比較しても、この東部の簡素さは際立っている。筆者が最初に訪問したときは物足りなさを感じ、さっさと通過した記憶がある。しかし、である。文徴明の「拙政園図」や明代に描かれた庭園図を見ると、明代や清代初期の庭はまさにこのような素朴な、木々の間に亭や楼閣があちらこちらに点在するといったものであることがわかる。現在の東部をデザインした人物はそれを意識していたのではないだろうか、と考えたくなるのである。

似たようなコンセプトの庭として紹興の沈園《しんえん》が挙げられよう。南宋の陸游（一一二五—一二一〇）が、母親に無理やり離縁させられた妻唐婉《とうえん》との運命的な再会を果たす空間として名を馳せるこの庭園は、あくまで素朴に造形されている。たとえば屋根を藁葺《わらぶ》きにし、通路にはあえて屈曲を施さず、巨魁な太湖石も置かず、といったように。空間の造形も、池に臨んで建物が立ち、そのほかは亭がいくつかバラバラとあるだけである。この庭が修復されたのは、園の南端にある碑によれば一九八五年のことであり、その後一九八七、一九九四年と二度の改修が行なわれた。この沈園は宋代の庭園の復元を目指したと明言されている（『愛在沈園』序文、中国和平出版社、二〇〇四年）。そこから考えると、拙政園の東部の簡素な造りも意識的なものと捉えて問題はないように思う。

そこであの粗末な藁葺きの小屋を思い出してみたい。あれこそまさに文徴明が「拙政園図」に描いた原初の、素朴であり、また静謐であった頃の拙政園の姿なのではないか。中、西部が清朝の建築が多く残っていたために、それをただ修復するしかなかったのに対し、この東部は荒れ果てていたがゆえに、かえって自由な設計が可能だったのではないだろうか。

拙政園の「中部」

さて次は中部に移動しよう。東部と中部のあいだには南北に壁が一直線に走り、両者をまさしく分断している。また中部と西部のあいだも同様に壁で仕切られている。中国庭園は空間をいくつかに区切ることを大きな特徴とする。その際、重要な役割を果たすのが壁である。ここでこの壁についてちょっと触れておきたい。壁はこちら側と向こう側とを隔て、視界を制限するものである。住宅や王宮の壁であれば防犯や防衛といった機能を備えているのであろうが、庭園内にあってはとりたてて必要ではない。庭園の敷地はもともと相応に広いものだが、それをこれらの壁は区切って小分けにしてしまう。なんともったいないことをと感じるかもしれない。せっかくの広い空間をわざわざ狭くしてしまうなんて、と。確かに壁は視線を遮り、見通しを悪くする。高さ二メートルあまりの壁が何十メートルも続いている傍に立つと、威圧感や閉塞感を感じずにはいられない。しかし向こう側を見せないようにすることで、逆に園客の想像力を刺激する働きも持つ。向こう側には何があるのか？　人の気配を感じるかもしれない。木々が風に揺られる音や鳥のさえずりが聞こえるかもしれない。花の匂いが漂ってくるかもしれない。そこにはどんな世界が開けるのか？　有限の空間を想像によって無限に感じさせるのである。

壁は空間操作の重要な担い手となっている。木津雅代氏はこの壁や門などが庭を見る者にいかなる視覚的効果を与えるかについて詳しく述べている。蘇州などの都市の中に構えられた庭園は、最初からその敷地面積は限られている。よってその限定的な空間の中に、さまざまなテクニックを駆使して、無限の広がりを作り出すのだという（『中国の庭園―山水の錬金術』、東京堂出版、一九九四年）。

　また視覚的にも壁は大きな役割を果たす。住宅街を歩いてみると、それぞれの家を特徴付けているのが、建物のデザインおよび壁の色であることがすぐに理解できるに違いない。拙宅の近所に窓がほとんどなくほぼ四角形をしている家があるが、その家はすべての壁が真っ黒なのである。周囲にほぼ昭和に建てられたとおぼしきオーソドックスなデザインの白い壁の家々が立ち並ぶ中、珍妙なたとえだがその家は四角形をしたブラックホールが突如出現したといった感がある。建物を見つめるとき、視界の大半を占めるのは壁にほかならず、この壁の造作如何が建物の印象を大きく左右するであろうことは容易に想像できる。中国庭園でもそれは同様である。中国庭園の壁は基本的に白壁である。そして上に敷かれた黒い瓦と白黒の対照を作り出している。

16漏窓

17洞門

　またところどころに設けられた漏窓（すかし窓、「花窓」ともいう）によって、向こう側をほんの少しうかがい見ることができる。16 一部だけを見せることで園客にそれ以外の部分を想像させる、中国庭園に特有の視覚効果の一つである。

さて、壁にはいくつかの「洞門」が構えられている。17 見た目は単なる丸い門であるが、中国ではそこに「洞窟」の意味を込めて洞門と呼ぶのである。月に見立てて「月洞門」とも呼ばれる。

中部へと足を踏み入れていきたい。東部から中部へはこの壁に設けられたいくつかの入り口をくぐって行く。中部の建築物は清代晩期のものだが、全体の布置は清代初期の風貌をとどめている。中部の主役を務めるのは遠香堂であり、周りの建物や池水などもここを中心に配置されている。

遠香堂に行く前に東部と中部を隔てる壁周辺を見ておきたい。まず壁の両側に沿って通路が設けられていて、それぞれの通路の上に屋根が取り付けられている。通路は少しずつ屈曲していて、視界に変化をもたらしている。通路の床には「人字」模様の舗地が敷かれている。通路には基本的にこの「人字式」の舗地が敷かれる。

§舗地について

はじめて中国の庭園を訪れた人は、地面に花や動物や植物の模様や、漢字らしき模様や幾何学的な模様など多彩なパターンが描かれているのを発見して興味を引かれるだろう。18 これは「舗地」と呼ばれる一種の舗装である。通路だけに舗地が敷かれている場合もあれば、ある区画全部が舗地となっていることもある。またある区画から門をくぐって別の区画に入ると模様が変わっていることもよくある。さらにその発展形として、門のこちら側に向こう側のパターンが少しだけはみ出ているものもある。木津雅代氏によれば、それは「まったく異質の空間へワープするというものではなく、ある連続性の中での展開を意図している」とのことである（『上海・豫園の舗地』、『舗地・中国庭園のデザイン』、ＩＮＡＸ出版、一九九五年）。『園冶』にもすでに「乱石路」「鵞子地」「氷裂地」「諸磚地」と四つほど、材料による舗地の分類、そして一五パターンの図柄が挙がっているが、後代、模様は爆発的に増殖していく。手元に『図説蘇州園林』シリーズの『舗地』という本があるが、一冊まるまる最初から最後まで舗地のパターンが載っているだけである。魚鱗文様、卍文様、金銭文様など現在では数多くのバリエーションが存在している。ラーメン鉢でおなじみのあの渦巻きが二つくっついた雷文ももちろんある。

⑱舗地

⑲鶴模様の舗地

実際の庭園ではこれらのパターンを下地として、要所要所に一点ものの図柄が置かれる。⑲例を挙げると、鳳凰、鶴、鹿、蝶《ちょう》、蝙蝠《こうもり》、魚、金魚などの動物、梅、海棠、牡丹、蓮、菊、石榴などの植物、瓢《ひょう》箪《たん》や笛、花籠、剣などの八仙の持ち物、太陽や月、太極、八卦、「福」「禄」「寿」の字を図案化したものなど。これらはすべて基本的に吉祥の模様である。たとえば、鶴は「長寿」を、鹿は「禄」を、蝙蝠は同音の「福」を示し、植物は種子をたくさん作ることから「子孫繁栄」を意味する。中国で出版されている庭園辞典の「舗地」の項目を開くと、無数の、色とりどりの舗地の図柄が飛び出して目を楽しませてくれる。そのさまを田中淡氏は「舗装の一種ではあるのだけれども、実用性を遊びの精神が超えている」と表現している（「舗地―中国庭園へのアプローチ」、『舗地・中国庭園のデザイン』前掲）。舗地の主材料は石、磚《せん》（レンガ）である。拙政園でこの舗地の修復作業をしているところに出くわしたことがある。この舗地の下は普通の土の地面である。そこに手前から石ないし磚をパターンに沿って置いて、上から太い木の棒でドンドンと突いていく。セメントなどであいだを埋めることはしない。ただ地面の上に突き固めているだけなのである。20 当然ではあるが、このようなやり方では、たくさんの人がその上を歩けば、やがて舗地は崩れてくる。そこでまた補修するというわけである。そのときは「なんて原始的な」と思ったが、これが昔からのやり方で、それをあえて変えていないに違いない。日本の寺や神社の修理と同様に、専門の職人が補修を手がけているのであろう。インターネットで検索してみればすぐわかるが、実際、蘇州には造園の会社が非常にたくさんある。

20補修途中の舗地

§漏窓

壁のところまで戻りたい（なかなか進まなくてすみません）。壁そのものを見てみる。東部側から見ると、等間隔に漏窓が並んでいる。21 この漏窓であるが、一つとして同じ模様がない。漏窓には舗地同様、いやそれ以上に数多くのパターンが存在する。また建物の窓に嵌め込むものは木で作るために非常に繊細な模様を描くのに対し、壁に設けられる漏窓は強度が必要とされるために、磚で作られ、やや線が太いのが特徴である。

先に挙げた『園冶』には一六パターンの図柄が載せられている。まず窓自体の輪郭が、方形、円形、多角形（六角形、八角形が多い）、扇形、海棠などの花形、桃の果実形、瓢箪形など多様にある。そして中の模様ときたら無限にあるのではないかとさえ思えてくる。いくつか挙げると、海棠や牡丹や蓮や葵やひまわりなどさまざまな花模様、卍字、氷裂、蝙蝠、蝶、魚、亀甲、古銭などである。材料は磚を用いる。蘇州の町なかの歩道などに設置されているものなどは、セメントで一気に型を取るようであるが、庭園のものは基本的に一つひとつ模様を板状のものから切り出していく。22

21東部側から見た壁

実は一昨年、自宅を新築した際に

22滄浪亭の漏窓

この漏窓を外壁に取り付けたいと思い、蘇州の建築資材を扱っている会社に出向いたことがある。店の経営者は、日本から突然やって来た来客に最初は戸惑っていた様子であったが、当方が本気だとわかると、熱心に図柄や材料などについて話してくれた。その際に、どうやって作っているか見せてやるといって、太湖湖畔の山中にある工場に車で連れて行ってくれた。そこでは職人が材料を切り出して、さまざまな庭園の装飾部品を作っていた。見ていると、一枚の大きな板状の材料から模様をくり抜いていた。その後、筆者が希望する漏窓の材料の寸法、厚さ、デザインから縁部分の加工をどうするかといった細かな打ち合わせを行なった。「では目の前にあるこの磚で作るからね」、と念を押され了解して蘇州のホテルまで戻ってきたのであった。ちなみに、帰国後に写真の添付ファイル付きのメールが届き、完成したから料金を振り込みせよとの連絡があった。振り込み後、漏窓は無事に届き、今は壁に収まっている。ただ木津雅代氏の本では、上海の豫園の修復に際しては、壁に嵌まった窓枠に、職人がバラバラの材料を組み上げていく様子が記されており、漏窓の制作方法は一つではないようである(『中国の庭園—山水の錬金術』前掲)。

㉓東半亭から見た中部

§ 東半亭

さて壁の洞門をくぐり、中部に抜ける。拙政園には東部と中部を繋ぐ洞門がいくつかあるが、ここは一番南のものである。この洞門は通路からそれぞれ庭の側に突き出していて、それに従って屋根も凸字型に突き出している。屋根の端は尖って空に向かって反りあがっている。単なる門ではなく亭の役目も務めているのである。ここを抜けると目の前にあるのは「海棠春塢《かいどうしゅんう》」である。ここから中部に踏み込んでいってもよいのであるが、ちょっと我慢しよう。いったん東部に戻って、もう一つ北側にある洞門のほうまで移動していき、ここで改めて中部に足を踏み入れよう。この門は「東半亭」と呼ばれている。別名は「倚虹亭《きこうてい》」という。ここも先ほどと同様屋根付きで、通路から凸型に突き出た構造を持つ。そしてここは門でありながら「亭」という名を持っている。「倚虹」は北宋の詩人程倶《ていぐ》（一〇七七―一一四四）の詩「雨霽行西湖」の句「長堤如臥虹（長い堤がまるで伏した虹のようだ）」に拠る。南北に壁に沿って走っている長い廊下を長い堤に見立てたのである。この倚虹亭から見る中部の光景は、拙政園の絶景の一つといわれている。池がまっすぐに西に向かい、左手に遠香堂、右に小高い山、池の端に立つ木々が視線を奥へ奥へと誘導する。消失点には拙政園の外、ずっと先にある北寺塔が借景として取り込まれて風景を締めくくっている。㉓

§梧竹幽居

東部と中部を隔てている壁であるが、中部側には一定の間隔を取って設置された漏窓のあいだに、文徴明の「拙政園図」三一景を黒い石板に彫刻して額に入れたものが延々と向こうまで続いている。倚虹亭の前には、装飾のない簡素な石橋が架かっている。観光客もガイドが特に注意を喚起しないため、なんの気なしに通り過ぎて行くが、これは拙政園に残る数少ない明代の遺構である。橋の右手にきわめて異彩を放つ亭が立っている。その身をほぼ川の上に突き出していて、船遊びをする人が横を通れば手が触れそうである。名を「梧竹幽居」という。㉔「梧竹」は唐の詩人羊士諤《ようしがく》（七六二―八一九）の詩「永寧小園即事」の句「蕭条梧竹月、秋物映園廬（ものさびしい梧竹にかかる月、秋の風景が小園の小屋に影を落とす）」に拠る。亭の傍には水辺に降りる階段があり、実際に船がもやってあることもある。この亭は全体は四角の攢尖頂タイプである。その最たる特徴は四面の壁に大きな円形の窓が取り付けられていることで、視点を変えていくと円の中に次々と異なる景色が展開する、非常に楽しい亭である。柱に掛かる対聯は「爽借清風明借月、動観流水静観山」とあり、清の書家趙之謙（一八二九―一八八四）の手になるもの。大意は「爽快さには清風を、明るさには月を借りる。智者は流水を見、仁者は山を見る」。庭園には多くの額があるが、これらは高名な書家や文人によって書かれるのが通例である。

㉔梧竹幽居

以前、NHKが世界遺産に関するシリーズ番組を放送していたが、蘇州庭園を扱った回ではこの梧竹幽居を大きく取り上げていた記憶がある。

§遠香堂

中部についてはまず中心たる遠香堂の紹介から始めたい。㉕これは乾隆年間に建てられたもので、拙政園の最初期に若墅堂が建っていたところらしい。遠香という名は北宋の哲学者である周敦《しゅうとん》頤《い》の有名な「愛蓮説」の一句「香遠益清（香り遠くして益々清し）」から取られている。蓮の花は知識人が愛《め》でる花の一つだが、それは「出於泥而不染（泥より出づるも染まらず）」（同）であるからで、この蓮のあり方はとりもなおさず科挙によって俗世間から身を起こしながらも清新な生き方を貫くことをモットーとする彼ら知識人の姿そのままなのである。ゆえに周敦頤は「花の君子」と称した。

「堂」は、「庁」と並び、庭園内の各エリアの主要建築として中心に置かれることが多い。建物そのものの規模も亭などよりも大きくどっしりとした量感をたたえている。長方形をしているのが一般的で、「楼」「閣」などの多くが二階建てであるのに対し、平屋が一般的である。

㉕遠香堂

周囲にめぐらされた柱が歇山型の大きな屋根を支えており、中は広々としたホールのようになっている。遠香堂の場合は東西に長く、屋根の下の住居部分の大きさは、横の長さは一〇メートル弱、縦の長さは七メートルほどであろうか（陳従周『蘇州古典園林』参照）、北側の池を向いて立っている。四方の壁面は、上から下まで細工が施された縦に細長く黒い窓枠にガラスが嵌まっていて、土壁はまったく使われていないため、グラスハウスのようにキラキラと輝き、また建物の向こうの風景までが見通すことができる。このような四面が開けた形式の建物は「四面庁」と呼ばれ、中国庭園の中でも高級でこだわりのある建築形式といわれている。重厚な屋根の下にあるガラス細工のようなとても繊細ではかない、今にも崩れてしまいそうな建物は、柱でかろうじて支えられているのである。

ここに掛かる「遠香堂」の扁額は、もとは清の文人である沈徳潜《しんとくせん》

（一七三一—一七六九）の手になるものであるが、文化大革命のときに破壊されてしまう。現在のものは張辛稼《ちょうしんか》（一九〇九—一九九一）によって補書されたものである。㉖扁額を挟む北側の柱には対聯があり、

旧雨集名園、風前煎茗、琴酒留題、諸公回望燕雲、応喜清遊同茂苑。
徳星臨呉会、花外停旌、桑麻閑課、笑我徒尋鴻雪、竟無佳句続梅村。

と記されている。大意は「友人たちが名園に集まり、茶を点《た》て、琴と酒を楽しみ、詩を作る。北京からやって来た人は空を振り仰ぎつつ、蘇州にみなが集まったことを慶び合う。賢士らは蘇州に臨み、仕事の合間に花壇の外に車を停める。笑うは往事の痕跡ばかりを求める己れ自身、しかしついに呉梅村の山茶花詩に続くよい詩句はできなかった」。「旧雨」という語は杜甫の「秋述」という詩にもとづく。梅村は清初の有名な詩人呉偉業（一六〇九—一六七二）の号。

㉖遠香堂の扁額

中国では詩作をする際、過去の詩の一節や文字を引用することが多い。「典故を用いた文章は、広く万人に読ませるためのものではない。作者と同等以上の教養を持つ人を、読者として期待しているのである。……（中略）……典故は知的な遊戯であるともいえよう。六朝の貴族階級の間では、わざとむずかしい典故を使って詩文を書いたり、その原典を言いあてる競争をする風習があった（『中国文化叢書④

文学概論』「修辞論」の項、大修館書店、一九六七年）」。「典故とは、一つのことをいうのに史実または古典のイメージをダブらせて読者に印象づけようとする方法である」（同右）。さらに唐以降は一首の詩の中に一つか二つは典故を用いるほうが普通であったという。

東部の建築物の名前が詩の一節にもとづいて付けられていたのも同様の理由である。

§「扁額」と「対聯」

中国庭園の見所の一つが「扁額《へんがく》」と「対聯《ついれん》」である。27「扁額」とは庭園内の建物や施設の名を記した板片で正面上部に設けられる。「対聯」は入り口の両端の柱などに掲げられる。ともに有名な文人や芸術家によって文句が選ばれ、また書家によって筆をふるわれる。昔のものが残っていない場合は現代の書家にその任が託される。我々のような非専門家ではその魅力を味わい尽くすことはなかなかに難しい。「扁額」と「対聯」に記される文字の選定はきわめて厳密に行なわれる。『源氏物語』にも比せられる清朝の長篇小説『紅楼夢』では第一六～一七回において邸宅に大観園という名の庭園を築くさまが詳細に描写される。山水ができ、建物ができ、さあ最後の仕上げだということで、主人公の賈宝玉とその父親の賈政が門客を連れて園内を歩きながら一つ一つのポイントに立ち止まり、その場にふさわしい命名と扁額・対聯の制作作業を行なっていく。

27獅子林の扁額と対聯

(ある離れの前にやってきて)食客たちが、

「ここの扁額には四字の名を題せねばなりませんですな」

といった。賈政は笑って、

「どんな四字がよいでしょうな?」

というと、ひとりが、「『淇水遺風《きすいのいふう》』といたしては?」といった。賈政は、

「俗ですな」

といった。またひとりが「『睢園雅跡《すいえんのがせき》』とやっては?」といった。賈政は、

「それも俗ですな」

といった。賈珍は笑いながら、

「やはり宝ちゃんに作らせてごらんになったらどうでございましょう?」

……(中略)……

宝玉、

「どれもあまりぴったりしないようでございます」

賈政は冷ややかに笑って、

「どうしてぴったりしないのだ?」

「ここは第一番に行啓遊ばす場所でございますから、ぜひとも天子さまを頌えなければいけませぬ。もし四字の扁額を用いますならば、それには古人のできあいの作がちゃんとございますから、何も新しく作るにはおよばないと存じます」

「『淇水』にしろ、『睢園』にしろ、みな古人の作じゃないか」
「それではあまりに陳腐でございます。それよりは『有鳳来儀《ゆうほうらいぎ》』の四字がようございましょう。」
「うまい！」
とみなみなどっとはやし立てた。賈政はうなずきながら、
「畜生！　畜生！　針の孔から天のぞくというやつだな！」
といって、また対聯を一つ作るよう命じた。宝玉はとっさに、
宝鼎《ほうてい》　茶閑《しず》かに煙なお緑に
幽窓《ゆうそう》　棋を罷《や》めて指なお涼し
と吟じた。賈政はそれを聞くと、うなずいて微笑し、人々はやんやと賞めちぎった。
（松枝茂夫訳、岩波文庫、一九七五年）

誰かがこれはどうだと案を出すと、それは雅だ、俗だとひとしきり批評が行なわれ、最終的に意見が決着するとまた別のポイントに移動して同様の儀式が行なわれる。これこそが庭園建設の最終段階の工程であり、また園主らにとっての大仕事なのである。これによって庭園は輝きもするし、無残なものともなるのである。ちなみに北京市内や上海郊外にはこの大観園を模した庭園が造られており、上海郊外のものは広大な敷地に点在する建物がなかなかみごとで、一見の価値がある。ただしバスかタクシーでしか行けないのが少し不便で、また帰りの足にも困るのが難である。

「開かれたキャンバス」

ここでちょっと話題がずれるが、中国芸術における文字の役割を考えてみたい。中国の絵画を見ると誰もが感じると思うが、絵の白い部分、たとえば山水画でいえば山や川が描かれていない空の部分などに賛がびっしりと書き付けられている。さらにその作品の代々の所有者の落款もべたべたと押されている。かつてある大学で中国庭園を主題とした授業をしていたとき、完成された芸術品である山水画にこれでもかと詩文が書かれ落款が押されている姿を見て、芸術品の破壊であると怒りを表した学生がいた。筆者も最初はそう思っていた。しかし多くの名作といわれる作品がほぼ例外なく同様の経緯を辿っているのを見ると、これは中国的にはけっしておかしな行為ではないということになる。ではこれが肯定的な行為だと考えられていたとすると、我々はいったいそれをどう捉えたらよいのか。

「東坡肉《トンポーロウ》」で有名な蘇軾（東坡は号）の詩に「郭熙秋山平遠」というものがある。

目尽孤鴻落照辺　　目尽す 孤鴻落照の辺

遙知風雨不同川　　遥かに知る 風雨川を同じうせざるを

此間有句無人識　　此の間句有るも人の識る無し

送与襄陽孟浩然　　送与す 襄陽の孟浩然

【この絵の風景のかなたを見はるかすと、ぽつんと鴻が夕日の照るあたりに飛んでいるのが見える。遠くを見れば、川の場所によって、天気が違うことがわかる。この絵に私は詩句を書きつけても、だ

れも知るまい。昔の襄陽の隠者、孟浩然に送りたいものだ。】

（石川忠久訳『蘇東坡一〇〇選―漢詩を読む』、ＮＨＫライブラリー、二〇〇一年）

北宋の画家、郭熙《かくき》の山水画を見て、「そこに詩句を書き付けるのは私ではふさわしくない」と詠っている。絵に詩を書き付けることが、ここでは日常の出来事のようにさらりと書かれている。蘇軾は自分の詩ではこの絵にふさわしくないと判断して、結局書き込みをやめたのである。

中砂明徳氏の『江南―中国文雅の源流』（講談社選書メチエ、二〇〇二年）の後書きを読んでいてなるほどと思ったのが、「中国の書画は作者一己の完成品でなく、進行形で鑑賞者参加型の作品なのである。（同二二九頁）」というくだりである。芸術作品とは、中国では閉じられて完結した、そこから距離を置いて眺めるようなたぐいのものではなく、何人にも開かれ常に変化を遂げ、また生成し増殖していくものなのだ、と。

確かにあらゆる作品は常に現在進行形のものであるが、それを未完成の状態にあると捉える思考が中国の芸術作品にはあるということであろう。しかしその現物に己れの詩句や文字を書き加えるという作業がどれほどのプレッシャーを作者にもたらしたことか。「この作品は芸術作品として今後も何千年も残っていく可能性がある。そこに己れが気安く文字を書き入れてよいのか」と普通の芸術家なら思うはずである。しかし同時に猛烈な興奮とやり甲斐をも感じたに違いない。芸術作品に参加し、己れの名がそれとともに数百年後も残り、人々の鑑賞の対象となる、この光栄と恍惚！　芸術作品を博物館でガラス越しに見ている我々にはなかなか理解しがたいが、彼らにはごく自然な行為だったのであろう。

先ほど『紅楼夢』の大観園での命名を庭園建設の完成作業だと書いたが、中国では自然の景物あるいは芸術作品としてすでに完成している場にさらに文字を書き付けることで、その空間はより輝くと考えられているのであろう。そういえば中国では名山と呼ばれている山の岩に漢詩や経文が大きな文字で彫られているのをよく目にする。これとて大自然の風光明媚な光景を単なる自然から芸術作品に昇華させるための作業だと考えると納得がいく。

それは庭園においても同様で、「私が購入したこの庭園はこうすればもっとよくなる」と思った人間は現状にどんどん手を加えていくため、園主の趣味嗜好やその時代やその地域の芸術傾向によって姿を変えてゆく。庭園の主は、庭園が自分の所有になる前の歴史を知っており、また庭園がなんらかの事情で自分の手から離れた後、また姿を変えていくであろうということを承知していたことであろう。庭園の施設への命名行為が完成作業であり、かつ現在進行形の変化の過程でもあるということを彼らは経験から知っていたはずである。模倣と創造、完成と無常、背反する二つの要素がまさに眼前で次々に展開していくのが中国庭園の魅力の一つではないだろうか。

また庭園の機能の一つとして、「詩作の場所」となることが挙げられる。中国の文人の詩集を見ていると、「何某の何園にて詩を作る」といったタイトルが頻繁に出てくることからもそれが確認できる。また「何某の何園に集まって云々」という記述もよく見られ、社交の場としても機能していたことが容易に看取できる。

ただし、庭園が必ずしも文化的な香気漂う高雅な空間だったわけではない。清朝の余懐（一六一六―一六九六）が著した、明代の名妓の伝記集である『板橋雑記《ばんきょうざっき》』という書物には、庭園内にご当地の妓女を集めて誰がナンバーワンかを競うコンテストが行なわれていたことが記されている。

そのとき、歌妓の器量や芸事を批評して、品定めをすることになり、高台をしつらえて状元《じょうげん》になったものを坐らせることにした。さて二十余人のうちから選考した結果、微波《びは》が第一に推されることになった。彼女が台の上にのぼると、音楽が奏でられ、黄金の酒杯で酒がすすめられた。並みいる廓の歌妓たちは、すっかり意気阻喪《そそう》してしまい、一人減り二人減りして帰って行き、夜の明けるころになって、やっと宴はお開きになった。

（岩城秀夫訳『板橋雑記・蘇州画舫録』、平凡社東洋文庫、一九六四年）

また『板橋雑記』のほかの箇所にも、庭園内で妓女と宴会を行なったという記述が数多く確認できる。庭は遊興の空間でもあったのである。

話を遠香堂に戻そう。堂内に足を一歩踏み入れると、広々とした空間の中に、数脚の椅子や机がゆったりと配置され、窓際には盆景が並べられている。先にも書いたが、四方がガラスでできているため、周りの情景が座したままで一望できる。しかもガラスで隔てられているため、音は遮断されており、外の光景が色彩豊かな絵画のように見える。

この遠香堂の「堂」とは、本来、園主が来客をもてなすためのホールのような役目を果たす建物のことをいい、先ほどの対聯にあったように酒宴や作詩の集いなどもこの遠香堂で行なわれていたと思われる。あるときは静謐《せいひつ》で落ち着いた空間に、またあるときは談笑する声や歌唱や楽器の響くにぎやかな空間にと、遠香堂はさまざまにその姿を変えるのである。

遠香堂から北のほうを向いてみる。目の前に池が水をたたえ、その向こうにはふんわりとした輪郭の山がある。石と土を組み合わせて造られていて、木々の緑がまぶしい。山の上の木々の間、遠香堂のほぼ真正面には雪香雲蔚亭《せっこううんうつてい》が立っている。雪香雲蔚亭を中心にして、その両側にほぼ等間隔で右手に待霜亭、左側に荷風四面亭が立っている。雪香雲蔚亭は方形、両側の亭はともに六角形で対称をなしていて、遠香堂を中心に全体が組み立てられていることがよくわかる。

遠香堂の東南の長廊に「復園」という磚でできた額があった。書は、清代の学者陳鱣《ちんせん》（一七五三―一八一七）のもの。さてここでいわれている復園とは何か。ここで中部エリアの複雑にして数奇な歴史についていて簡単に記しておきたい。

「中部」の歴史について

初代の所有者王献臣の息子が博打に負けて徐氏に拙政園を借金のカタに取られてしまったことは先述の通りである。徐氏が拙政園を手放した後、園は東部と西部に大きく二分される。東部は明末の一六三一年に王心一が入手して以後、王一族が二〇〇年以上所有し続けたことも述べた。それに対してこの西部の歴史はまことに目まぐるしく変遷していく。まずは清初に有名な学者の銭謙益（一五八二―一六六四）がこの西部に秘密の部屋を構え、愛妾の柳如是《りゅうじょぜ》を住まわせる。その後、明滅亡時、清兵が蘇州に入城した折には鎮圧軍の将軍が占拠した。当時の園主は徐氏の五代目、徐樹啓であったが、順治一〇年

（一六五三）に、官僚でありかつ詩人である陳之遴《ちんしりん》（一六〇五―一六六六）に売却する。当時の拙政園の資産価値は一万両ほどだったが、徐氏は銀二〇〇〇両で売っている。

　陳之遴は銭謙益と交友関係にあったというから、売却価格の安さにはそのあたりの事情もあったのかもしれない。陳之遴は西部に補修・増改築を行ない、園を豪奢なものにしつらえ、さらに連理の宝珠山茶を植えた（銭泳『履園叢話』）。宝珠山茶は、日本名では山茶花《さざんか》といわれツバキ科の花である。「連理」とは並んだ二本の木が枝の部分で一つになることである。この山茶は、当時の江南地方では珍しかったようで、多くの文人に愛され、後に拙政園といえば宝珠山茶だといわれるほどの名物になっていく。たとえば、呉偉業は、その娘呉斉が陳之遴の息子である陳直方に嫁いでいて親戚関係にあったが、長篇詩「詠拙政園山茶花」を書いている。また呉偉業の友人の詩人陳維崧《ちんいすう》（一六二五―一六八二）も長篇詩「拙政園連理山茶歌」を著している。拙政園の山茶花は、その後三〇〇余年にわたって詩歌に詠われることになる。

　実は陳之遴はずっと北京にいて、この拙政園を訪れることはなかった。園購入の五年後、陳之遴は遼東に流謫《るたく》されて、そこで客死する。拙政園には陳之遴の継室である徐燦《じょさん》（一六一八？―一六九八）が住んでいた。徐燦は字は湘苹《しょうへい》、または明深。文・史に通じていた。彼女の祖姑（夫の祖母）は、北宋の政治家范仲淹《はんちゅうえん》（九八九―一〇五二）の一七世の子孫范允臨《はんいんりん》（一五五八―一六四一）の夫人徐媛である。ちなみに范允臨は次章で取り上げる留園を創建した徐泰時の行状（生前の行ないを記した文書）を書いている。徐燦は若い頃から文才を発揮し、彼女の詩詞は人々に好まれて歌われたという。陳之遴は夫人が早逝したため、後妻として徐燦を娶った。結婚後も徐燦は創作を続け、陳之遴は彼女の詩詞を編集して

『拙政園詩余』三巻として出版する。もっともこれは〝徐燦詩詞集〟であって、すべての詩詞が拙政園を題材として詠ったものではない。詩詞のタイトルに拙政園の名が挙がっていることは少ないが、前近代の中国では女性が屋敷の外に出ることはまずなかったから、詩詞のほとんどが拙政園の中で作られたことは間違いない。自然の風物を詠った詩詞などは拙政園の景色をもとに着想されたと考えてよい。たとえば「芳樹」という五言律詩がある。

蘭池縈桂館、奇樹鬱成行。玉蕊恒双吐、瓊枝不独芳。微吟憐婀娜、小折贈馨香。千里懐人夢、迷離万艶陽。

（大意）【蘭の香る池が桂の香る館を巡っている、すばらしい木が行く手を遮る。玉蕊《ぎょくずい》は絶えず香りを放ち、瓊枝《けいし》だけが芳しいわけではない。そっと詩を吟じて細い草を哀れみつつ、少し手折って香りを出してみる。彼方にいる人を夢見て、物思いにふける春爛漫。】

春が盛りを迎え、周囲の花々が一斉に香りを放つ様子が描かれているが、建物や池も描かれていることから、どこかの庭園内の情景であることがわかる。拙政園以外のところで詠んだ詩なら、その旨を題に書くはずである。よってこれは拙政園の情景だといってよいと思う。詩句の中に「故園」「呉苑」などと明記してあるものも多い。徐燦に対する清代の士人の評価は高く、先ほど挙げた陳維崧などは「南宋以来、優れた女性詩人はたった独り徐燦だけだ」と述べている。「南宋以来」とは、南宋に没した女流詞人李清照以降ということであろう。徐燦は夫の死後は二度と詩詞を作らず、観音像を描き、写経を行なって余生を送った。その彼女が書いた経文をまた多くの者が争って求めたという。

園は康熙年間は役所に没収されて、軍人や役人の宿泊施設となる。その後、園は陳之遴の一族に返還されるが、陳氏は軍人の呉三桂（一六一二―一六七八）の娘婿の王永寧（？―一六七二）に売却する。この王永寧は、それまでほぼ原型をとどめていた拙政園に大改修を施す。たくさんの庁堂を建て、それらはみな壮麗を極め、柱は一〇〇本余り、柱の根元は直径が三、四尺（当時一尺は三二センチ）もあり、その根元部分にはみな昇竜の図案が施されていた。王永寧はいつも園の内外で盛大な宴会を行なっていた。大勢の人を引き連れ蘇州市街の西にある城門の閶門の外に架かる橋を渡ったときには、人が多すぎて橋の欄干が折れ転落し、一〇数人が溺死したという。蘇州郊外南西部にある石湖では、一〇艘もの巨大な船を繋げて舞台とし、妓女に歌舞をさせ、給仕にもすべて美女を揃えた。また李漁、余懐（一六一六―？）らの演劇作家を拙政園に招き、自分が所有する劇団に芝居を演じさせてみなで鑑賞した。余懐はそのさまを「月の女神でさえ空から降りてきて舞台に出る」「たくさんの宝石があふれて地が傾く」と記した。ちなみに明末から清初にかけての蘇州は、「南曲」という宋代から江南を中心に発展した戯曲のメッカであり、戯曲作家や評論家らもこの都市に集まっていた。有名作家に自分の劇団の劇評を書かせる。王永寧は得意の絶頂であっただろう。しかし舅の呉三桂が清軍に反旗を翻すと、彼は報復を恐れて自殺する。

拙政園はまたも没収の憂き目に遭い、豪華な装飾品や柱や石などは北京に持ち去られてしまう。その後は管理するものもなく、園は荒廃する。康熙一八年（一六七九）になると、「蘇松常道新署」と名を改められ、補修が行なわれ、堂や門が整備される。康熙二三年（一六八四）には康熙帝も訪れている。

蘇松常道新署が撤収すると、徐々に人々が勝手に住みつくようになり、後に幾人かの有力者によって分割して所有される。乾隆初期に至って、この西部は「中部」と「西部」に明確に分けられる。現在の拙政園は、東部、中部、西部と分けられているが、もとの西部が、中部と西部に分岐する契機はここにあったというわけである。話を元に戻すと、中部は乾隆三年（一七三八）に蔣棨《しょうけい》が所有することになり、西部は葉士寛《しょうしかん》が手に入れる。蔣棨と葉士寛はいずれも現段階では詳細不明である。西部に関しては、また西部に足を踏み入れた時点で改めて説明する。

さて中部であるが、蔣棨はこの地を購入するとその荒廃ぶりを目にして、もとの景観への復旧に着手する。蔣棨はこの庭園に「復園」と名付けた。文人の袁枚や学者の銭大昕、趙翼らもこの復園を訪れ酒を飲み詩を詠んでいる。しかし蔣棨の没後、園は徐々に荒廃していく。遠回りをしたが、遠香堂に掲げられていた「復園」の磚額はこれを指しているのである。

その後、嘉慶一四年（一八〇九）、中部の園主は官僚の査世倓《させいたん》に替わる。彼は入手後、修繕を行なうも、名は「復園」のままにとどめた。同年には潘師益（生卒年不詳）とその子潘皓《はんこう》が中部の東側に瑞棠書屋を建てる。嘉慶末年には呉璥《ごけい》（一七四七―一八二二）に所有が移り、人々は「呉園」と称した（瑞棠書屋はそのまま）。

咸豊一〇年（一八六〇）、太平天国軍の将軍である忠王李秀成が蘇州を掌握、「蘇福州」と改名する。拙政園の東部、中部、西部すべては統合され、忠王府となった。当時、中部東側の瑞棠書屋には潘皓の子である潘愛軒が住んでいたという。

太平天国の乱平定後、同治二年（一八六三）には江蘇巡撫（長官）だった李鴻章が園の中部を公的機関として召し上げ、巡撫、つまり自分のための仮宿とする。

同治一一年（一八七二）には、潘氏が住んでいた瑞棠書屋跡に張之万（一八一一―一八九七）が移り住む。張之万は字は子青、道光二七年（一八四七）の状元（科挙に首席で合格）。詩画に優れ園芸にも通じていた。

同年に中部全体は、八旗奉直会館と名を改められ、遠香堂や玉蘭院などが修復される。このときの景観が今の中部に引き継がれている。長々と見てきたが、中部の歴史の紹介はいったんここまでとしたい。

28繡綺亭

§繡綺亭
遠香堂北側から出て右側（東側）に進んで行こう。右手に大きな築山があるのは前述の通り。山自体はやや四角ばった輪郭の黄石で造られている。今から入る遠香堂の東側部分はかなり複雑な造りになっているため、平面図を随時参照されたい。この中部エリアは遠香堂が中心だと述べたが、遠香堂そのものおよびその周囲は開けた視界が確保されているものの、東西両側の空間は建物と建物との位置関係もややこしく、それらの建物を繋ぐ通路も錯綜していて、気を付けていないと、自分がどこにいるかがわからなくなる。「西―遠香堂―東」は「複雑―単純―複雑」という対称関係になっている。また後述する西側が水景を中心とするのに対して、東側は山景を中心に構成されている。つまり遠香堂を挟んで、「水―遠香堂―山」という景色の対称をもなしているのである。

東側のエリアは五つの景色で構成されている。繡綺亭《しゅうきてい》、嘉実亭、玲瓏館《れいろうかん》、海棠春塢《かいどうしゅんう》、聴雨軒である。まずは「繡綺亭」から見ていきたい。㉘繡綺亭は石と樹木を組み合わせて造られた築山の上に立っている。名前は杜甫の詩「繡綺相輾転、琳瑯愈青熒（刺繡の模様は転変し、宝玉はますます青く光る）」（「橋陵詩三十韻、因呈県内諸官」）に由来する。ここは、中部南側において視点を高く取ることのできる唯一の場所であり、遠香堂を中心とした陸地の部分と池および島部とで構成される全体の風景を一挙に見渡せるようになっている。歇山型の屋根を持つ長方形の建物で、長辺部の両端に二本ずつ柱が立っている。奥の牆壁には上方に大きな方形の窓が開いていて、堂々たる構えの亭である。欄干には前後に二つの扁額が掛かっており、対聯も同様に二つある。手前の扁額は「繡綺亭」とあるが、以前は「水木清華」という額が掛かっていた。対聯は右に「処世和而厚」、左に「生平直且勤」と日常の心構えが記されている。奥の扁額は「暁丹晩翠（暁の赤、夕暮れの緑）」、対聯は右左合わせて「露香紅玉樹、風綻紫蟠桃。」という句が記される。これは清初の学者、朱彝尊《しゅいそん》（一六二九―一七〇九）の書だが、もとは唐末の詩人、王貞白（八七五―九五八）の詩「遊仙」の一句である。この「遊仙」という詩は、東方の仙境に遊ぶ人間の心持ちを詠っている。

我家三島上、洞戸眺波濤。酔背雲屏臥、誰知海日高。
露香紅玉樹、風綻碧蟠桃。悔与仙子別、思帰夢釣鰲。

【我が家は三島（蓬萊・方丈・瀛洲）の上にあり、洞窟の入り口から波濤を眺める。酒に酔って雲屏を背に横たわる、海上の太陽の高さを誰が知ろう。露に香る紅玉の樹、風にほころぶ緑の蟠桃。悔いるのは仙人と別れたこと、帰ろうと思いつつ夢の中で大亀を釣る。】

仙境に咲き誇る花の美しさを詠いつつ、太湖石の山上に独り立つ繍綺亭に遊ぶ者も同じ興趣を味わうことができると述べているのであろう。しかしそれは対聯の部分だけを眺めている者にはわからない。普通は単に周りの様子を詠った風流な文句だとしか感じまい。詩の意味を知っている者だけが詩と情景とが持つ関係を味わえる。これも庭園の楽しみの一つである。

文徵明は拙政園の中で描いた「三一図」についてそれぞれ一首ずつ詩を著した。また多くの文人が園を訪れ樹を詠い花を詠い、石を詠い池を詠った。中国の文人は、ことあるごとに目の前の情景や思いを詩に託したが、庭園ではそれがいっそう顕著になっているといえる。なんといっても目の前に展開しているのは、彼らにとっての理想郷を具現化したものである。ゆえにそれが詩に詠われるのは半ば当然のことといえる。そして高名な詩人、文人によって詠われた詩を読む行為は、文字として結晶化、記号化された庭園の風景を解凍し、頭の中に復元することにほかならない。それにより、庭園の風景はより美的な姿となって、あるいは当人の心象に従い多様な姿をまとって読む者の眼前に現れたことであろう。ここまで、たくさんの詩を紹介してきたが、詩と庭園が切っても切れない関係にあることをご理解いただけたのではないか。

§玲瓏館と嘉実亭

山を下りて左側に行くと上辺が波型の壁（雲牆《うんしょう》）があり、円形の洞門が姿を見せる。洞門の上には「枇杷《びわ》園《えん》」とある。洞門をくぐると、また新たな空間が開ける。左右には枇杷の木がずらっと並んでいる。伝えられるところでは、太平天国の忠王李秀成が植えたとのことである。枇杷は冬に花を咲かせることから、文学的には「高潔」の象徴とされるが、枇杷の木は古来、実が美味であるのはもちろんのこと、そのほかの葉や樹なども有用でない部分はないといわれてきた。曰く「喉の渇きを止め、暑さを取り除く」「肺を潤し咳を止める」など、その葉は「無憂扇（憂いを無くす扇）」とさえ呼ばれた（北宋 陶穀『清異録』）。

29玲瓏館

この枇杷園は、開かれた景観の多い拙政園にあって、対照的な閉じた空間となっている。洞門をくぐって枇杷に囲まれた中に「玲瓏館」と「嘉実亭」がある。まずは左手にある大きな「玲瓏館」から見ていきたい。29建物は長方形で、歇山型の屋根を持つ。木製の壁は落ち着いた赤色で、大きな縦長の窓が嵌まっている。低い石段を一二段上がり中に入ると、上に「玲瓏館」の扁額が掛かっている。「玲瓏」の語は、滄浪亭の初代園主である北宋の蘇舜欽《そしゅんきん》（一〇〇八―一〇四八）の詩「滄浪懐貫之」の句「日光穿竹翠玲瓏（日光が竹林を貫き緑の光がきらめく）」に拠る。内部はけっこう広く、椅子、机、盆栽、台に載った太湖石などが整然と置かれている。その向こうには六面の屏風が立っている。屏風とはいっても、天井から床まで至る薄い壁のようになったものである。中国では、日本で用いるような、数枚を山折り谷折りに繋げたものから、このような大きなものまですべて屏風と呼ぶ。この屏風は上半分は格子模様になっていてガラスが嵌まっている。小さなマスには青や黄色のガラスが嵌まっていてアクセントになっている。屏風の上方には「玉壺冰」の扁額がある。落款は「宣統二年五月仏尼音布」。宣統二年は一九一〇年、仏尼音布は琴奏者の葉赫那拉《イェヘナラ》・仏尼音布《ぶつじおんぷ》（一八六三―一九三七）のこと。満州族で西太后こと慈禧太后の甥《おい》に当たり、葉詩夢《ようしぼう》の名で通っている。玉壺冰とは氷を盛った玉《ぎょく》の壺。南北朝宋の鮑照《ほうしょう》（四一四？―四六六）の詩である「代白頭吟」「直如朱糸縄、清如玉壺冰（真っ直ぐなさまは赤い糸のようで、清らかなさまは玉壺冰のようである）」に拠る。この玲瓏館の窓枠は四方すべてが三角形を無数に組み合わせたような模様をしているが、これは「冰裂紋」といい、薄氷が裂ける様子を表している。氷が裂けるとは、春が来ることの寓意である。この冰裂紋は、『園冶』で「風窓の模様の中で最もよい」と評されている。扁額「玉壺冰」の文字と窓枠「冰裂紋」の意匠を呼応させているのである。

30嘉実亭

　屏風の裏は左右ともに戸があり出入りできるようになっている。右に抜ければ「聴雨軒」、左に抜ければ「海棠春塢」に通じる。入り口の対聯には「林陰清和、蘭言曲暢。流水今日、修竹古時」とある。大意は「木々は生い茂り、爽やかでのびのびと穏やかな日、意気投合する友人たちと何もかも語り尽くす」で、王羲之「蘭亭序」から文字を取って構成されている。「玉壺冰」の両側には「曲水崇山、雅集逾獅林虎阜。蒔花植竹、風流継文画呉詩」とある。大意は「曲水の流れる高山に文人らが集まるその楽しみは獅子林や虎丘を超える。花や竹を植えるその風流さは文徴明の絵画と呉偉業の詩を受け継ぐものだ」。落款は「同治壬申三月」（一八七二年）、先にも挙げた、拙政園中部の東側を所有したこともある張之万の書である。

　玲瓏館の正面からほぼ九〇度右手、こんもりと茂った植え込みが人一人通れるくらいに開いていて、そこを通って「嘉実亭」の前に立つ。30 この嘉実亭は、文徴明の「拙政園図」および「拙政園図詠」に登場し、「瑶園の中にあり」と記されている。また「瑶園」は、「園の巽《たつみ》（東南）に位置し、中には紅梅一〇〇本が植えてある」とある。位置的には遠香堂の東南に属し、梅ではないが植物に囲まれているという点では初期の拙政園の様子と似ているかもしれない。ただし「拙政園図」では急勾配の斜面から突き出た台の上に亭が載っていて、人が階段を上ってそこへ向かっている。さらに亭の前面には水面が広がっているように描かれていて、亭の築かれ方は現在とはずいぶん異なっていたようである。嘉実亭は、繡綺亭よりもひと回り小さな亭で、屋根は四枚の三角形が中央の一点に集まる「攢尖頂」形式である。「嘉実」の名は、黄庭堅の詩「古風」の「江梅有嘉実（江梅にはよい実がなる）」にもとづく。

31 窓枠に切り取られた風景

背中側の牆壁には「嘉実亭」の扁額と対聯が四角い窓を囲んでいる。その窓の背後には、左側に太湖石、右側にはそれを蔽《おお》うかのように笹が植えられており、これらが窓枠に切り取られることによって、一幅の絵画を構成している。31

詩人・作家である清岡卓行氏は中国庭園の窓の持つ効果を次のような詩にしたためている。

ところが　そのとき
ちいさな奇蹟が起ったのである。
それはわたしが　回廊の空窓《コンチュアン》——
磚で枠をふちどったりしている　空白の窓から
院落の情景を眺めたときであった。
たまたま円い窓であったが　その額縁の中の
太湖石を含む　堂　池　橋　樹木といった
すでに見なれた組合せを
ふと　美しいと思ったのである。
おお　そのままで絵とも思い出ともなっている
一種の全体性。

（「太湖石と空窓」、『詩集　初冬の中国で』、青土社、一九八四年）

「嘉実亭」の扁額には文徴明の落款が見える。本物ではなく、後人が文徴明の書体に倣って一九五六年に書いたものである。もとは「春秋佳日」という扁額があったのだが、一九四三年以前に失われてしまった。対聯は「春秋多佳日、山水有清音」とある。落款は「奕雋《えきせん》」とある。これは前出の潘奕雋《はんえきせん》のことである。彼は蘇州のさまざまな庭園に出入りしていたようで、後で見る留園にも登場するし、網師園に関する詩も残している。

32聴雨軒

§聴雨軒

玲瓏館と嘉実亭の間、その奥に「聴雨軒」がある。32「聴雨」は五代南唐の詩人李中（生卒年不詳）の詩「贈朐山楊宰」「聴雨入秋竹、留僧覆旧棋（雨が秋の竹に降る音を聞く、僧をとどめて囲碁を続ける）」にもとづく。「軒」とは、中国建築の分類では「榭」とともに「庁堂」の仲間で、建物のスケールがやや小さいものをいう。聴雨軒の前には小さな池があり睡蓮が生えている。軒の後ろには竹や芭蕉が生えている。雨が降るとこれらに雫が当たり、それが琴の音のように聞こえるのである。建物は長方形で、歇山式の屋根である。内部はほかの建物と同様に窓枠に繊細な装飾が施され、机、椅子、飾り棚などの家具が配置されている。扁額は落款のない「聴雨軒」と書いてあるものがかかっているだけで（一九六四年の作）、対聯はない。扁額の下には碁盤が嵌め込まれた机が置かれ、碁石も置かれている。今まさに対局の最中であるかのようだ。李中の詩を意識してこのように配置しているのであろう。
聴雨軒と池とは向かい合わせになっており、周囲は壁に囲まれていて、ここも閉ざされた方形の空間を構成している。

§ 海棠春塢

玲瓏館から向かって左側、「聴雨軒」の壁を隔てた北側には「海棠春塢」がある。33 ここは何かの出典にもとづいて命名されているわけではない。海棠はいうまでもなく中国を代表する花の一つである。

33海棠春塢

34「海棠春塢」の扁額

海棠は中国原産の落葉樹で、四～五月に花を咲かせる。以前、生花店の人に聞いたところでは海棠は花の咲く時期が桜と重なってしまい、かつ桜より花付きがおとなしいため、日本ではあまり人気がないのだそうである。中国では牡丹と並んで人々に愛されている花種であり、楊貴妃などの美女をこの海棠にたとえることもよくある。『閑情偶寄』において李漁は、「春海棠の色は絶佳で、園亭を所有する者は必ず植えなければならない」と記している。

春塢の「塢」とは、ここでは小さな壁に囲まれた空間くらいの意味だろうか。海棠は春に花を咲かせるので「春」の字が使われている。ここはまた一風変わっていて、全体的には壁などに囲まれた長方形の空間で、短辺の一方にある南側の壁には北向きに巻物型の「海棠春塢」の扁額が嵌まっており、その下には壁に接した半円形の台の上に太湖石がドンと立っていて両側には笹が植えられている。34 敷地内の地面には一面海棠模様の舗地が敷かれている。太湖石のある壁から少し前方（北側）のやや開いた両側には丸く地面が顔を出し、そこには二種の背の高い海棠が枝を伸ばしている。壁の反対側には建物が構えられている。聴雨軒と似たような造りで、中に入ると、真ん中に琴が置いてある。正面の壁には長窓が並び、両側には六角形の窓が対になっている。窓枠の模様は「井字変雑花式」と呼ばれるものかと思われる。扁額・対聯などはない。

遠香堂東部エリアの紹介は以上である。それぞれの空間は壁などで仕切られ、ここを散策する者はすぐ横にあるはずの別の小庭を直接は見られないようになっている。細かく分けられたそれぞれに独立した空間が巧みに組み合わされ、一見同じようなものに見えていても、おのおのが相異なるコンセプトにもとづき、微妙に違ったデザインが施されていることがご理解いただけたのではないかと思う。

§倚玉軒

遠香堂にいったん戻り、今度は堂を北側から出て左に曲がり、右手に池を見ながら西側に進んで行こう。いくらも歩かないうちに「倚玉軒」に突き当たる。35 遠香堂にあいさつするように正面をこちらに向けている。「倚玉軒」という名は拙政園創建時にあった建物にちなんでいる。「倚玉」の語は文徴明の詩に「倚楹碧玉万竿長（柱に身を寄せる幾本もの緑の竹）」とあるように、創建当時、軒の前に竹が生えていたことに由来する。文徴明は「倚玉軒は若墅堂の後ろにあって、そばには美竹が多く、崑山石がそれに面している」と周りの情景を記している。崑山石とは、『園冶』中の石に関する記述「選石」では、太湖石に次ぐものとされている。崑山市は上海から西へ五〇キロほど行ったところにある。ちなみにここが、南曲の一種で明清時代に隆盛を見た崑曲の生まれた地である。馬鞍山という標高八〇メートルほどの山があり、玉峰山とも呼ばれる。崑山石はこの山で採れる。現在ここは、崑山出身の清初の大儒顧炎武（一六一四―一六八二）の号を取って「亭林公園」と呼ばれている。この崑山石は、太湖石と違って山から産出される。『園冶』の記述によれば、形状は太湖石に似て、節くれ立って穴が空いている。色はやや白っぽく、叩いても音がしない。切り立った峰のような勢いもない。小木や水芭蕉を石に植えたり、器の中に入れて盆景にするのがよく、大きな景色を構成するのには適していないとされる。これは実は北宋の杜綰《とわん》『雲林石譜』をほぼ丸写しにしたものである。逆にいえば、早くは北宋の時代からすでに崑山石が好まれていたことの証しでもある。写真で見ると、崑山石は太湖石よりもずっと穴が多く、表面にくまなく散らばっている。また色も白いので、パッと見たところ軽石のようである。

先に、遠香堂がこのエリアの中心であると説明したが、創建当時の

35倚玉軒

図では、「若墅堂」という建物が中部の中心となっている。「拙政園図」では、若墅堂と倚玉軒の位置関係は、今の遠香堂と倚玉軒との位置関係に対応しており、今の遠香堂と倚玉軒を建設した人物が当初の形態を意識していたことがわかる。

さて現代の倚玉軒に戻ってこよう。遠香堂とほぼ同型で、スケールはやや小ぶりである。中に入ると、部屋の中央に大きな横長の石がテーブル状の土台の上に鎮座している。清末の大学者である兪樾《ゆえつ》（一八二一―一九〇七）の扁額が掛かっていたが、文化大革命のときに失われたとのことである。ちなみに、あまり知られていないが、兪樾自身の庭園である「曲園」も蘇州市内に残っている。拙政園や留園に比べると、ずいぶん小さいが、きちんと保存されていて、観光客もほとんど来ないため非常に静かであり、庭園をゆっくり鑑賞したい人にはお勧めである。

§聴松風処、小滄浪

倚玉軒の北側と西側は池が広がっていてこれ以上進めないので、ここから南に下りていくことにする。㊱ 通路は軒の南側と南西側と二つある。中部の大きな池から引かれた水はここでぐっと曲がって細くなってまっすぐ南に向かっていく。その水の流れの周囲にいくつもの建物が建ち並び、橋が水の上を横切っている。ここから中部西側エリアの、ややこしいけれどもさまざまな魅力にあふれた空間に入っ

㊱小滄浪に向かう

ていくことになる。一見しただけで、ここが水景を中心に構成されていることがわかるはずだ。この空間は「小滄浪」と呼ばれている。二手に分かれた通路は再び一つになるが、そこから通路がまた二つに鋭角に分かれて進んで行く。左側は「聴松風処」へ向かい、右側は「得真亭」へと向かう。この右側は橋になっていて「小飛虹」と名が付いている。左側から進むと「聴松風処」、「小滄浪」、「志清意遠」、「得真亭」、「小飛虹」と、水の上を渡ったり、水辺を歩いたりしながら、ぐるりと小滄浪を一周できるようになっている。

小滄浪を「聴松風処」から見ていきたい。37 平面図で見ると、この亭は池のほとりから北西に斜めに水面に突き出した形をしている。変わった位置取りだなと思いつつ、平面図を今一

37聴松風処

38正面に見える橋、通路が「小滄浪」

度見てみると、ほかの建物が東西南北のラインに沿って建てられているのに対し、この「聴松風処」だけがほぼ四五度の角度で斜めに建っており、きわめてユニークである。建物自体は典型的な四角攢尖頂型である。扁額「一亭秋月嘯松風（秋の夜、月の光がこの亭を照らしている。風が松を震わす音が聞こえてくる。）」は清の画家である査士標（一六一五―一六九八）の書。亭の東側には黒松が植えてある。

39小滄浪より北を眺める

もう一つの扁額「松風水閣」は、亭の外側の池に面した屋根の下に掛かっており、客はそれを向かい側にある橋、小飛虹から見るようになっている。小飛虹からは、正面にこの聴松風処が突き出しているほか、左側には屋根付きの通路と生い茂る樹木、右側には小滄浪とその右側からこちらへと向かってくる屋根、壁を備えた通路と、すぐ手前の得真亭が見える。下には水が流れているが、視界に入るのはすべて建築物である。「松風水閣」以外の文字は視界に入ってこないので、この建物群に囲まれた静謐な水の空間全体が「松風水閣」と名付けられているかのようである。ただし、一九八四年発行の『蘇州の庭園』（曹玉泉・鄭可俊、中国・外文出版社）では扁額も対聯も掛かっていない。よって扁額はその後に掛けられたわけであるが、これを設置した人物の卓見に敬意を表したい。また掛かっている対聯も対岸からはっきり見えるようになっている。役人で書画家の王文治（一七三〇―一八〇二）の落款がある。「鵷雛暁旭鳴丹谷、棠棣和風秀紫芝」と書かれた対聯の大意は「朝に鳳凰の雛が山里で鳴く、棠棣が風に吹かれ紫芝が花を咲かす」であるが、志を同じくする隠者たちが自然の中で生活するさまをたとえている。つまりこの空間に集う者はみな俗塵にまみれぬ高潔の士なのだということである。

聴松風処側に意識を戻そう。奥に進むと池の上に掛かった通路があり、その通路は左側が壁と扉で廊下と区切られていて亭となっている。ここが先に述べた「小滄浪」である。[38]「滄浪」と聞けば、まず現存する蘇州最古の庭園である「滄浪亭」がすぐに想起される。そもそもこの「滄浪」とは、戦国時代の詩歌である『楚辞』「漁父」の「滄浪之水清兮、可以濯吾纓。滄浪之水濁兮、可以濯吾足（滄浪の水が澄んでいるのなら、冠のひもを洗えばよい、濁っているのなら足を洗えばよい）」にもとづいている。また拙政園創建時、園内にあった亭の名前でもある。「拙政園図」では池のほとりにぽつんと一軒だけ亭が立っているように描かれている。文徴明はその絵に「むかし（滄浪亭の主人である）蘇舜欽は汴京《べんけい》から蘇州にやって来た。王献臣も同じように北からここに移ってきたので、同じ名前にしたのだ」とコメントを付けている。小滄浪は池に面して開けており、池の反対側の壁に漏窓が嵌まっていて、上に「小滄浪」の扁額が掛かっている。先ほども述べたが、ここまで流れてきている水は中部の中央部から一直線に流れており、南端にあるこの小滄浪から北を眺めると、視界を遮るものがなく、ずっと先のほうまで見通すことができる。よって開いた扉から小滄浪に入り、くるりと振り向いて内側から池側を望めば、氷裂紋の長窓の間のその向こう、池と空を背景にして、小飛虹だけがまさに虹のように架かっているのが目に入るのである。[39] 対聯「茗杯瞑起味、書巻静中縁（目をつむって飲む茶はさらに味わい深く、静かな中での読書はより深まる）」は清の書画家呉熙載《ごきさい》（一七九九—一八七〇）の書。原詩は文徴明の「暮春斎居即事」に拠る。

40志清意遠

§志清意遠、浄深亭

小滄浪の西側には壁に接して「志清意遠」がある。40 水面の上に構えられているが、小滄浪から得真亭まで続く廊下によって視界を隔てられているため、北に向けての視界は開けていない。名前は拙政園創建当時にあった「志清処」と「意遠台」を足したものである。そのもとになった「顧子曰、登高使人意遐、臨深使人志清（高く上れば意は遠くへと馳せ、深淵を臨めば志は清らかになる）」の句は『文選』李善注に登場する。扁額「志清意遠」が掲げられているが落款などはない。志清意遠の南側は池の最南端部に当たり、そこには小さな「浄深亭」が建っている。目の前を小滄浪と志清意遠にふさがれているため、空と水しか見えず、まるで方形の井戸の中にいるかのようである。この地味な空間の魅力を記した何佳氏の文章がある（「拙政園小滄浪水院空間分析」、『北京林業大学学報』二〇〇七年第二期）。この論文は、拙政園中部の、しかも小飛虹と池を取り囲む建築群だけにしぼって細密にその形勢を考察したユニークなものであるが、何氏はその中で、志清意遠から南側の亭に至るまでのわずかなコースに関して、普通なら直角に左に曲がるだけの設計にするところを、ここでは志清意遠からいったん右折させて北側の通路に誘導し、その後、さらに二度左折しないと亭に辿り着けないような工夫が施してあること、通常の感覚であれば三つの同じ規模の空間に分けるところを、不均衡な空間に作り替えて景観に変化をもたらしていることなどを指摘している。

志清意遠から廊下を通って北に上がって「得真亭」に向かう。この廊下は、上に屋根、左側は壁、右側は窓のある壁で、屋内にいるかのような感がある。ここを抜けると、得真亭の後面の壁の右側に出る。「得真亭」の名は、拙政園創建時にも同名の亭があったことにもとづく。41「拙政園図詠」では「園の艮《うしとら》（東北）に有り」とされているので、もとは現在と正反対の方角にあったようだ。まずはその壁に掛かっている扁額と対聯を見ておきたい。扁額「得真亭」の「得真」は『文選』招隠の語「峭蒨青葱間、竹柏得其真（色鮮やかな青葱の間、竹柏において真なるものを得る）」に拠る。対聯は「松柏有本性、金石見盟心（松柏はまことの性を備えており、金石には盟を誓う堅い心がある）」、これは清末民初の思想家康有為（一八五八―一九二七）の撰書である。

41得真亭

庭園の鏡

§得真亭

「得真亭」は拙政園のほかの建築物と少し変わったところがある。屋根および全体の形は四角歇山型であり、その点に特色はない。さて、この亭を正面から見ると、さっき抜けてきた通路が亭の後部左側にあり、背面部の三分の一ほどのスペースを占めている。その部分がスコンと後ろに空いているため、亭の空間としての落ち着きがない。また通路があるために扁額や対聯が右側に偏ってしまい、左右のバランスが取れておらず違和感を覚える。これを解決するには、たとえば牆壁を少し前に出して、壁ではなく屏風形式にして通路を見えなくすればよいのだが、そうはなっていない。あえてこのようなアンバランスなデザインを選んだかのようである。さらに驚くのは、その右側に寄った後ろの牆壁に大きな鏡が嵌まっていることである。すぐ後で見る香洲にも大きな鏡が嵌まっているのだが、中国庭園を構成する要素の中では異質とさえいえるものである。このような大きな鏡は、拙政園近くにある獅子林内、「真趣庁」前の池上に浮かんでいる石舫にも設置されている。また網師園の「月到風来亭」にもある。香洲と石舫は両方とも舟型の建築物であり、得真亭と月到風来亭は舟の形こそしていないが、いずれも池に面したところに位置している。水と鏡との間に何か関係があるのか、それとも偶然なのか。

鏡はけっして中国庭園に普通に置かれているものではない。おそらく誰かが始めて、ほかもそれを模倣したのだと思われる。得真亭の鏡がいつ頃からここに置かれているのかは不明であるが、ガラス製のものであるから清朝以降のことであろう。そもそもそれ以前に使われていた銅鏡ではこのような大きさのものは作れない。ちなみにこの亭は日中戦争のときに日本軍の攻撃で破壊され、戦後一九五五年に再建され、さらに一九八一年に改修されたとある。

この得真亭の鏡について書物などにも何の説明もないが、香洲のほうには後ろの景色を映し出す借景の技法を用いている、といったような現地の解説があった。しかしこの鏡を用いて背景を移し込むような技法は、明らかに西洋的なものであると思うのだが、それをあえて中国庭園に導入したということであろうか。だとすると、この試みはとてもユニークで興味深いものである。

清朝の宮中には皇帝の書斎がしつらえてあるが、それは宮殿のスケールの大きさや豪華さに比べて、非常に小さく質素なものとなっている。書斎は小さいほうがよいという考え方が文人らにあったからで、その点については第三章で少し触れる。ここで紹介したいのは、そのささやかな書斎の壁には西洋絵画の遠近法を使っただまし絵が掛けてあるということである。カスティリオーネ（一六八八―一七六六）ら宣教師が西洋の画法を中国にもたらしたことはよく知られている。中野美代子氏の『乾隆帝』（文春新書、二〇〇七年）にも詳しく紹介されているので参照されたい。中国的ガジェットが満載の書斎にリアルなタッチの西洋の風景画が置かれていて、その違和感がまたよい。この鏡の存在はそれを彷彿とさせる。しかし、鏡に映る背後の風景は借景になり得るのだろうか。それとも鏡の中に映る山水を、絵画に見立てるということなのであろうか。実際鏡の前に立つと、まず目に入るのは自分だが、その姿を想像力で消去して、背後の景色だけを意識的に見出すということなのだろうか。あるいは現実の世界と鏡の中の世界、その鏡の中の自分から見られるこちら側の自分とこの世界といった視線の往還運動に我々を引きずり込もうとしているのだろうか。もっとも、少し斜めの位置に立てば、自分の姿は消えるのではあるが。いや、そもそもこんな大きな鏡を置いてまでここに借景を作り出す必要があったのか。単に牆壁を立てておくだけではいけなかったのか。いろいろな疑問が次々に浮かんでくる。

では中国文化において、鏡はどのような働きをしてきたのだろうか。晋代の葛洪《かっこう》（二八四―三六三）の著した仙道の書『抱朴子《ほうぼくし》』の中に、鏡の不思議な力を記した箇所がいくつかある。

七月七日の夕方に、九寸以上の鏡に自分の顔を映し、思いを凝らすと、神仙の姿が鏡の中に見える。

それは男であったり、女であったり、年老いていたり、若かったり、さまざまである。一度それが見えたあと、心中におのずと千里離れた処のこと、将来のことが知られる。鏡は一つあるいは二つを用いる。二つの時は日月鏡とよぶ。四つ用いることもある。これを四規とよぶ。四規を用いるには前後左右に一つずつ置いて自分を照らす。四規を用いて見ていると、やって来る神々の数がはなはだ多い。

（本田済訳、平凡社東洋文庫、一九九〇年）

まずは鏡は神仙を呼び寄せて、遠く離れた地のことや、未来のことを知る働きを持つことが述べられる。さらに合わせ鏡や鏡を前後左右に四つ組み合わせる方法なども紹介している。今でも合わせ鏡は不思議な力を持つと信じられていたり、物語の中に出てきたりするが、多くの鏡を組み合わせるとよりたくさんの神がやってくるというのがおもしろい。

万物の年老《ふ》りたものは、その精が人間の姿を仮りて人の目を眩まし、肝試しをしかけてくる。ただ鏡の中では、正体を変えることができない。だから昔、山に入る道士たちは皆な、直径九寸以上の鏡を背後に吊していた。こうすれば劫を経た魅《すだま》も人に近づけない。肝を試そうとやって来るものがあれば、ふり返って鏡の中を見よ。相手が仙人あるいは山中の良い神なら、鏡の中を見ると人間の姿のまま映る。もしそれが鳥や獣の悪い魅だったら、その顔かたちすべて鏡の中に映る。また劫を経た魅が現れた場合、それが帰るとき必ず後ずさりする。それの歩く間、鏡の角度を変えて映し続けること。先方が後ろを向いた時、よく見ると、それが魅だったら必ず踵《かかと》がない。もし踵があったら、山

の神である。(同右)

鏡は本当の姿を映し出す働きを持つ。これ自体はよくある話であるが、ここでは使い方の説明がユニークである。

また分身の術に使うこともできるという。「鏡による法とは、自分の姿を数十人に分けることができて、衣服も顔形もすべて同一というものである」。(同右)

一方鏡そのものをモチーフとした「古鏡記」という唐代の作品もある。持ち主を変えつつ不思議な力を発揮する魔鏡の物語である。美女に化けた狸の正体を暴き、日食と連動しひとたび輝きを失った後再び光り始めたりしたかと思えば、ある僧はこの鏡は内臓さえ照らすことができるといい、樹に取り憑いた大蛇の妖怪を退治し、病人を治療し、逆流する川の流れをせき止めたりと大活躍する。(竹田晃・黒田真美子編、成瀬哲生訳『古鏡記・補江総白猿伝・遊仙窟』、明治書院、二〇〇五年を参照)

鏡に霊力があると考えられていたことはこれで十分に理解いただけたことであろう。七月七日には、鏡に惹かれてこの得真亭や香洲に神々が集って宴会でも開くのかもしれない。

中国でも昔から鏡が物を映すことだけのものではなかったことはわかったが、しかしこの亭の中に置かれていることの違和感は依然として解消されない。西洋からガラス製の鏡が中国に伝わったのは明代で、普及し始めるのが乾隆帝の時代とされる。大きな一枚板の鏡はおそらく相当に高価であったであろう。そしてこのような工芸品を園内に設置することは、かなりの話題を呼んだに違いない。

§小飛虹

さて、「小飛虹」に辿り着いた。42 蘇州庭園の中で屋根が付いている唯一の橋として有名である。全体は黒っぽい木材で造られており、そこに屋根が付いているので相当の存在感を感じる。屈曲を持ったシンプルな石橋もよいが、ゆるやかに虹の形を描き、繊細な装飾の施された欄干などを鑑賞しつつ、周りの風景を眺めながら、ゆっくりと橋を渡るのも風流である。拙政園における「主景」、クライマックスシーンの一つである。

42小飛虹

文徴明の「拙政園図」にも「小飛虹」が描かれている。そこには、屋根こそないものの大きな池の上を、左側にある台から樹木の生い茂る右側へと渡っていく、杖を持った女性らしき人物が描かれている。「拙政園図」の中でも最も印象的な絵で、よく書物などにも引かれている。女性が渡った対岸を少し左側に歩いたところにシンプルな建物（おそらく夢隠楼）があるが、彼女はそこを目指しているのであろうか。あるいは橋の上にたたずみ、誰かに思いを馳せているのであろうか。

現地を実際に歩き、改めて平面図を見直してみると、この橋の形や角度の取り方、さらに両岸の建築や池との位置関係、植物の配置などは相当周到に考え抜かれていると思われる。この風景が構成された時期について、王鋆《おういん》の描いた「拙政園図」では屋根付きの橋が描き込まれているが、形が今のものとまったく違っていて、二本の別の橋が中途で接続されている。田中淡氏によればこの図は咸豊年間（一八五一—一八六一）のものであろうとのことである（『中国の名庭—蘇州古典園林』、小学館、一九八二年の注による）。また「八旗奉直会館図」ではほぼ現在の形に造られているのがわかる。拙政園が八旗奉直会館となったのは一八七二年で、この絵は光緒年間（一八七五—一九〇八）に描かれたとされている。よってこの橋が造られたのは、咸豊年間の「拙政園図」の制作された時期から光緒年間の「八旗奉直会館図」が制作された時期の間ということになろう。

§香洲、瀓観楼

くねくねと曲がる道を行きつ戻りつしながらも中部の西端のあたりまでやって来た。縦に伸びる池を右手に見ながらまっすぐ北上していくと、「香洲」に突き当たる。43 この香洲は東西方向に長い形をしていて、東を向いて建っている。全体は大きく三つに分かれる。先端部は池の上に出ていて亭のような形、真ん中は谷形屋根の付いた「榭」の形、後部は二階建ての楼のような形となっている。前後部の屋根は歇山型である。柱や窓枠は赤色に塗られていて、黒い瓦屋根、白い壁との対比が鮮やかである。一階部分を「香洲」、二階部分を「瀓《ちょう》（澄）観楼《かんろう》」と分けて呼ぶ。それぞれの名前の由来であるが、「香洲」は唐の徐堅（六五九—七二九）の「詩相和歌辞」の「影入桃花浪、香飄杜若洲（船影が桃の花の散る中に分け入り、香りが杜若の州に漂う）」に拠るが、さらにその詩は『楚辞』「九歌・湘君」の「采芳洲兮杜

43香洲

若、将以遺兮下女（芳洲の杜若を採って、侍女に贈ろう）」を出典とする。また「瀓観楼」は『南史』宗少文伝「澄懐観道（心を高潔に保って道理を見る）」にもとづく。

香洲はいわゆる「画舫型」の建物である。「画舫」とは、美しく飾り立てた、船遊びや宴会などに用いる船のことで、序章で谷崎潤一郎が乗っていたあれである。庭園においてこの形の建築は、東部のところで見た「水榭」と同様の働きを持つ。「香洲」は中部の主要建築の一つであるが、南北ではなく真東を向いているのが特徴である。中部の池は東西方向に長く、香洲はその西端に置かれていて東を向いているので、舳先に立って前方を望めばずっと先まで水が続く感覚を味わえる。池は陸地と島部に挟まれて細長くなっているので、遠近感がさらに増幅されることになる。

香洲の扁額を見ておきたい。中部手前に掛かる「香洲」の額は文徴明の書であるが、実は拙政園創建時に香洲という名の景物は存在しない。現在は「香洲」の文字の左側にその解説が添えてある。曰く、嘉慶一〇年（一八〇五）に王庚（詳細不明）が文徴明の書から抜き出したものだとのこと。一八〇五年は蔣棨が「復園」と称して園を所有していた時期に当たる。

奥に進んで行くと、二階建ての楼に至る手前に鏡の嵌まった大きな屏風が立っていて、上方に「烟波画船」の額が掛かっている。44 もとは手前の大鏡の上にあったが一九四四年から一九五一年の間に遺失

44扁額「烟波画船」と鏡

してしまい、現在のものは前出の芸術家張辛稼《ちょうしんか》によって一九八五年に書かれた。明の劇作家湯顕祖《とうけんそ》（一五五〇―一六一六）『牡丹亭』「遊園」の「朝飛暮捲、雲霞翠軒。雨糸風片、烟波画船（朝は飛び暮れは捲く、雲と霞は翠の軒に。雨は糸のごとく細く風はそよぐ、煙波《もや》のなかに屋形船）（岩城秀夫訳『戯曲集・下』中国古典文学大系五三、平凡社、一九七一年）」に由来する。この屏風にも香洲と同様に大きな鏡が嵌まっている。屏風の後ろには二階へと上がる階段があるが、現在は登れないようになっている。

香洲の一番後ろには八角形の扉があり、「野航」の扁額がある。誰の書なのかはわからない。「野航」の語は杜甫の詩「南隣」の「野航恰受両三人（農家の小舟に乗る二、三人）」に拠る。隠遁した者を訪ねて客が小舟でやって来るという、この場にぴったりの詩である。

「中部」の歴史（続）

ここで中部の歴史の続きを見ておきたい。一九一一年一一月二一日、江蘇都督の程徳全の通達で、ここで江蘇省の臨時議会が開かれた。このとき、八旗奉直会館は、奉直会館と改名される。八旗奉直会館時代、蘇州を訪れる人がどんどん減少し、会館の経営もうまくいかなくなってきたため、一般に開放して入園料を徴収することにした。園中に茶室を設け、さらに娯楽場を造って、滑稽戯（方言で演じられる地芝居）や説唱なども行なった。普段の客は数十人程度で、芝居が上演される日には二、三〇〇人になったという。一九一九年になると、会館の建物内に伝染病患者のための病院が造られる。また一九二八年九月と一九三四年一〇月には、アヘン患者の療養施設として使われる。区役所として利用されたこともある。

南側の邸宅部分（現園林博物館）は、一九二〇年頃に李鴻章の甥で雲貴総督の李経義に売却された。李経義は多額の資金を投入して庭園の改修を行なったが、彼が亡くなった後それを継ぐ子孫がいなかったため、銀行に差し押さえられることもあったという。一九三二年の一・二八淞滬《しょうこ》抗戦（日本では「第一次上海事変」と呼ばれる）のときには一九路軍の第六〇師団がここに駐屯した。

園内を補修する者もいない中、一九三〇年七月一五日には回廊が突然崩れ落ちて、旅行客が怪我をしてしまう。また見山楼の裏手にある木の橋も大きなひび割れが生じて通れなくなる。そうして園は荒廃したまま日中戦争に突入していく。

一九三七年、日本軍の爆撃により遠香堂が破損し、当時あった南軒が焼失する。ほかの亭台も傾き、園内はますます荒れ果てていく。一一月一九日には中支那方面軍により蘇州が陥落する。

一九三八年、傀儡政府である中華民国維新政府の江蘇省省長陳則民は、奉直会館が破壊されずに残っているのを見て、拙政園を政府の事務所として使用する。

45玉蘭堂

§玉蘭堂

香洲からさらに西に進むと左手に「玉蘭堂」がある。45 中部の最西端にある建物であり、現在観光客は入れないようになっている。規模は遠香堂よりも大きい。堂自体は長方形で南を向いている。屋根は歇山式で、端は反り上がっていない。広くはあるが、余計な装飾のない質朴な造りである。もとは二階建てだったが、一九三九年に一階建てに建て直された。先ほど中部の歴史を語ったときにも述べたが、この当時の蘇州は傀儡政権が治めており、拙政園を事務所として使用した彼らは、玉蘭堂を修復している。一九四〇年の『重修拙政園記』には「一一循旧、不稍参己意増減（すべてもとの姿に従って工事し、自分の意見はまったく入れていない）」と書かれている。

玉蘭堂の正面には四角い庭があり、突き当たりには壁を背に丈の高い太湖石が立つ。また左右にも壁が立っていて、閉じた空間となっている。堂の場所自体もほかの建物から少し離れたところに位置している。「玉蘭」の名は植えられた白玉蘭（白木蓮）から取られている。もとは「筆花堂」と呼ばれていた。意味は「筆から花が生まれる」で、文徴明はここで絵画を制作したと伝えられる。確かに中部中央部の遠香堂などの立ち並ぶ華やかな場所から少し離れ、喧噪から切り離されたここなら、絵を描くのにぴったりであろう。

扁額「玉蘭」は文徴明の字体に似せて後人が制作した。対聯などがあったが、戦中戦後のゴタゴタや文革などで遺失してしまった。ちなみに西の門には「名香播蘭蕙、妙墨揮岩泉（香気を放つのは蘭蕙、絵がすばらしいできになるのは自然の岩や泉がそうさせるのだ）」、堂の柱には「道不達人子臣弟友、学唯遜志礼楽詩書（道そのものが人に子、臣下、孝悌・友愛などの道徳を達成させるのではない（学問が必要だ）、謙遜の心と詩書礼楽だけを学ぶことだ）」という対聯がある。後者の対聯では、珍しく儒教的な内容の格言が掲げられている。どうも庭園が隅から隅まで悦楽の空間だというわけではないようだ。ここはおそらく子弟らに学問をさせる場所であったのだろう。絵に集中できるような静かな場所は、勉強にも適してもいるということなのだろう。

唐突であるが中国近代文学に登場する庭園を紹介したい。巴金（一九〇四―二〇〇五）に『憩園』という小説がある。一九四四年、日中戦争のさなかの作品で、小説内の時代設定は、登場人物の台詞の中に「光緒三四年でして、もう三〇年も前でございます」とあることから、一九三八年前後だと考えられる。一五年ぶりに故郷に帰ってきた小説家の主人公黎《リー》は古い友人姚《ヤオ》とばったり出会う。親の財産を継いで大邸宅を購入したその友人に招かれた黎は、中の庭園に一人取り残される。

静かな園内に、私はひとり取り残された。友人は私を放ったままやって来ない。私は欄干の外にしばらく佇んでいたが、召使が茶を持って来るでもない。築山を廻って曲がりくねった小径をぶらぶら歩いてみた。山はいくつもあって、それぞれ形がちがう。どれも私の背丈ぐらいで、上は藤づるや苔でおおわれ、中の洞穴には赤や黄の草花が咲き乱れている。小径をめぐりおわると客棟の段の下についた。この客棟は窓が高く、ガラスが全部花鳥を画いた絹窓でおおわれているため、中は見えなかったが、ああ、これが上の離れだなと私は思った。この窓の下の塀の隅に、高い木蓮の樹があり、枝の先に残りの花がついている。サジのような白い花びらが塀の隅に落ち敷いて、中には黄色く色あせたのもあるが、その残りの香がぷーんと私の鼻をついた。

私は身をかがめて花びらを二、三枚拾い、掌にのせてさすった。木蓮は私の昔からの友人だ。私の子供のころにも花園があって、木蓮は私の一番好きな花であった。私は無意識に花びらを鼻先に持って行った。

（岡崎俊夫訳『憩園』、岩波新書、一九五三年）

築山に設けられた洞窟、屈曲する小道、装飾を施されたガラス窓、芳香を放つ草花と、中国庭園を構成する要素がわずか数行のうちにあざやかに描出されている。主人公はこの友人の薦めで庭園に滞在して小説を執筆することになるのだが、いつも園に花を盗みに来る一人の少年をきっかけに、前の園主をめぐる数奇なドラマに興味を引かれて、ついついのめり込んでいく。

少年の口から語られる前園主時代の庭園の記憶と、現在の庭園とが交錯し、前園主が没落してゆく様子と現園主の家族が抱える諸問題が庭園を舞台に交互に描写される。小説自体もとてもおもしろいものであるが、より興味を引かれるのは、家族のドラマが生起する場として、小説＝文学作品を生み出す場として、また人々の記憶が積み重なり交会する場として、庭園が描かれていることである。

46緑漪亭

§梧竹幽居、緑漪亭

ようやく中部の南辺を紹介し終わった。しかしまだ北半分が残っている。庭園はこのようにじっくり見ていくと、とても時間がかかる。一つの庭園だけでゆうに半日くらいはかかってしまう。写真を撮ろうとすると、なおさら時間がかかる。アングルを決める必要があるのと、観光客が途切れる瞬間を待ったりするからである。しかし、拙政園や留園など、蘇州の観光ツアーに完璧に組み込まれているところでは、人がいなくなる時間というのはほぼ皆無に近い。今までの経験からいって、早朝および一二時から一時くらいの昼食の時間と夕方四時以降は人が少なくて写真が撮りやすい。

さて中部の北側を巡ってみたい。もう一度東端に戻ってから西に向かって行くことにする。フィルムを巻き戻して四方の壁がすべて円形だった亭「梧竹幽居」の傍に立って、さあ出発。「梧竹幽居」の北側には池の中の島に渡る石橋があるが、島に渡る前に中部東北隅にある小さな亭を見ておきたい。名前は「緑《りょく》漪《い》亭《てい》」、半身を水辺に突き出したこぢんまりとした亭である。46 四角攢尖頂で、赤く丸い四本の柱がそれを支えている。もとは「勧耕亭」という名であった。「耕作を勧める」とは、いうまでもなく農作業の勧めである。先にも挙げた、知識人にとっての理想的隠遁生活を体現する農夫になれる空間がここだというのであろう。中部北辺のこの場所は周りに何もない。最北辺に沿って西部までまっすぐに通路が伸び、その横にずっと植物が植えてあるだけなので、確かに農村の雰囲気はあるかもしれない。「緑漪」の扁額は清代の書家張廷済（一七六八—一八四八）の落款がある。「緑漪」とは「緑のさざ波」の意。南朝梁の張率（四七五—五二七、蘇州出身）の詩「戢鱗隠繁藻、頒首承渌漪。何用遊溟颿、且躍天泉池（魚は藻に隠れ、緑の波を顔に受ける。暗い草の中に隠れている必要などない、まさに天泉池に飛び出すのだ）」に拠る。手前の柱に対聯がある。「鶴発初生千万寿、庭松応長子孫枝（鶴は千年万年も生きる、庭の松は次々に枝を伸ばす）」は長寿と子孫繁栄を語る吉祥の言葉である。

島へと渡ろう。左に右に屈曲した橋を歩いて行く。視界が右に左に揺れ動く。短い距離なのに長く感じる。島に到着。平面図では大きく三つに分かれている。東海の三神山である蓬萊《ほうらい》・瀛洲《えいしゅう》・方丈に見立てているのかもしれない。仮に東部・中部・西部としておく。小道を歩いて行く。右手は小高く盛り上がっている。この島は土と石と植物で造られていて、自然の景物が圧倒的に多く、人工を思わせるものは少ない。道や階段なども、歩くところは平坦にしてあるが、縁石などは自然な感じで荒削りなままにしてある。明らかに陸地部分とは異なったコンセプトで造られていることがわかる。

§待霜亭

まず最初に見えてくるのが「待霜亭」である。47 石段を上っていくと、六角攢尖頂のオーソドックスな形の亭で、正面は東を向いている。「待霜」の扁額は文徴明の書であるが、一九八一年の複製。「待霜亭」は創建時からあり、『拙政園図詠』には「坤隅《こんぐう》（ひつじさる、南西）にあって柑橘類が数本植えてある」と記されている。名前の由来は唐の詩人韋応物（七三七？—七九二？）の詩「答鄭騎曹青橘絶句（別名、故人重九日求橘）」の「洞庭須待万林霜（洞庭の柑橘は霜が降りるまで待たねばならない）」に拠る。対聯「葛巾羽扇紅塵静、紫李黄瓜村路香」は清代の官僚であり書家でもある翁同龢《おうどうわ》（一八三〇—一九〇四）のもの。大意は「高潔の士は人間《じんかん》においても安静で、李や瓜の香りが村道に満ちている」で、隠逸者の心情を詠っている。亭には東西に抜ける道が付けられており、ここを西側に下りて行く。中部に移動して「雪香雲蔚《せっこううんうつ》亭《てい》」まで上がって行く。

47待霜亭

48雪香雲蔚亭

§ 雪香雲蔚亭

「雪香雲蔚亭」は長方形の歇山型で南を向いている。48その前には亭の面積と同じくらいの広さの台が設けられている。「台」とは平らにならした地のことで、見晴らしのよい高台もあれば、このように数センチ程度のものまでさまざまである。台からは池を挟んで遠香堂が正面に見えるほか、倚玉軒など中部の南辺の建物群が一望できる。「雪香雲蔚」の扁額は亭の奥に掲げてある。近現代の芸術家銭君匋《せんくんとう》（一九〇七―一九九八）の書で、「雪香」は白梅の香り、「雲蔚」は草木が生い茂るさま。手前には「山花野鳥之間」の額が掛かっている。明代の書画家倪元璐《げいげんろ》（一五九三―一六四四）の落款がある。両柱にある「蝉噪林愈静、鳥鳴山更幽（蝉が鳴けば鳴くほど林はますます静けさを増し、鳥が鳴くほどに山はさらにひっそりとする）」の対聯は文徴明の書。この対聯は一九五〇年代に古物商から買い求めたものだといわれる。扁額を見て、対聯を読み、ここは深い山の中だと想像してみる。植物や花の香り、蝉や鳥の鳴き声の中に身を投げ入れる。そうすると、我々は街なかに居ながらにして隠者になることができる。

§ 荷風四面亭

西部の島に移動しよう。中部と西部との間は、瓢箪のように真ん中がくびれている。西部は東部・中部と異なり、土があまり高く盛られておらず全体に平坦な印象を受ける。「荷風四面亭」は水面に近い場所に位置している。㊾また面積も大きくないので四方を水に囲まれているような感覚がある。待霜亭と同じく六角攢尖頂で、東を向いて建てられている。夏になると周囲がすべて蓮の花になるところから、この名となった。対聯「四壁荷花三面柳、半潭秋水一房山（四方の蓮、三面の柳、半分の秋の湖に映る一つの山）」は、山東省済南大明湖上の歴下亭にある「四面荷花三面柳、一城山色半城湖」に倣ったもの。蓮は夏、柳は春、秋水はむろん秋、湖に映る山は冬と、四季をそれぞれ表す。「半潭」は弓形の月をいい、二基の橋によって三つに分けられている亭近くの池をたとえたもの。

§見山楼

島を後にして、二つある橋の右のほうから陸に上がる。右手北側に大きな二階建ての建物が見える。「見山楼」である。㊿「見山楼」は総称で、一階を「藕香榭《ぐうこうしゃ》」、二階を「見山楼」と呼ぶ。「藕香」は「蓮の香り」、「見山」は陶淵明の「飲酒」全二〇首の五番目に拠る。

其五
結廬在人境
而無車馬喧
問君何能爾
心遠地自偏
採菊東籬下
悠然見南山

（其の五）
廬《いおり》を結《むす》んで人境《じんきょう》に在《あ》り、
而《しか》も車馬《しゃば》の喧《かまびす》しき無《な》し。
君《きみ》に問《と》う　何《なん》ぞ能《よ》く爾《しか》ると、
心遠《こころとお》く　地《ち》自《おのず》から偏《へん》なり。
菊《きく》を採《と》る　東籬《とうり》の下《もと》、
悠然《ゆうぜん》として　南山《なんざん》を見《み》る。

㊾荷風四面亭

50見山楼

山氣日夕佳　山気《さんき》　日夕《にっせき》に佳《よ》し、
飛鳥相与還　飛鳥《ひちょう》　相与《あいとも》に還《かえ》る。
此中有真意　此《こ》の中《うち》に　真意《しんい》有《あ》り、
欲辨已忘言　弁《べん》ぜんと欲《ほっ》して　已《すで》に言《げん》を忘《わす》る。

【人里に廬《いおり》を構えているが、役人どもの車馬の音に煩わされることはない。「どうしてそんなことがあり得るのだ」とおたずねか。なあに、心が世俗から遠く離れているため、ここも自然と僻遠の地に変わってしまうのだ。東側の垣根のもとに咲いている菊の花を手折りつつ、ゆったりとした気持ちで、ふと頭をもたげると、南方はるかに廬山のゆったりとした姿が目に入る。山のたたずまいは夕方が特別すばらしく、鳥たちが連れ立って山のねぐらに帰って行く。この自然のなかにこそ、人間のありうべき真の姿があるように思われる。しかし、それを説明しようとしたとたん、言葉などもう忘れてしまった。】

（松枝茂夫・和田武司訳注『陶淵明全集』、岩波文庫、一九九〇年）

ここでも隠遁がテーマとなっているが、人里の中での「心の隠遁」が詠われている。見山楼が政治を行なう場所だったからであろうか。見山楼の竣工がいつだったのか定かではないが、咸豊年間（一八五一―一八六一）にはすでに絵図の中に描かれているから、それ以前であることは確かである。ただ一八

○九年前後に書かれた「復園十詠」にこの見山楼は詠われていないので、その間の建設かと思われる。あるいは建物自体はあっても見山楼という名前ではなかった可能性もある。

見山楼自体は水の上に建っている。屋根は歇山式で、遠香堂とほぼ同じ大きさである。南向きで、二階部分に外側に扁額と対聯が、一階部分にも対聯が付いている。一階部分は縦長の黒い窓が並び、二階部分には横長の白色の窓が二段組になって並んでおり、著しい対比を示す。まず外形の特徴から紹介しよう。この建物を正面から見ると、二階の左部分から屋根付きの通路が飛び出しているのがわかる。目で追っていくと、徐々に左に行くに従って、通路は斜めに下がってやがて地上に辿り着く。通路の下には太湖石の山が築かれていて、通路を支えている。見山楼自体は非常に端正で美しい形をしているのであるが、横に接続した通路部分がかなり目立っているために、全体が左に引き延ばされたようなデザインになっていて、変わった趣がある。一階の藕香榭に入ると、中には事務用の机と文房具が置いてある。太平天国軍が進駐したとき、ここは忠王李秀成の執務室になっていたと伝えられるが、それを意識してのセッティングであろうか。執務室の柱には「西南諸峰、林壑尤美。春秋佳日、觴詠其間」という対聯がある。前半は欧陽脩の「酔翁亭記」から、後半は陶淵明の「移居」と王羲之の「蘭亭序」から取られている。大意は「西南の峰々は林の谷がとりわけ美しい。春秋のよき日にその中で詩を詠う」。

外側の対聯を見ておきたい。二階には「東雲帰硯盒、裁夢入花心」とあり、清初の書画家鄭燮《ていしょう》（号は板橋、一六九三―一七六五）の書。画家の李《り》方膺《ほうよう》（一六九五―一七五五）が描く山水画を賞賛して作ったもので、大意は「この東雲ももとは硯の中から生まれたもの、夢の世界を花の中に描き出している」。一階の対聯「林気映天、竹陰在地。日長若歳、水静於人（樹木が日光を遮り地には竹の陰。一日がまる

51柳陰路曲

52別有洞天と廊下

で一年のように長く感じられ、水は人よりもさらに静か）」の字は、王羲之の『蘭亭序』から抜粋したもの。

§柳陰路曲、別有洞天

見山楼の西側から外に出ると、南に屈曲しながら下りていく通路とまっすぐに西に向かう通路とに分かれる。まっすぐの通路の途中からは、もう一本南に下る通路が枝分かれしている。この通路は屋根付きのもので、黒い瓦に濃い茶色の欄干や柱、白い石の敷かれた廊下から成り、短い距離で屈折を繰り返す。その景色は変化に富み、かつ目に心地よい。南に下りる二本の通路はやがて一つになる。この通路は建物同士を繋ぐのみならず、通路そのものが景観を作り出している。名を「柳陰路曲」という。51通路の上に扁額も掛かっている。こまかな細工の欄干が美しい。屋根の軒部分がゆるやかな波線を描いているのを目で追うのも楽しい。

そして西部への入り口である「別有洞天」に至る。52 洞窟をくぐるとまた別の宇宙が出現しますよ、といっているのだ。「洞天」、つまり洞窟の中に宇宙があることは、太湖石のくだりですでに確認したが、もう一度よく考えてみたい。次が別の洞窟の中の天地だということは、この中部エリアもどこかの洞窟の中にある宇宙だということでもある。空まで抜けるこの広々とした空間が実は洞窟の中の世界だとは非常に愉快な考え方ではないか。

拙政園の「西部」

では丸い洞門をくぐり抜けて、西部という名の別天地、いや洞天へとワープしよう。

この洞門はかなりの厚みがある。一メートルくらいはあろうか。その厚みがまさに洞窟を感じさせる。円形の先にはゆるやかに屈曲しながら廊下がまっすぐに奥へ奥へと続いていて視線を引き入れていく。廊下には屋根が付いていて、それを支える柱の縦のラインがよりいっそう奥行きを感じさせる。洞門を抜けると、目の前に伸びる回廊を挟んで右手には水辺と島が、そして左手には陸地と建物が目に入ってくる。一つひとつを見ていく前に全体の配置と簡単な歴史を説明しておきたい。

西部の敷地はまず南北に縦に細長くなっていて、全体的に中華包丁のような形をしているといえばわかりやすいだろうか（わかりにくいだろうか）。歯のある側が北で、持ち手側は南、そして切れる歯を右に向けている。そして池が、その切れる歯の側に沿って下に向かい左に折れて西に向かった後、持ち手の付け根の部分でまた左に折れて、そのまま持ち手に沿って南へと流れていく。建物はその合間合間に点在している。西部の最西端はほぼ北から南まで盆景園となっている。

西部の歴史は、清の乾隆初年（一七三六）に葉士寛が購入した時点から再開する。中部を蔣棨が入手して「復園」として再興するのと同時期である。葉士寛は『清史稿』にも列伝が設けられており、字は映庭、蘇州出身である。康熙五九年（一七二〇）に挙人（科挙の地方試験に合格した者）になった後、紹興や金華など浙江地方を中心に地方長官を務めた。善政をもって知られ、その土地の人々に慕われたという。彼は園を「書園」と名付けた。かつては擁書閣、読書軒、行書廊、澆書亭《ぎょうしょてい》などの景物があったが、購入当時はすっかり荒廃していた。葉士寛はそれを再建したのである。再建された「擁書閣十景」は、葉士寛の子葉樹藩や甥の趙懐玉らが詩賦にして残している

次に沈元振《しんげんしん》が園主となり、邸宅には太常博士の汪美基が住んだ。その後は程某、趙某、汪某の所有物となるが、詳細はよくわかっていない。汪碩甫《おうせきほ》が園を入手した後に、太平天国軍忠王によって全園が治められることになる。乱が治まった後、同治二年（一八六三）、西園は汪碩甫に返還される。光緒三年（一八七七）に塩商人の張履謙が銀六五〇〇両で西部を購入し、名を「補園」と改める。当時、園内に残っていた建物は一、二か所ほどで、ほかは破壊されていた。張履謙は巨額の資金を投入し、長い年月をかけて大改修を行ない、塔影亭、留聴閣、浮翠閣、笠亭、与誰同坐軒《よすいどうざけん》、宜両亭及び卅六鴛鴦館を建てた。つまり現在の西部の姿を形作ったのである。また文徴明の「拙政園記」の石刻碑拓を手に入れ園内に飾り、文徴明・沈周などの遺像を入手して、彼らに拝礼するための建物である「拝文揖沈之斎」を建てた。

日本の傀儡政権に拙政園が接収されたことは前述したが、陳群任が省長の任にあったときは、この西部に日本式家屋を建てて、日本軍の将軍や特務機関の接待に使用したという。

§卅六鴛鴦館

さて、まずは西部の中心となる「卅六鴛鴦館」から見ていきたい。53 歇山型の屋根を持ち、ほぼ方形で、拙政園最大の敷地面積を持つ。また北側の一部は水面に突き出ている。建物の真ん中で仕切られている鴛鴦庁タイプの建築で、北半分と南半分は別々の名前で呼ばれている。北が「卅六鴛鴦館」で、南は「十八曼茶羅花館」という。その両者を隔てる大きな屏風が立っている。

さらにこの建物が特異なのは、部屋のそれぞれの角に当たる部分に、四角攢尖頂型のガラス張りの亭のような建築が設けられている点である。この四か所の亭はそれぞれ建物を巡る回廊で結ばれていて、中の部屋を通らずにぐるっと一周することができる。外壁の窓には海棠の文様が彫刻されていて、さらに一定のパターンで青いガラスが嵌められており、日差しの角度によっ

53卅六鴛鴦館

54海棠模様のガラス

ては、床に映った影が花模様と青のコントラストを描く。54

北側の卅六鴛鴦館から見ていく。55 名前の由来は宋代の随筆『真率筆記』(作者不詳)の「霍光園中鑿大池、植五色睡蓮、養鴛鴦三十六対、望之燦若披錦」から。大意は「前漢の政治家霍光は園中に大きな池を掘り、五色の睡蓮を植え、鴛鴦三六番《つが》いを飼っていた。その眺めは錦を広げたかのような鮮やかさであった」。内部は、細長い棚といくつかの椅子が置いてある簡素な造りである。手前の柱と奥の柱両方に対聯が掛かっている。扁額「卅六鴛鴦館」は蘇州出身の状元の洪鈞《こうきん》(一八三九—一八九三)が一八九二年に書いたもの。手前の「燕子来時、細雨満天風満院。欄干倚処、青梅如豆柳如烟」は欧陽脩の「六一詞」をもとに張履謙が作成した。大意は「燕がやって来たとき、空には雨、庭には風が満ちていた。欄干には青梅の実が豆のよう、柳が烟のよう」。春を象徴するさまざまな語を用いて、建物と水辺の織りなす情景を表現している。奥の対聯は「緑意紅情春風夜雨、高山流水琴韵書声」。大意は「緑の柳、赤い花、春の風が軽く吹き、夜の雨がすべてを潤す、高山、流水、琴の調べ、書をめくる音」。「高山流水」は故事によれば「本当の音を知る者」を意味する。

張履謙とその子張紫東の二人はともに崑曲を非常に愛しており、この卅六鴛鴦館においてよく演技を楽しんだ。天井の構造のおかげで音響効果は抜群だったという。「曲聖」といわれた崑曲研究家の兪粟《ゆぞく》

55卅六鴛鴦館の内部

盧《ろ》（一八四七―一九三〇）と、その息子で崑曲俳優であり、梅蘭芳と共演したこともある俞振飛（一九〇二―一九九三）もここにやって来て曲を歌った。

§十八曼荼羅花館

南側の十八曼荼羅花館に回ってみよう。56陽が当たるので明るい。こちらも机に椅子が数脚と至って簡素な造り。「曼荼羅花」は拙政園の名物である山茶花の別名。「十八」とは当初一八種の山茶花を植えたことによるという。「十八曼荼羅花館」の扁額は陸潤庠《りくじゅんしょう》（一八四一―一九一五）の書。彼は蘇州出身で、同治一三年（一八七四）に状元となりさまざまな官職を歴任、ラストエンペラーである溥儀の家庭教師を務めたこともあり、書家としても有名。手前の対聯は「小径四時花、随分逍遥、真閑却、香車風馬。一池千古月、称情歓笑、好商量、酒政茶経」と書かれ、「小道に季節の花々、気ままに逍遥し、のんびりと、馬車を飾り立てる。池には昔と変わらぬ月、みなと酒を飲み、茶を品定めする楽しみ」くらいの意味である。書画家の沈邁士《しんばいし》（一八九一―一九八六）の書。奥の対聯は「迎春地暖花争坼、茂苑鶯声雨後新（春はポカポカとして花は風に吹かれて散る、木の生い茂る園の鶯の鳴き声は雨の後にさらに新鮮みを増す）」で、実業家・政治家の胡厥文（一八九五―一九八九）の書。前半は唐の詩人沈千運《しんせんうん》（七一三―七五六）の詩「感懐弟妹」、「今日春気暖、東風杏花坼（春の陽気が暖かく、東風に杏の花が散る）」、後半は同じく唐の詩人張籍

56十八曼荼羅花館

「寄蘇州白二十三使君」の「閶門柳色烟中遠、茂苑鶯声雨後新（閶門の柳は遠くけぶる、木の生い茂る園の鶯の鳴き声は雨の後にさらに新鮮みを増す）」に拠る。「茂苑」は蘇州の代名詞である。

57 宜両亭

58 宜両亭の漏窓

§ 宜両亭

西部入り口の別有洞門からここへは徐々に左へとカーブを描く廊下を辿ってくるのであるが、このカーブは小高い築山を迂回しており、その上に一つの亭が建っている。六角形攢尖頂型の亭で「宜両亭《ぎりょうてい》」という。57 「宜両」の名は、白居易が友人の元宗簡の隣りに住みたいと作った詩「明月好同三径夜、緑楊宜作両家春（明月は夜小道をともに歩くによく、緑楊は両家に春をもたらす）」にもとづく。この亭は西部の中でも東寄りの、しかも山の上に建っている。中に入ると、窓はすべて漏窓で、それぞれ氷裂紋の中に大きな梅の模様が一つ入るデザインとなっている。寒い氷の張るような冬に梅が一輪咲いている、というイメージであろうか。58 そこからは中部と西部を分ける壁を越えて、中部の風景を見ることができる。「宜両」とは、中部と西部の両方の風景を見られることを意味する。

宜両亭から中部と西部を分ける壁に沿って北に向かって歩いて行く。廊下の左側はすぐに池である。池の中には石灯籠が立っている。これも蘇州庭園の特徴である。59 もとは蘇州城内の運河で亡くなった人を悼むために建てられたが、後に園内の装飾としての性質を備えるようになっていったものである。次に見る留園にも水の中に立つ灯籠が出てくるので覚えておいていただきたい。

右側の壁にはずっと一定の間隔でさまざまな紋様の漏窓が嵌まっている。屋根の付いた廊下はゆるやかに屈曲しながら最北端まで進む。60 一か所、途中で少し左に廊下が突き出て、さらにその部分だけ両側から低く傾斜をかけながら凹んでいる場所がある。島側から見ると、廊下がゆったりと波打っているように見える。その底辺は「釣《ちょう》台《だい》」といって、亭風の屋根が設けられていて、池に面した側の低い壁が取り払われ、そこで釣りができるようになっている。池に向かって対聯も設けられている。「天連樹色参千尺、地借波心拓半弓（仰ぎ見ると空と木々とが一体となっている、釣台は波間に半円形に張り出している）」とある。61

59水中の灯籠

60廊下を北側から臨む

61釣台

向かいの島は木々の緑が深く茂って、池には蓮の葉が広がり、その間に建物が散在している。すぐ手前の扇形の亭が気になるが、後で訪れることにしよう。

§倒影楼

西部最北端に到着した。ここには「倒影楼」がある。62 かつての「拝文揖沈之斎」である。「拝文揖沈之斎」の扁額は、先ほど紹介した崑曲研究家、兪粟廬《ゆぞくろ》の師である沈景修（一八三五―一八九九）の手になるもので、その日付は「同治二〇年（一八九四）の大晦日の三日前」と張履謙の「補園記」にある。「拝文揖沈」とは、文徴明と沈周にうやうやしくお辞儀をするという意味である。沈周《しんしゅう》（一四二七―一五〇九）は文徴明の師匠に当たる画家で、明代中期に文徴明や唐寅《とういん》、仇英らとともに呉門画派として名を馳せた。倒影楼は二階建ての歇山式の屋根を持つ。この建物も水辺に接して建てられている。池に面した長窓は一階二階ともに赤っぽい色をしており、それが「倒影」の名前通り、水にくっきりとした姿を映している。63 一階奥の壁には先ほど見た「拝文揖沈之斎」の扁額が掛かり、その下の木の板の屏風には画家の鄭燮による四種の竹の絵が緑色で刻されている。二階の「倒影楼」の扁額は書画家の高邕《こうよう》（一八五〇―一九二一）の作。倒影楼を抜けて西に進むと、左手の小高い木々に囲まれた築山の上に、全体が八角形で、攢尖頂の屋根を持つ二階建ての建物が見えてくる。山道を登って近づいてみよう。「浮翠閣」である。

62倒影楼

63水に映る倒影楼

64浮翠閣

65笠亭

§浮翠閣

「浮翠閣《ふすいかく》」は単なる亭ではなく、その名前からもわかる通りどっしりとした壁に囲まれた堂々たる楼閣である。64 名前は蘇軾の詩「華陰寄子由」の「三峰已過天浮翠、四扇行看日照扉（華山の三つの峰を過ぎ木々の緑は空に浮かんでいる、四枚の扇にやがて日が照りつける）」に拠る。「四枚の扇」とは、小川環樹氏らの訳によれば「関所の扉」を指すとのことである（小川環樹・山本和義訳『蘇東坡詩選』、岩波文庫、一九七五年）。「浮翠閣」の扁額は清代の書家、楊峴《ようけん》（一八一九―一八九六）が一八九五年に記したもの。山を下りていくと、島に渡る橋が二基ある。

§与誰同坐軒、笠亭

島には二つの建物がある。さっき対岸から見た「与誰同坐軒《よすいどうざけん》」と、もう一つの「笠亭《りゅうてい》」である。まずは手前にある笠亭に向かおう。この亭も少しばかり高くなった築山の上に構えられている。65 この亭は真上から見ると円形をしており、拙政園唯一の円亭である。攢尖頂型で五本の柱に支えられている。デザインも名前もシンプルで、対聯も掛かっていない。名前は『詩経』「小雅・无羊」「何蓑何笠（蓑を担い、笠を担う）」にもとづく。扁額は清代の書家、欽其宝の書である。

山を北側の水辺のほうに下りていく。先ほど対岸から見えた扇形の建物がある。「与誰同坐軒」である。66 この与誰同坐軒は、真上から見た形が扇形をしているだけではなく、中の机や窓、扁額のフレームもすべて扇形に揃えられているところが非常にユニークである。「誰と同《とも》に坐す」という不思議な名は、蘇軾の詞「点絳唇・閑倚胡床」の「閑倚胡床、庾公楼外峰千朶、与誰同坐。明月清風我」に拠る。大意は「ふと折りたたみの椅子に寄り掛かる、庾公楼は遥かかなた、誰とともに座ろうか。ここにいるのは明月、清風、そして私」。扁額は清代の書画家、姚孟起の書。対聯の「江山如有待、花柳更無私」は、清代の書画家、何紹基（一七九九―一八七三）の書で、杜甫の詩「後遊」の句とまったく同じ。「この川もこの山も私を待ち受けていたかのごとくににこやかであり、花も柳も少しも私心をもたずのびのびとしている」の意（黒川洋一訳『中国詩人選集　第九巻　杜甫　上』、岩波書店、一九五七年）。扁額が荒涼とした孤独を詠うのに対して、対聯は川山花柳のすべてが自分を待ってくれていて愁いが晴れてしまったと詠う。その両者が同じ扇形の空間に併存しているというのがおもしろい。人生には扇の裏表のように両面がある、あるいはくるりくるりと変転するものなのだとでもいいたげである。

§留聴閣

次は西の橋を渡って平らな地に建つ留聴閣に進もう。「留聴閣」は四角形の歇山型の建物で規模はやや小さいが遠香堂に似た造りである。壁らしきものはなく四面がガラス張りで、窓枠には細かな彫刻が施されている。「留聴閣」の扁額は呉大澂《ごだいちょう》の書。呉大澂は、清末の学者で字は止敬、清卿、号は恒軒、蘇州の出身で、同治七年（一八六八年）の進士。官職は湖南の長官にまで至る。また金石学者及び蒐集家としても有名である。（『新編　東洋史事典』、東京創元社、一九八〇年）。67

「留聴」は唐の李商隠（八一二―八五八）の詩「宿駱氏亭寄懐崔雍崔袞」の詩句「秋陰不散霜飛晩、留得枯荷聴雨声（秋の空は低く垂れ込め、霜もまだ降りません。すが

67与誰同坐軒

67留聴閣の内部

れた蓮を打つ雨の音にじっと耳をすませています）（川合康三訳『李商隠詩選』、岩波文庫、二〇〇八年）」に拠る。

ここはほかの建物から少し離れていて、建物自身ももの静かな様子で池に面してたたずんでいる。対聯はない。遠香堂ほどは広くないと先ほど書いたが、建物の内部は部屋の中央に丸いテーブルが一つと、その周りを座面の下を輪っかの組み合わせが支えている可愛らしい腰掛け（「春凳《しゅんとう》」という）が取り囲んでいる。壁際に立つ飾り棚（「多宝格」という）も背面に板がないため光を透して部屋を明るくしている。その棚に置かれた花瓶などの置物も、彩色を施した派手なものではなく、青磁や白磁など静謐な趣きのものが選ばれているようだ。重厚さとは正反対の調度で飾り付けようとする強い意志を感じる。それを強調するのが、入り口の上方から左右にかけて、アーチを形作るように設置されている「飛罩《ひとう》」と呼ばれる透かし彫りの彫刻である。「罩」とは「竹かご」の意味で、天井に近い場所に設けられているので「飛」の字が付いている。留聴閣の「飛罩」は細い木の根状の曲線を巧みに組み合わせて、松、竹、梅や雀などを形作っている。この繊細にして精緻な飛罩、漏窓の装飾、および透かし模様を施し、かつ落ち着いた色調の調度品や家具が調和した空間を作り上げており、ここを訪れる者は心が静かになり、知らず知らずのうちに雨の音に耳を澄ませるようになる。

§塔影亭

留聴閣を出て南の橋を渡ると目の前は先述の卅六鴛鴦館である。その右側（西側）をすり抜けて細い一本道を、右側にどんどん細くなっていく池を見ながら南へと下っていくと、池が行き止まりになる場所、すなわち拙政園の終わる地点のほんの少し手前に亭がある。拙政園最後の建築物である「塔影亭」である。蘇州庭園の中でも最も美しい亭の一つともいわれている。西部北辺の「倒影亭」と名前が似ていて紛らわしい。扁額は何紹基の書である。「塔影亭」は水上に設けられていて、陸地からは橋を渡っていくようになっている。八角形の攢尖頂型の亭で、現在は中に入れない。八角すべての面が細い線で彫刻を施された漏窓から成り、八角の屋根の先から先端が天へと伸び上がった姿は、風のない日にその影が鏡のような湖面に映ったならば、さぞかし美しかろうと思わせる。

68盆景園

§盆景園

さて、拙政園はだいたい見て回った。68園の西に盆景園があるので最後にちょっとのぞいておこう。今まで「盆景」という語を使いつつ、あえて説明せずに過ごしてきた。気が付いた方は「字面からして盆栽みたいなものだろう」と見当を付けていたのではなかろうか。当たらずといえども遠からずである。わかりやすくいうと、盆景とは中国版の盆栽である。何だ、だったら「盆栽」でいいじゃないか、と思われるに違いない。ただここに至るまでにはややこしい経緯が横たわっている。簡単に説明させていただく。

問題が二つある。名称と形態である。

まず名称であるが、中国には古来、お盆や鉢の上に植木を載せたものに対する名称として「盆栽」という語があった。また「盆玩」「盆樹」という呼び名もあった。「盆景」という語が使われ出すのは清代以後であり、この呼び名は比較的新しいものである。盆栽の起源は古い。一万年から紀元前四〇〇〇年の間のものと思われる新石器時代の遺跡から発掘された陶器のかけらに盆栽らしきものの絵がすでに描かれていて、中国の盆景の本にはこれが始まりだと書いてある。その写真を見ると、長方形の上に葉っぱらしきものが五枚ふわっと広がっている。おそらくこれを見た人は、これが中国の盆景の起源だと見なすのはいささかつらい、強引にいい張れなくもないけれど、といった感想を持つのではなかろうか。

69盆景

次に盆栽が現れるのは後漢（二五—二二〇年）である。河北省で発掘された墓の壁画に絵が描いてある。今度は少し斜め上から見た感じで、丼鉢のようなものの上に花らしきものが描いてある。また丼鉢らしきものの下には四角い台のようなものも描かれている。うむ、これは盆栽っぽいかも、というところであろう。69 70

さらに時代は下って、一九七二年に発掘された唐の章懐太子（六五一—六八四）の墓にはある人物が両手に鉢を持っている壁画が描かれているが、その鉢にはどう見ても植木らしきものが載っており、確かにこれならば誰もが盆栽だと納得できるだろう。章懐太子は則天武后の第二子で生卒年もはっきりわかっている。盆栽の起源がこれ以後に後退することはまずないだろう。

日本へは、この唐代の盆栽が平安時代に伝わり広まったといわれている。中国起源であるのは確かなのである。その後も中国で盆栽は、その長い歴史と広大な国土を背景に、多種多様に展開していった。盆栽の歴史は、山水画や庭園の歴史と切り離すことはできない。この三者は常にリンクしていることを忘れてはならない。

その後、盆栽は、中国は中国で、日本は中国や朝鮮の影響を随時受けつつ独自の発展を遂げた。そこになんら問題はない。問題は西欧世界が盆栽に注目し始めたことにある。一九七〇年代くらいから、おそらく日本が高度経済成長を遂げて西欧の目にとまった頃から、日本の盆栽は「Bonsai」として、「日本文化」の一つとして受容されていくことになる。

一方その当時の中国は、西欧諸国の人間が簡単に旅行できるような政治体制ではなかった。鄧小平によって改革開放政策が提唱されるのは一九七八年であるが、我々を含めた外国人にとって、中国がさまざまな意味で開放されたと実感するのは、一九九〇年以降であると思う。さてその頃には、「Japanese Bonsai」が、世界中の盆栽のスタン

70盆景

ダードとなってしまっていた。

二〇〇四年に出版された『中国盆景芸術』（韋金笙、上海科学技術出版社）という本には、改革開放以後、我らが中国の盆景は、国外にも進出し、品評会などで賞も取っており、ヨーロッパやアメリカを震撼させ、日本の盆栽が一統支配している世界を打破する段階に来ている、と記されている。この本の中では、日本の盆栽の影響下で広まったものを「国際盆栽」と、中国のものを「中国盆景」と呼び、名称を分けて使っている。すでに広まってしまった「Bonsai」という名称はもう日本にくれてやる、こちらは「盆景」でいく、ということなのであろう。名称のゴタゴタは以上のような経過を辿ったと思われる。

以下それぞれの形象を比べてみたい。ここからは中国のものを「盆景」、日本のものを「盆栽」と区別する。「盆景」と「盆栽」の大きな違いは、石を用いるか否かにある。さらにいえばその名に表れている通り「景」と見なすか否かにあるといえる。日本の「盆栽」も自然の景色を取り入れるのがその本質の一つだというが、基本の形態は大自然の大木の姿を切り取って凝縮させることにある。それに対して中国の「盆景」は、石と樹とを組み合わせて景を作るのが一般的である。

さらに、鉢の上に石しかない場合でもそれは「盆景」として成り立つ（そろそろ「日本の」、「中国の」をはずしていく）。これは「盆栽」では考えられないことである。しかし「盆景」ではなんの問題もない。「景」をなしていれば、それが「盆景」なのである。閻立本《えんりっぽん》の「織貢図」では、盆の上に石だけを載せた人物も描かれており、石を樹と同様に鑑賞の対象とする考え方が存在していたことがわかる。

先ほど盆栽の歴史は園林や山水画と切り離せないと述べたが、石に関する考え方も同様であるといえるだろう。白居易が太湖石を称揚しつつ、石を愛でることが文人の趣味となりうることを語って以後、中国では石への嗜好が徐々に定着し、さらに盆景趣味と結び付いた。値段が高すぎて大きな石を買えない、または置く場所のないような人間は、そのミニチュアの石を大自然に見立てて、小さなスペースに置くようになったのである。

今や「小さな石—大きな石—自然の石—山」が、中国的イマジネーションによって、ひと連なりのものとなった。「盆景」は、「樹だけ」、「樹と石の組み合わせ」、「石だけ」の三つのパターンから構成される多様な姿を呈するに至っている。

さらには、盆景のあちらこちらに人や動物や建物の模型を置いてジオラマのようにする傾向も見られる。盆景→ジオラマ化である。確かにそのほうが実景には近づくが、中国文化ならではの「抽象力」が損なわれるような気もする。そんなときに出会ったのが宮田珠己氏の著書『ふしぎ盆栽—ホンノンボ』（ポプラ社、二〇〇七年）である。この本の著者は、ベトナムで出会った奇妙な盆栽に着目する。それは水の入った鉢に石が据えられ、石のくぼみや平らなところ、あるいはあちらこちらに植えた木の間に、泥人形やちゃちな亭の置物が、スケールの縮尺もいい加減なままに置かれたものだったという。

宮田氏は中国のホンノンボはちゃんとできすぎていておもしろくないというが、台湾やその対岸の福建などのホンノンボはなかなかデタラメで雑な造りで、マンションの入り口にふと置いてあったりする。目にとまるとついつい顔がほころんでしまう。台湾および福建が盆景よりはホンノンボに寄っているのは、地理的にやや南洋寄りだからであろうか。第三章でも見るが、台湾や福建という地域は、北方はおろか、江南の影響さえ希薄な文化圏である。それゆえ庭園文化も独自の展開を見せており、当然のことながら盆景文化もそれと連動して不思議な方向へと進化しているようである。

盆景園を出てそろそろ出口に向かおう。拙政園の出口はいくつかあるが、すっと外に出たい場合は東部に戻る必要がある。中部から出る場合は、園林博物館の中を通っていくことになる。これは拙政園の南側の、もと邸宅のあった部分を利用して作られている資料館のようなものである。中には、中国庭園の歴史や庭園文化についての解説、昔使われていた材料や扁額や対聯や書などが展示されている。留園の園主であった劉恕の書など興味深いものもさりげなく飾られているので、うっかり素通りはできない。

71 文徴明が植えた藤

§ 蘇州博物館

文徴明が手ずから植えたといわれる藤の樹が今も残っているという。かつては拙政園内にあったものが、現在は園の西側に隣接する蘇州博物館の中に植え替えられているとのことであった。これはぜひ見ておきたい。蘇州博物館は二〇〇六年に開館した、たいへんモダンな建物である。蘇州建築をモチーフに、白いブロックを縦、横、斜めに組み合わせ、黒の輪郭で縁取り、中国風をさらに究めて洗練したデザインが目を引く。この印象的な建築は、蘇州出身で、ルーブル美術館のピラミッドや香港の中国銀行を設計した、貝聿銘氏（イオ・ミン・ペイ）によるもの。蘇州博物館は現在無料で入ることができる。

ただし、ゆったりと見てもらおうとの配慮のためか、入り口で入場制限を行なっていて、一定の人数以上は入れないようになっている（HPによると、館内の人数が九〇〇人を超えないようにしているとのことである）。しばし待って入場。博物館は東西で新館と忠王府を再現した部分とに分かれている。掲示に従って東側の忠王府へと向かう。屋内にしつらえられた立派な戯台（舞台）などを見ながら歩いて行くと、南端のあたり、観光客の喧噪から離れた本当に地味なエリアにそれはあった。71

　忠王府の建物と外壁に挟まれた数メートルほどの幅の細長い空間に、何本かの藤の幹が互いにからまり合って天に向かって伸びていて、上部に設けられた藤棚で平らに広がっている。筆者が訪れたのは二〇一二年の九月だったので、さすがに花は咲いていなかったが、葉が生い茂っていて、緑の影の下にたたずんでいると、ひんやりと涼しさを感じたことを記憶している。樹の根元の横には「文衡山先生手植藤」と刻まれた石碑が立っている。

　そしてこのとき、ようやく拙政園の散策を終えたと感じたのであった。

第二章　留園　蘇州の庭（二）

蘇州一番の名勝・留園

上海図書館の近代文献部で蘇州関連の資料に当たっていたとき、『到蘇州去』（『蘇州に行く』）という書名が目にとまった。調べてみると、上海市立萬竹小学校（現在の上海市実験小学、一九一一年創立）が遠足用の教材として、民国二〇年（一九三一）に出版したパンフレットであった。人民公園（当時はイギリス人の経営する競馬場）のやや東南、白雲観の近くにあるこの小学校は当時いくつも出版物を出しており、表紙の裏には、「児童活動」（「児童の活動」）、「好学生」（「よい生徒」）、「商店服務規程」（商店のサービス規定）などの出版物を紹介し、「遠足教材」としてほかに「到杭州去」、「到無錫去」、「到鎮江去」、「崑山行」、「南翔行」、「呉淞行」、「龍華行」を出している。一回の遠足ごとにこれらの教材が作られたのであろう。

『到蘇州去』の目次は以下のようになっている。「到蘇州的《の》路程」「蘇州的《の》沿革」「蘇州的《の》形勢」「蘇州的《の》城垣」「蘇州的《の》交通」と続き、次に「蘇州的《の》勝蹟」として「一・留園、二・西園、三・靖園、四・虎丘、五・北寺塔、六・拙政園、七・獅子林、……三一・西洞庭山」と、延々と続くのだが、三一か所を一日で回ったとは到底思われず、何度か、あるいは何日かに分けて行ったのであろう。その後に「蘇州的《の》商業」「蘇州的《の》物産」「蘇州的《の》教育」、さらに付録として「研究問題」「遠足須知（遠足の心得）」「蘇州地図」が載せられている。ここから単なる旅行ではなく、あくまで社会見学としての体裁を整えていることがわかる。「蘇州的《の》沿革」には、日清戦争に負けたため、蘇州城外南部が租界となっていること、日本の領事館が置かれていること、また一〇数年前は蘇州の商業は非常に盛んであったが、今は見る影もないことなどが記されている。

「蘇州的《の》交通」には、上海―蘇州間は鉄道で移動し（京滬《けいこ》鉄路）、蘇州到着後は船や馬車やロバ車、人力車か駕籠《かご》で移動などと書いてある。ちなみに鉄道の当時の運賃は、一等三元、二等一・五元、三等〇・七五元、四等〇・四元である（『蘇州快覧』、上海世界書局、一九二六年）。

この遠足のパンフレットで、蘇州の名勝として筆頭に挙げられているのが留園である。この小冊子に書かれた留園の解説をちょっと紹介しておきたい。

留園は閶門《しょうもん》外の街路にある。この園はもとは清末の劉氏の寒碧山荘《かんぺきさんそう》であり、劉園という名であった。光緒二年（一八七六）に常州の盛宣懐の所有となり、名は留園と改められた。中は回廊が曲折し、築山が折り重なり、名花奇草が植えられて、季節によって姿を変える。春秋の佳日には、遊客らが群れをなす。ひときわ高くて大きな奇岩があり、冠雲峰という。この石はここに立ってすでに数百年も経っている。以前ある日本人が一千元余りで買おうとしたが、幸いに我ら中国人も古物を保存せねばならないことを知っていて彼らに売らなかった。冠雲峰の北側には、楼閣があり、その一階の壁には魚化石が嵌まっているが、これも貴重な宝である。さらに行くと、又一村《ゆういっそん》があるが、そこには白鶴、孔雀、四つ角の羊、猿、鶏、鴛鴦などの動物がいて、その景色は奥深く優雅である。

前半は概説であるが、後半部の、日本人が大金で買い求めようとしたが、中国人がそれを阻止したというエピソードは興味深い。また当時園内で飼っていた動物を一つひとつ挙げているのもおもしろい。中国庭園に動物が飼われていたということは、文人の文章にも見ることができるが、その場合も、鶴などのめでたい動物が記されるだけであり、ほかにどんな動物がいたのかは知りようがない。しかしこの遠足のパンフレットは、そのような趣味嗜好の影響からまぬがれているため、当時の庭園にはかくもたくさんの動物がにぎやかに走り回っていたことがわかるのである。遠足で訪れた小学生たちにとって、留園は遊園地であり、動物園であり、そして美や芸術性を感じることのできるミュージアムでもあったのではないだろうか。

留園の歴史

拙政園が広大で平坦な敷地に大きな池と点在する建築物から成るのとは対照的に、留園は変化に富んだ地形と多くの建築物から構成されており、複雑な構造と多彩な景観が特徴である。以下、留園の辿った歴史をざっと見ておきたい。留園の歴史は持ち主によって大きく三つに分けられる。またそれぞれの時期に留園と深く関わった文人も何人か挙げておく。

(一)「東園」の時代

明の万暦年間(一五七三―一六二〇)に太傅寺少卿《たいふじしょうけい》(皇帝の秘書)徐泰時(一五四〇―一五九八、字《あざな》は大来、号は輿浦、長洲の出身)が讒言《ざんげん》を受けて蘇州に帰り「東園」を建てる。東園の様子を、二人の文人の文章から見てみたい。

袁宏道《えんこうどう》(一五六八―一六一〇)は、字は中郎、号は石公、湖北公安の出身。万暦二〇年(一五九二)に進士及第。蘇州の知事を務める。伝統や古典の束縛から自由になって詩作を行なうことを唱え、兄の宗道、弟の中道とともに公安派と称された。彼は蘇州赴任時の万暦二四年(一五九六)に、東園を含めた蘇州庭園の様子を記す「園亭紀略」を著している。袁宏道自身も柳浪館という名の庭園を公安の自宅に構え、池に船を浮かべたり、友人らを呼んで詩作にふけったりしている。柳浪館を詠う最初の詩は万暦二八年(一六〇〇)の記録があるが、それは蘇州知事を退職してすぐの三三歳くらいの頃であるから、まだまだ若い(ただ彼はその一〇年後に早逝してしまうのであるが)。また彼の著した、花や花瓶に関して自説を述べた「瓶史」は、日本の生け花界にも大きな影響を与え「宏道流」という流派を形成するまでに至っている。

「園亭紀略」には、この東園に関しての記述がある。ちなみに拙政園には行ったことがないと書かれている。

徐泰時の庭園は閶門外の下塘にあり、広大華麗で高くそびえる数々の楼や庁は、園を訪れる客を陶然とさせる。石屏は周時臣が積み上げたもので、高さは三丈、広さは二〇丈ばかり、玲瓏《れいろう》にして峻《しゅん》巌《げん》、まるで一幅の山水画のようであって、(石の)繋ぎ目もまったく見えず、彼こそ真の妙手の持主である。堂のそばには高く土が盛られており、たくさんの古木が植えてある。丘の上には一つの太湖石が置かれていて、瑞雲峰という。高さは三丈余り、その美しさは江南一である。(以下、瑞雲峰がこの園にやって来るまでの経緯は省略)范長白が私にいう、この石は毎夜光って空を照らしているとか。本当であれば、まことに霊妙な石といえよう。

この文章に見える周時臣であるが、周秉忠《しゅうへいちゅう》という人物である。字が時臣で、号は丹泉。蘇州の出身で、絵画に秀で、庭園建設の名家として当時有名であった。

また江盈科《こうえいか》(一五五三—一六〇五)は、「後楽堂記」を著している。「後楽堂」とは、後述するが、東園の中心となる建築物である。江盈科は、字は進之、号は逯蘿《りょくら》、湖広桃源県の出身である。万暦二〇年の進士で長洲県令、大理寺正、戸部員外郎、四川提学副使などを歴任する。袁宏道と同じく公安派の重要人物である。また袁宏道と同じ年に科挙に合格していて、二人は友人関係にあり一緒に旅行もしている。彼の文集『江盈科集』には「徐少卿園にて牡丹を賞す」「顧雲門の諸公が徐園に召集す」など東園を詠った詩がいくつか載せられていることから、普段から東園を訪れていたことがうかがえる。

東園のだいたいの構成を「後楽堂記」によって説明すると以下のようになる。園の中心となる建物は後楽堂である。「後楽」の名は、北宋の有名な政治家である范仲淹《はんちゅうえん》（九八九―一〇五二）の「岳陽楼記」中の有名な一文「先天下之憂而憂、後天下之楽而楽（天下の憂いに先んじて憂い、天下の楽しみに後れて楽しむ）」にもとづく。このメインとなる後楽堂の前に楼が一つあり、上に登ると蘇州郊外東南にある霊岩山、同じく蘇州郊外東部にある天平山を眺めることができる。楼から北に向かうと芍薬《しゃくやく》と牡丹《ぼたん》が左右に植えてある空間があり、そこに堂が一つある。この堂の周りには廊下と階段が設けられている。堂から右に小道を進むとほどなくして梅林が現れる。小道は東に曲がり、坂になる。地が高くなりその上には石が積まれ、さながら普陀山や天台山の峰のようだという。これは地元出身の技術者周丹泉によるものである。石の上には紅梅が植えられており、石の穴をくぐっているものや、石に寄りかかっているものもある。そのさまは岩と木とが似合いの相手を得たかのようである。その山中に亭《あずまや》が一つ建てられている。亭から下に降り、道に沿って右に曲がると、池が現れる。広さは現在の計算で約一一・六アール（一アール＝一〇〇平方メートル）、四角形で考えてみると、三〇×四〇メートルくらいになろうか。かなり大きな池である。この池に堤が設けられており、そこには紅杏《べにあんず》が一〇〇株植えられ、そのあいだに柳が葉を垂らしている。堤の終わるところに亭がある。そこにはサルスベリ、キンモクセイ、芙蓉《ふよう》、木蘭などが植えられ、亭の南側には竹が群がって生えている。そこは亭より五尺（約一・五メートル）ほど高くなっており、上には茅屋が結ばれている。主人の徐氏は「逃禅庵」と呼んだ。

東園の建築物がここに記述されたものだけだとするなら、堂が二つ、楼一つ、亭二つ、茅屋が一つあり、また山が二つに堤のかかった広い池が一つあるだけということになる。

（二）「寒碧山荘、劉園」の時代

東園はその後いったん廃園となり、綿布の加工場となった後、陳氏が改修を行なうなど、何度か持主を替える。清の乾隆五九年（一七九四）に劉恕《りゅうじょ》（字は行之、号は芙峰）が四〇歳を前に病と称して辞任し、蘇州に帰って東園の修復に着手する。彼は修復後の園林を「寒碧山荘《かんぺきさんそう》」と名付けた。劉恕は文人士大夫であり、「無声色之好、惟 性嗜花石（声色の好む無く、惟だ性 花石を嗜むのみ）」という石のコレクターでもあった。園芸に関する著作も多くあり、書や名画を好んだ。彼は自ら書いた文章や収集した古人の書などを園内の廊壁に飾った。彼の友人には高名な学者銭大昕《せんだいきん》（一七二八―一八〇四）がおり、「寒碧荘宴集序」を書いている。銭大昕は、字は暁《ぎょうちょう》徴、号は竹汀、江蘇嘉定の出身で清朝の考証学を代表する学者である。蘇州の紫陽書院に長く勤めていた。

范来宗《はんらいそう》（一七三七―一八一七、字は翰尊、号は芝岩）の「寒碧荘記」によれば、修復前は普通の民居になっていて家が軒を連ね、太湖石がポツンとその中に立っている以外、往時の山や花々などは見る影もないというありさまであったという。先の持ち主である徐泰時の卒年から二〇〇年近くが経っており、東園はその跡形をまったくとどめていなかったということだろう。劉恕は占いによってこの花歩に邸宅を求め、前の庭園に倣ってまずは東園と名付けた。

范来宗は続けて庭園の様子についても記述する。以下大意を記す。

邸宅の西北を庭園としたが、いい伝えによると徐泰時の後に陳氏が再建したが、その後いくたびか持ち主が替わり、劉恕が購入することになった。園には松が最も多く、梧竹がそれに次ぐ。平地は豊かに育くまれ、一望すれば果てしがない。旧跡をもとにさらに広げていき、そこに伝経堂《でんけいどう》という大きな建物を建てたが、これは劉恕の旧居である。先祖代々伝わる書物をそこに収め、祖先の事業を受け継ぐことを自らの志とした。西南の山に面し池に臨むところに「巻石山房」を設けた。そこには二つの楼があって、前のものを「聴雨」といい、その横にあるものを「明瑟《めいしつ》」という。その東側にある背の低い三間の建物を「緑蔭」という。昔のいわゆる「花歩」とはこれのことである。さらに曲がって東に進むと小さな閣があり、これを「尋真」という。北に向かっていくと「西爽《せいそう》」、「霞嘯《かしょう》」がある。最北にあるものを「空翠《くうすい》」といい、池に臨む斗室（方形の建物）を「垂楊池館」という。この館の外に橋があり、橋を渡ると山がある。山に沿って竹の植えてある道があり、そこにある堂を「半野」という。軒を「餐秀」といい、この両者を繋ぐ長い廊下はとりわけ幽玄な趣がある。東に進むと山道があり、小さな橋が小渓に架かっている。石の階段を登っていくと頂上に亭があり、「个中」という。ここからは庭園を一望することができ、木々のあいだに建物の屋根が垣間見える。

(三)「留園」の時代

同治一二年（一八七三）に盛康（一八一四―一九〇二）が同園を購入する。盛康は、自分の庭園が世間で「劉園」と呼ばれていたことにちなんで、同音の「留園」と名付けた。当時の大学者である兪樾《ゆえつ》（一八二一―一九〇六）は盛康の知人であり、園の命名に関わっている。この兪樾とは、字は蔭甫、号は曲園、浙江徳清の出身で、清末の考証学者である。道光三〇年（一八五〇）の進士。河南の学政（学校行政の監督）だったときに弾劾を受け、三七歳で退職し、蘇州に寓居しながら紫陽書院や上海の求是書院で講学を行なった（『中国思想辞典』、研文出版、一九八四年参照）。また彼は「留園記」「冠雲峰賛有序」などの文章も残している。

盛康の死後、子の盛宣懐（一八一四―一九〇二）が留園を受け継ぎ、その運営のもとに名を馳せ、留園は蘇州の名園となっていった。

留園は、日中戦争中は抗日工作の秘密司令部となり、蘇州陥落後は日本軍の駐留地となった。国共内戦時には国民党軍が駐留するなどして、園内は荒廃した。

一九五三年に蘇州市人民政府が留園の修復を決定し、一九五四年に一般に公開された。一九六一年には全国重点文物保護単位に指定され、一九九七年には拙政園・網師園・環秀山荘とともに世界文化遺産に登録された。

以降、留園に関する記述はその大部分が『留園』（周峥、中国・古呉軒出版社、一九九八年）、『留園』（徐文濤主編、蘇州大学出版社、一九九八年）、そして『留園誌』という三つの書物にもとづいている。『留園誌』は全三二八頁に及ぶ大著で、蘇州市留園管理所が編纂し、二〇〇九年九月に発行された。留園の歴史、建物や施設、関わった人物などもろもろに関する資料がほぼ網羅されていて、いわば留園大図鑑といった趣がある。市販されていないため、入手は困難である（こんなマニアックな本を欲しがる人がそんなにいるとも思えないが）。日本はもちろん、中国の古本市場で出回っているのも見たことがな

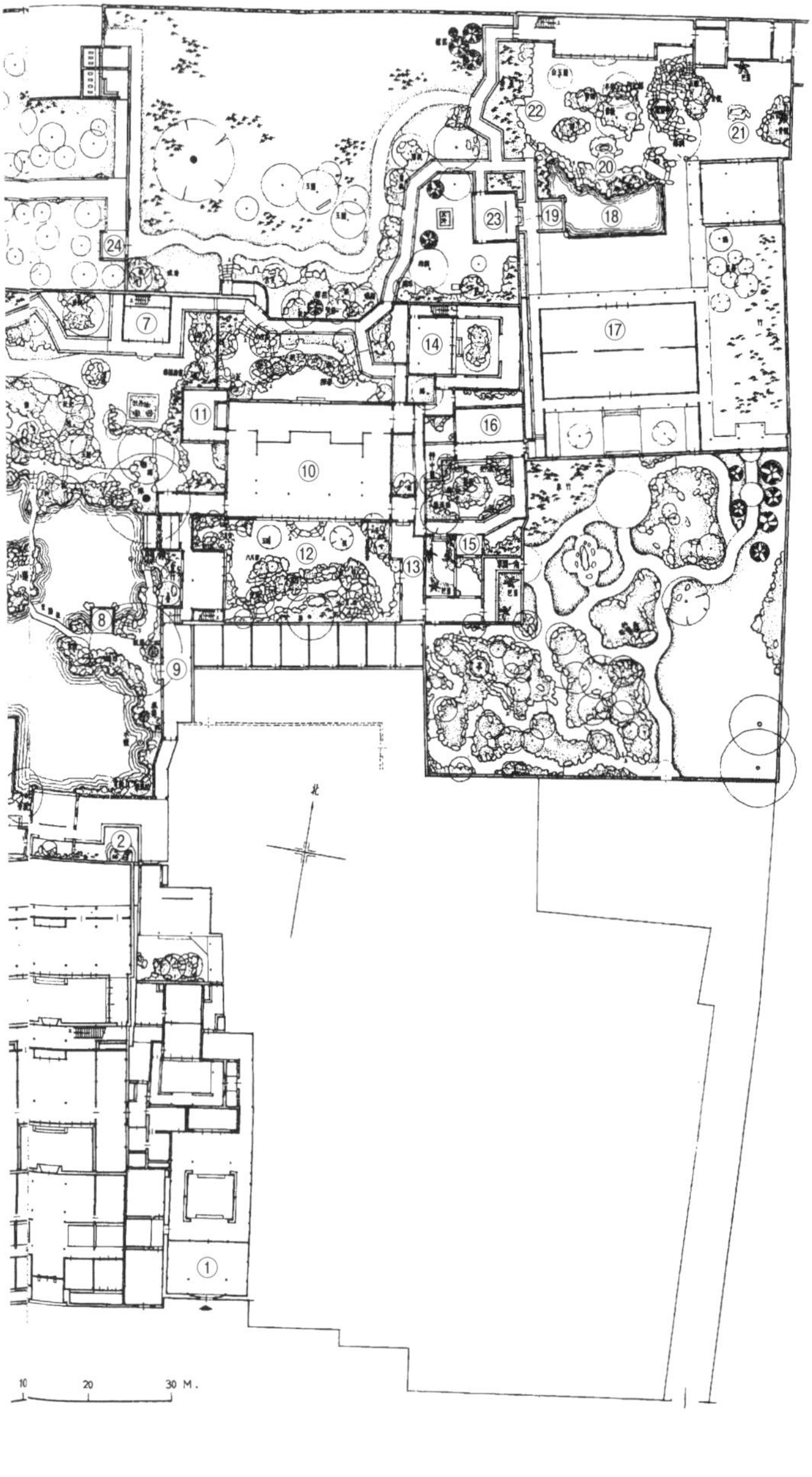
① ② ⑦ ⑧ ⑨ ⑩ ⑪ ⑫ ⑬ ⑭ ⑮ ⑯ ⑰ ⑱ ⑲ ⑳ ㉑ ㉒ ㉓ ㉔
北
10 20 30 M.

［留園総平面図］（『蘇州古典園林　図録』〔台北・風格出版社、2001 年〕参照）
①入口／②古木交柯／③明瑟楼／④涵碧山房／⑤聞木樨香軒／⑥可亭／⑦遠翠閣／⑧濠濮亭／⑨曲谿楼／⑩五峰仙館／⑪汲古修綆／⑫庁山／⑬鶴所／⑭還読我書斎／⑮石林小院／⑯揖峰軒／⑰林泉耆碩之館／⑱浣雲沼／⑲冠雲台／⑳冠雲峰／㉑瑞雲峰／㉒岫雲峰／㉓佳晴喜雨快雪之亭／㉔又一村／㉕至楽亭／㉖活潑潑地／㉗旧盛宅

い。個人蔵はともかく、日本の図書館で所蔵しているところはないのではないか。ちなみに筆者は蘇州図書館で複写してきた。

留園に向かう

蘇州市街の西側にはかつて閶門という名の城門があった。城門とは、城壁に設けられた門のことで、蘇州博物館で購った『蘇州古城地図』によれば、蘇州には宋明時代は北に斉門、東北の角に婁門《ろうもん》、東側に葑門《ほうもん》、西南角に盤門、西側やや南寄りに胥門《しょもん》、そしてやや北寄りにこの閶門と、計六基の城門が設けられていたが（その後九、一〇基まで増加）、この閶門付近は非常ににぎやかだったようである。

この閶門のあった場所から、片側一車線のそう広くはない道が西に向かって延びている。その両側に緑の木立が鬱蒼と続くこの通りは、明代には花歩街という名が付けられていた。花歩街とは、この道の南側に運河が平行して走っており、花を商う人々がここで荷を積み降ろししたことにちなむ。現在は留園路とわかりやすい名に変わっている。しばらく進むとやがて右手に、留園の入り口が現れる。園の南側から入り、一回りしてやや左手にある出口から出るようになっている。1

1留園の入り口

留園に入る

留園に入って行こう。切符を購入し（入場料は二〇一四年九月の時点で四五元。四月一六日～一〇月三〇日のハイシーズンは五五元）、黒い瓦屋根に白壁という典型的な蘇州建築の狭い入り口を入っていくとすぐに屋内で、正面には壁が立っている。以前訪れたときにその壁の前で若い女性が昔の衣装を身に付けて琴を奏でていたことがあったが、今は誰もいない。壁の右側には奥へと続く通路がある。廊下の右側は白壁が続いているが、左側は四角い漏窓、ついで丸い漏窓がありその先には扉が開いていて小さな庭がある。後述するが、今歩いている廊下の左側は邸宅になっていて、この入り口はそこへの通路になっているのである。2

廊下に戻り先に歩いて行くと、やがて「留園」と書かれた大きな額の掛かった壁に突き当たる。この扁額はかつて蘇州の知事を務め、金石や書画の収集家でもあった呉雲（一八

2アプローチ

3留園の扁額

一一―一八八三）による書。方形のほの暗い空間には、天井に空いた小窓から、光が差し込んでいる。3 左手に漏窓があり、その先には入り口があり、やや明るくなっている。入り口を抜けると、細長い廊下が続いている。真正面には木が植えられているため、廊下はそこで少し右にスライドする。植えられている木に、天井から差す光がスポットのように当たっているのを眺めつつ、先に進む。4

4 アプローチ

§猢猻庁

次の門を通ると、右側には石刻の額が掛けられた白壁が連なり、反対の左側はやや大きく開けた空間になっている。廊下自体はまたも真正面で壁に遮られ、観光客は左に曲がるよう促される。廊下部分には屋根があるが、開《ひら》けた左手部分には大きく空が見えており、その下には太湖石と石筍《せきじゅん》および樹木と草による庭が作られている。

5 猢猻庁

　京都に、鰻の寝床形式の薄暗い町家の中に、唐突に空が開ける種類の坪庭《つぼにわ》があるが、あれをスケールアップした感じである。5

ここは俗に「猢猻庁《こそんちょう》」と呼ばれている。かつてここで猿が飼われていたことにちなんでいる。庭の向かい側の壁には七枚の細長い扉を繋ぎ合わせた屏風が立っている。そのうちの四枚には梅花が描かれた絵が嵌められ（張辛嫁〔一九〇九―一九九二〕の作）、残りの三枚には梅花を詠った詩（右から順に崔道融、陳継儒、蘇軾）が綴られている。

左折した廊下を次には右へ曲がる。少し進むとまたしても入り口がある。上には扁額が掛かっていて、緑色の文字で「長留天地間」と書かれている。入り口をくぐると、今度は先ほどよりもうひと回り開けた長方形の場所に出る。廊下も倍ほどの広さになっている。右側の壁には、引き続き石刻の額が掛けられている。ここでまっすぐに北に抜けていく通路と直角に左に折れていく通路と、二手に分かれる。6

6漏窓とアプローチ

正面にある壁には六つの大きな漏窓が嵌まっており、その一つひとつがすべて違う模様になっていて壮観である。そしてこの漏窓を透して、中部の中心部がちらちらと見える。漏窓の反対側（南側）には大きな花壇が設けられ、二本の木が植えられている。その後ろの壁には「古木交柯」の扁額が嵌まっている。意味は「古木が枝を交える」、つまり吉祥である「連理の枝」をかたどっている。向かって右側の木の種類は、拙政園の名物でもあった山茶《つばき》で、赤い花が鮮烈である。

7 滄浪亭の入り口

8 留園中部

左に進む廊下は、古木交柯を囲むように左にいったん折れた後、すぐにまた右に折れて次の空間へと続いていく。壁で仕切られた入り口をくぐると、右側に中部の光景が開ける。

　暗から明へ、そして明から暗へ、狭から開へ、そして開から狭へ。廊下は曲折を繰り返し、迷路を歩いているような感覚すら抱かされる。これは多くの中国庭園に共通する仕掛けである。すぐに庭園の全体像を見せず、まずは狭さと暗さを体験させる。透かし窓を通して少しずつ少しずつ、焦らすように庭園の様子を人に見せていく。それはやがて眼前に現れるであろう庭園を広く感じさせる工夫の一つであることは拙政園のところで述べた。他方、滄浪亭の場合は、狭い通路こそ設けられていないものの、入り口の手前には橋が架けられていて、まずはそこを渡るという行為が必要となる。7 橋が別世界への入り口であることは先に述べた。そして入り口の大門をくぐると目の前に大きな築山がそびえ立っており、やはり庭園を一望することができないようになっている。

留園の「中部」

さて、ようやく視界の開けた場所に出たわけであるが、ここは留園の中部に当たる。8 留園は中部、東部、北部、西部の四つのエリアに大きく分かれている（平面図参照）。南部は邸宅が占めている。特に決まった順路があるわけではないのだが、中部→東部→北部→西部の順に歩くと効率がよく、ツアーなどではこの順に案内されることが多い。我々もこのコースに沿って歩いていくことにする。

§花歩小築

中部は、大きな池が中心に置かれ、その周りに大小の築山や建物が配置される構図になっている。南側から時計回りに進んでいくと、まず池とは廊下を挟んで反対側の左手に「花歩小築」という小さなスペースがある。白壁の前に石筍が立ち、爬山虎というツタ状の植物が一本壁づたいに右上方へと枝を伸ばしている。視線を上にやると「花歩小築」と書かれた石額が壁面に嵌め込

9 花歩小築

10 緑蔭軒

まれているが、これは清朝の考証学者である銭大昕の手によるものである。9

§ 緑蔭軒

「花歩小築」の向かいには、「緑蔭軒」がある。10 北側（池側）には壁が無く大きく開けていて、園内の風景が一望できる。欄干に手を掛けてゆっくりと中部の庭を見渡すと、手前には大きな池があり、その向こうには太湖石を用いて築かれた大きな仮山が北辺いっぱいに展開している。左側に目をやると、回廊が延びていて、大きな建築物に続いている。西は端のほうに行くに従って地面がどんどん高くなっていき、その山のてっぺんには亭が見える。右に目をやると、透かし窓が間隔を置いて嵌め込まれている白い壁が視界を遮っている。途中に八角形の門が口を開けているが、そこへは北側にそびえる仮山から池の上に屈曲しながら伸びている橋を渡って行くようだ。四方にたいへん大きな三本の銀杏の木が池に臨んで立ち威容を誇っているが、その樹齢は数百年になるという。11

11三本の銀杏

　この「緑蔭軒」に掛かる「緑蔭」の扁額は、近現代の書画家、王箇簃《おうこい》（一八九七―一九八八）の書。拙政園の章でも名前の出た、清代の学者潘奕雋《はんえきせん》（一七四〇―一八三〇）は、この留園を詠った「寒碧荘雑詠」を著しているが、その一つに「緑蔭軒」という題のものがある。「華軒窈且曠、結構依平林。春風一以吹、衆緑森成陰。流波漾倒影、時鳥送好音。欄辺花気聚、柳外湖光沈。自非餐霞客、誰識幽居心。

（華やかなる軒は薄暗くもあり明るくもある。その構えは平らかな地の林。春風がひとたび吹けば、たくさんの緑が影を作る。流れる波に映る影は揺れ動き、四季折々の鳥が鳴き声を響かせる。欄干に花の香りが集まり、柳の向こうに見える湖の光は深い。仙人でなければ、閑居の心持ちはわかるまい。）」。

§玉女峰

さらに西へと進んで行こう。「緑蔭軒」を出てすぐ右手に一つ太湖石が立っている。高さは二メートルほどで、すらっとスマートな形をしていて、やや池側に傾いている。背に当たる部分は太湖石なのにすべすべしていて、その様子がまるで女性が池をのぞき込んでいるかのようであることから「玉女峰」と名付けられている。「劉氏一二峰」の一つである。⑫「劉氏一二峰」とは、二代目園主の劉恕が寒碧山荘を建てたとき、園内に設置した選りすぐりの一二個の太湖石のことで、一つひとつに名前を付け、さらに一二峰の絵を王学浩（一七五四―一八三二、一七八六年の挙人）に描かせて「寒碧荘一二峰図」を完成させ（この絵図は現在上海博物館に所蔵されている）、その絵図それぞれに潘奕雋が詩を付した。たとえば玉女峰は「凌波彷彿珮声遅、霧鬢風鬟世外姿。擬借湖亭来避暑、拈毫先賦影娥池」と詠まれた。大意は「美女が軽やかに歩いている、そのさまは珮環がゆっくりと鳴るよう。その髪の乱れた姿はこの世のものとは思えない。人の姿を借りてこの湖亭に避暑にやって来て、筆を捻《ひね》って影娥池を詩賦に詠う」。影娥池とは、漢の未央宮という

⑫玉女峰

13明瑟楼

王宮の中にある池で、月が映る池という意味である。

§明瑟楼

ふたたび西に進むとすぐ目の前に東向きの歇山型屋根二階建ての建物が現れる。敷地が四角く池に張り出している典型的な水榭タイプである。名を「明瑟楼《めいしつろう》」という。13 一階部分には壁はなく柱だけの開放的な空間となっている。二階は方形の窓によって閉ざされて中は見えない。季節によってはここで一組の男女が蘇州の古典芸能である評弾を演じている風景を目にすることもできる。この一階部分は「恰杭《こうこう》」と呼ばれる。「杭」は「航」と発音が同じで、置き換えると「恰航」、つまり「航海しているかのような」という意味になる。

ここには張之万が撰した対聯がある。前述した、拙政園に住んでいた人物である。

卅年前曽記来遊、登楼看雨、倚檻臨風、俯仰已成今昔感。
三径外重増結構、引水通舟、因峰築樹、吟歌長集友朋歓。
【三〇年前にここに来て、楼に登り雨を見た。欄干に寄り風を受け、今と昔のあいだなど俯仰するわずかの時間にすぎないと思う。三本の小径のほかにも建物を増築し、水を引き舟を浮かべ、築山に合わせて樹を造り、友人たちと歌をうたい楽しむ。】

§涵碧山房

明瑟楼の後ろ側にはやや低い建物が接続していて、これを「涵碧山房《かんぺきさんぼう》」という。⓮ 面積は明瑟楼よりも大きく、中部最大の建築物となっている。この建物は二代目園主の劉恕のときは「巻石山房」と呼ばれていた。この建物の東側に「一梯雲」という名の築山が積み上げられているが、拙政園の章でも登場した演劇評論家の李漁が、ここを「一巻代山」の句で表現したことにちなむ。また劉氏一二峰の一つ「一雲峰」もここに置かれている。

⓮涵碧山房（建物の右半分）

⓯盛氏邸宅

この涵碧山房は庭園中部の南端に当たり、そのさらに南は留園最後の園主盛氏の邸宅となっている。涵碧山房のすぐ南側には小さな庭になっていて、向かい側には太湖石が立っている。そのさらに南に行くと、広大な面積を持つ建物がある。盛氏の邸宅である。建物の一部は「影視庁」としてビデオ映像を流すスペースとなっている。⓯ 二〇一四年九月時は全園で「留園尋夢」という催しが行なわれていて、この影視庁では『宣

16爬山廊

17二王法帖

懐回郷』（盛宣懐故郷に帰る）なる題の蘇劇（説唱芸能蘇灘を母体とした演劇）が上演されていた。

§爬山廊

　涵碧山房を出て西に向かおう。ここから先は上り坂になっていくが、西側全体が真ん中の池に向かって大きな傾斜を見せている。その斜面の左端に廊下が設けられている。廊下は屈曲し、また坂の角度も急になったり緩やかになったりと、複雑な変化を見せる。「爬《は》山廊《さんろう》」と呼ばれるこの形式の廊下は、建造費がかかることから、蘇州庭園でもそう多くは見られないという。16 登っていくにつれて視点が少しずつ高くなっていき、それにともなって右側に展開する園内の情景も徐々に変化していく。ずっと先に見える、頂点に位置する亭に達したときには、その全貌が開けるのだという期待感が高まっていく。

　また廊下の左側の壁には、書を刻した黒い石刻板が延々と先まで続いている。17 これは明代に刻された「二《に》王《おう》法《ほう》帖《じょう》」で、「二王」とは王羲之と王献之親子のことである。「奉橘帖」「快雪時晴帖」「鴨頭丸帖」「地黄湯帖」「送梨帖」など著名な書法帖が掲げられている。先頭に置かれているのは米芾《べいふつ》が所蔵していた「破羌帖」、またの名を「王略帖」ともいう。米芾はこの書を「天下法書第一」と評しており、留園の掲示もそれに倣っている。この石刻はもともと版木に彫られていたものであるが、木では強度がなく、また乾燥や湿気にも弱いということから、明の嘉靖から万暦年間に、蘇州の文人彭年《ほうねん》と呉江の石刻家の董漢策が石刻化の作業を始め、彭年が亡くなった後、その甥の彭履道が後を継ぎ二五年をかけて完成させたものである。

18聞木樨香軒

§ 聞木樨香軒

中部最西端にあり、かつ最も標高が高い場所に着いた。ここには「聞《ぶん》木《もく》樨《せい》香《こう》軒《けん》」という名の亭がある。歇山型の屋根を持ち、欄干には細かな細工が施されている。秋になると周囲に植えられた金木犀が馥《ふく》郁《いく》たる香気を運んでくることから名付けられた。18

名の由来は『羅湖野録』の記載にもとづいている。「黄魯直（黄庭堅）が晦堂和尚と遊行していたときのこと。暑さが引いて涼しくなってきた。秋の香気が庭中に満ちてきた。晦堂がいった、『私は何も隠さない。木犀の香りが聞こえるかね』。黄氏は答えた、『聞こえます』。晦堂はいった『香りが聞こえるのかね？』黄氏は欣然として悟った」。これは中国語の「聞」が「聞く」と「匂う」の二つを意味することにひっかけた禅問答である。対聯は「奇石尽含千古秀、桂花香動万山秋。（奇石は千古の秀を尽《ことごと》く含む、桂花の香りは万山の秋を動かす）」。

上の句は唐の羅鄴《らぎょう》の詩「費拾遺書堂」の「怪石尽含千古秀」に、下の句は明の謝榛《しゃしん》の詩「江漢光翻千里雪、桂花香動万山秋」にもとづく。

ここに至ってようやく中部全体を見渡すことができる。入口の導入部からどれほどじらされたことか。観光客たちもこの場所の意味を直感的に感じ取るようで、みなしばしうっとりと園景を眺めている。⑲

中部の布置

この亭の椅子に腰かけて全体を見渡してみると、中部全体の布置がよくわかると同時に、池や建物の配置が考え抜かれていることにも思いが至るだろう。中部の中心は真ん中に置かれている大きな池である。池は全体的に方形をしているものの、完全にシャープな四角形になっているわけではなく、あちこちデコボコしている。それを取り囲む陸地も池よりひと回り大きな方形となっている。中国庭園の造作理論の一つに「粗密をアンバランスに構成する」というものがある。ある一定の空間の中に物を配置する場合、それぞれをみな等間隔に置くと、景観が平板になってしまう。単調さを避けて景観に変化を持たせるために、空間内のある場所には物を集中させ、ある場所はガラガラに空けるのである。

⑲聞木樨香軒より中部を眺める

池を中心としたこの中部の場合、西から北にかけては土が高く積まれ、多量の太湖石が置かれていて深山幽谷の趣を醸し出している。南側は逆に視点が低く定められ、水に面した亭や水辺には船型の建築物が置かれており、「水」の要素の濃厚な場所となっている。東側は複数の建物が連なって設けられていて、またそれぞれが変化に富んだ姿をしているため、「人工」を強く感じさせる。高低差が強調される一方で、建築物は北側と西側にはほとんど置かれず「粗」、東と南は建物が集中していて「密」となっている。また、池の中は、東北部分に橋と島が集まり、そこが「密」となっている。西北と東南は「粗」で、西南は船が水辺に張り出しているので「やや密」となっている。

§可亭

「可亭」は、北側の山の中、池を挟んで涵碧山房に相対する位置にある。空間のメインとなる建物の前に池があり、その向こう側の高台に亭が配置されているというこの配置は、拙政園中部における遠香堂と雪香雲蔚亭との関係に等しいといえる。「亭」は「停」と音が同じなので、「可停（とどまるべし）」の意に通じる。⑳この亭には霊壁石で造られた六角形のテーブルが置かれている。霊壁石は太湖石に並ぶ人気を持つ石である。この霊壁石のテーブルというのは非常に珍しく、蘇州の庭園の中でもここだけだといわれる。もとは東部の「佳晴喜雨快雪之亭」に置かれていたが、五〇年代の修復時にここに移された。

⑳可亭

§遠翠閣

池の北側には築山が東西に並んでいるが、そのさらに北側、中部の最北辺、北部とを隔てる障壁の手前には、壁に沿って通路が東端から西端まで続いている。西端まで行った通路は南に直角に折れ曲がり聞木犀香軒に接続する。この北辺の通路の東端にあるのが「遠翠閣」である。21 名前は唐の方幹（八〇九―八八八）の詩「東渓別業寄吉州段郎中」の「前山含遠翠、羅列在窗中（目の前の山が遠くの緑を含んで、窓の中にともに並んでいる）」に由来する。

庭園という空間の中には、人が集まって景観を楽しむ場所もあれば、あまり人目に触れることなく目立たない空間もある。建物がありその前に池がある空間は、庭園の中でも華やかな部分に当たる。一方、その周辺にあって、景観の単調な、つまり庭園にとっては地味な部分も、先ほどの粗密構造からいって必要不可欠な要素である。

21遠翠閣

「恋愛空間」としての庭

実は、庭園内のこの目立たない場所は、ときには男女のひそやかな逢瀬の行なわれる空間ともなるのである。

有名な明代の戯曲「牡丹亭」を紹介したい。主人公の二人が夢の中で愛を交わし合う場面、舞台は庭園である。

あの方は太湖石によりかかり
美わしのわれを立たしめ、
我をば推し倒す
日は暖かに玉は煙を生ず
透かし彫りの欄干をすぎ
鞦韆《ぶらんこ》のあたりをめぐり

22小蓬萊

花の 裙《スカート》をば つとひろげ
地をば褥とす。天より見らるるか
しばしば明らけく
美わしく幽《かそ》けき香
ことばにはつくされず
(『還魂記〈牡丹亭〉』、岩城秀夫訳『戯曲集 下』、平凡社中国古典文学大系、一九七一年)

池の北側の真ん中あたりから南に向かって池の上に橋が伸びている。橋の先には小さな島が造られていて、名を「小蓬萊」という。22伝説の蓬萊は東方の海上にあるといわれるが、この島も水上に造られている。橋の上には骨組みだけの屋根が架かっているが、これは藤棚

㉓濠濮亭

㉔印月峰

であり、季節になると藤の花がみごとに紫の屋根を作る。小蓬萊の南端から東に向かってもう一つの橋が屈曲しながら走っていて、「濠濮亭《ごうぼくてい》」に繋がっている。

§濠濮亭、印月峰

この「濠濮亭」は水上に設けられている四角歇山型の亭で、丸いテーブルが据えられ、四方をめぐる低い手すりに腰掛けて休むことができる。㉓亭の東側はそのまま陸地に接続している。二代目の持ち主である劉恕はここを「掬月亭《きくげつてい》」と呼んでいた。池の水面に映った月をすくう、の意である。この亭の北側の水辺に近いところに劉氏一二峰の一つである「印月峰」という太湖石が立っているが、この石は上辺に丸い穴が一つ開いている。㉔この石が水に姿を映すと、丸い穴のところが明るく浮き出て、さながら月がそこにあるかのように見える。「月をすくう」の月とは、この印月峰の映す月の影を意味している。

「濠濮亭」の北側の岸辺、「印月峰」の置かれている一帯は、ほかにも太湖石がいくつか配置されている。濠濮亭寄りの場所に劉氏一二峰の一つ「奎宿峰《けいしゅくほう》」がある。「奎宿」とは二十八星宿（天の赤道面に並ぶ二八の星座）の一つで、一六個の星から構成される。星宿図を見ると、やや縦長で先端が尖り中程がくびれた輪の形をしている。奎宿峰はこの星座の形に似ているため、この名が付けられた。奎宿はまた古来文運をつかさどる神の星として文昌星などとも呼ばれ、文人らに尊ばれていた。そしてすぐ東にある曲谿楼《きょくけいろう》は、二代目園主劉恕の時代に「攸寧堂（やすらぐ場所の意味）」と呼ばれ、書斎として用いられており、ここが劉恕にとっての文学的空間であったことが理解できる。25

またこの小さなスペースには劉氏一二峰のうち、四つが集中している。先の「印月峰」「奎宿峰」のほかに「青芝峰」「鶏冠峰」も置かれている。「青芝峰」「鶏冠峰」は「印月峰」とトリオを組んでいるかのように三つまとめて置かれている。

「印月峰」のすぐ北側にあるのが「青芝峰」である。「青芝」とは霊芝のことである。筒状の石の上に小さな笠が載っているような形状で、実際キノコに似ている。

「青芝峰」のさらに北側、清風池館の壁に接する位置に立っているのが「鶏冠峰」である。上部で大きく湾曲していて、「?」や「ク」の字に近い形をしている。

25曲谿楼

§曲谿楼

濠濮亭を挟んで南と北の池の中に灯籠が立っている。留園には二つの青石でできた灯籠があり、名物の一つとなっている。濠濮亭から陸地に上がり東に行くとすぐに建物の入り口に着く。「曲谿楼」への門である。八角形の腰門の上には文徴明の手になる「曲谿」の磚額が掲げられている。建物は南北に一〇メートルあまりの長さで、屋根は歇山型である。西側の池に面した壁は上下に分かれていて、上層には細工の施された短窓が並び、両端には八角形の冰紋の花窓が嵌められている。下層には間隔を開けて設けられた漏窓が優美である。建物と池の間の狭い地には、曲谿楼の屋根よりも遥かに背の高い楓が二本根を下ろしているが、樹齢は一〇〇年にもなるという。曲水に臨んでいるために「曲谿」の名がある。建物の内部には特に家具などは置かれておらず、広々とした通路となっている。東側はすべて壁で窓は一つもない。そのため屋内はやや薄暗くなっており、西側の漏窓から漏れ入ってくる光だけがいささかの明るさをもたらしている。また日差しの角度によっては、床上に漏窓の模様が映り込むこともあり、壁一枚隔てた華やかな雰囲気の表側とはうって変わって、落ち着きと安らぎを感じることができる。少し行くと四角い空間がやや右上にスライドしてずれたようになっている。短い階段を上がっていくと、ここからは「西楼」である。簡単な家具が置かれているが、基本的には通路の延長といった感が強い。

26清風池館

§清風池館

そのまま北に向かって進んで行くと、左側の壁が大きく四角く切り取られた場所に出る。中部最後の建物「清風池館」の入り口である。26「清風」の名前は蘇軾「赤壁賦」の「清風徐来、水波不興（清らかな風がゆったりと吹き、水面には波も起こらない）」にもとづく。入ってすぐの目の前に、細かな海棠の花の透かし彫りが施された巨大な衝立《ついたて》が置かれている。衝立といっても、視線を遮るためというよりは、廊下と建物とを隔てる機能を果たしながらも、透かし彫りを通して池をめぐる風景を手前に引き入れる働きを持っている。また室内にはほかに何も置かれていないため、この衝立の曲線と窓枠の直線とからなる模様だけで、観光客の視線を楽しませる。27

27清風池館の衝立を通して外を見る

衝立の向こう側に回ると、池に向かって部屋と同じ幅の長方形の窓がある。窓に扉はなく、上部に組み木細工の欄干が、下部には五〇センチくらいの高さの仕切りがあり観光客はそこに腰掛けて風景を眺めることができる。清風池館はやや水辺に張り出した水榭で、歇山型の美しい屋根を持つ。外側から見ると、柳などたくさんの植物が館を鬱蒼と取り囲んでおり、緑と館の白色と屋根の黒色がコンパクトにまとまったこの小宇宙は、対角線上にある明瑟楼と涵碧山房の華美で豪壮なたたずまいと明確なコントラストを醸し出している。清風池館から出ようと振り返ると、上に「清風池館」の扁額が掛かっているのに気が付く。両端の対聯には「墻外青山横黛色、門前流水帯花香（この壁の外の青山には横一筋に雲が引かれ、門前の流水には花の香がこもっている）」とある。

留園で最初に訪れた中部にはここで別れを告げる。

留園の「東部」

§五峰仙館

清風池館から東に進むと、留園の東部に入っていく。まず我々が出会うのは東部最大の建築物「五峰仙館」である。㉘この五峰仙館の南側は、今は壁があって壁の向こうは園の外になっている。しかし元来は二代目園主劉恕の邸宅があって、当時は「内園」と呼ばれていた。五峰仙館は、東西に並び、南を向いている。名前は李白の「廬山東南五老峰、青天秀山出金芙蓉（廬山の東南の峰である五老峰は、青空の中から金色に輝く芙蓉の花を削り出したかのようだ。〔武部利男注『中国詩人選集　第七巻　李白　上』、岩波書店、一九五七年〕）」に拠る。二八〇平方メートルの広さを誇り、硬山式の屋根、五間の広さ、外観は凹凸などあまりなくシンプルなデザインである。

㉘五峰仙館

南側には、屋根の真下から床まで一枚でできた縦長の窓が、ズラッと端から端まで連なっている。初代園主徐泰時のとき、ここは「後楽堂」と呼ばれていた。

二代目園主劉恕のときには改築されて、書物を所蔵するための「伝経堂」となった。㉙伝えられるところによると、現在の五峰仙館もそれらの建物の基礎の上に建てられたとのことである。「五峰仙館」の扁額は呉大澂の手になるものである。

そしてこの扁額は三代目園主である盛康が、文徴明やその息子らが集めた停雲館蔵石を入手した際、それを記念して呉大澂に依頼して書いてもらったもの。屋内の梁や柱などに楠を使っているので「楠木庁」とも呼ばれる。盛氏はここを園内の主庁とし、宴会などをここで行なった。「汲古得修綆」「揖峰軒」「還読我書斎」など周りに展開する建物は、この五峰仙館を中心に建設されており、それぞれが休憩する場所、読書する場所などといったように役割が分担されていた。

§庁山

五峰仙館の南側には少し開けたスペースがあり、五峰仙館に相対する形で太湖石の山が築かれている。大きな建物に面して設けられた築山は、『園冶《えんや》』の作者計成によって「庁

㉙五峰仙館の内部

㉚庁山

山」と名付けられている。30 五峰仙館前の庁山は建物と同じ幅を持ち、三メートルほどの高さを持つ山脈が端から端まで続いている。蘇州庭園の庁山の中で最大のものであるといわれている。山々の中に干支の一二支の動物にそれぞれ似た石があるそうだが、どれがどれなのかは現地にも解説がなくよくわからない。

§鶴所

五峰仙館と庁山の間を東に行くと、「鶴所」という建物がある。昔、園主が鶴をここで飼っていたことからその名がある。「鶴?」と我々は思ってしまうが、庭園や邸宅を描いた絵画にもよく鶴が描き入れてあり、長寿の象徴であるこの鳥を実際に生きたまま飼うことは、それほど奇抜なことではなかったのである。31

§五峰仙館の屏風

五峰仙館内には、大きな屏風が設けられて南北を分断している。この屏風は、中央部分が奥に向かって凹型にくぼんでいて、ちょっと変わった形をしている。くぼんでいる部分の上部には扁額が掛かり、くぼみの始まる両端に柱があり、対聯が掛けられている。家具なども精緻な造りのものが選ばれて配置され、園主が上客をもてなすにふさわしいしつらえとなっている。南側に比べて狭い北側部分は、当時、使用人が待機する場所であった。この南側は陽が入って明るいため、宴会などに使われた。両者を隔てる花鳥の描かれた屏風には蘇州名産の刺繍が使われていて、北側からは明るい南側が透けて見える

31鶴所

ようになっている。これは張辛稼《ちょうしんか》の作品である。

§三代目留園主人の盛康

対聯は三代目園主盛康の撰である。「歴宦海四朝身、且住為佳、休辜負清風明月。借他郷一厘地、因寄所托、任安排奇石名花。（役人として朝廷にお仕えしてきたが、引退するのがよかろう。清風明月に背を向けるのはやめだ。わずかな土地を借りて、身を寄せよう。そして気の向くままに奇石名花を並べ置こう）」。

官界を引退し、この留園で悠々自適の生活を送るのだという宣言である。ここで第三代目留園主人の盛康について紹介しておきたい。盛康、生卒年は一八一四―一九〇二年。字は勖存《きょくそん》、号は旭人、別号は待雲庵主。常州（太湖の西北約三〇キロ）の出身。道光二四年（一八七三）の進士。安徽省南部の銅陵県の長官から始まり廬州、寧国、和州などの長官を歴任し、浙江杭嘉湖兵備道按察使（正三品）をもって引退する。また、光緒二四年（一八九八）に『皇朝経世文続編』（全一二〇巻）という経世済民のための類書も編纂している。類書とは、テーマ別に項目を立て、文章を集めた一種の百科全書である。もとは賀長齢・魏源らが道光六年（一八二六）に『皇朝経世文編』を編纂しており、盛康のはそれを襲ったものである。

五峰仙館の北側に回ってみたい。こちら側にも対聯があるが、それは第一章で取り上げた陸潤庠《りくじゅんしょう》の手になるものである。

読書取正、読易取変、読騒取幽、読荘取達、読漢文取堅、最有味巻中歳月。与菊同野、与梅同疏、与

蓮同潔、与蘭同芳、与海棠同韻、定自称花里神仙

【『書経』を読んで正しさを知り、『易経』を読んで変易《へんえき》を知り、『楚辞』の「離騒」を読んで憂愁を知り、『荘子』を読んで生の達観を知り、『漢書』を読んで堅固を知る、読書しているときが最も味わい深い。菊と荒涼をともにし、梅と高遠をともにし、蓮と清廉さをともにし、蘭と高雅な香をともにし、海棠と神韻をともにす、花中の神仙だと自称する。】

読書と賞花という文人の人生における二つの楽しみを対置し、ここが趣味の空間であることを語っている。

§ **大理石座屏**

32大理石座屏

留園には三つの宝があるといわれる。まず一つは「冠雲峰」、もう一つは冠雲楼内にある「魚化石」、最後の一つがこの五峰仙館北部の西端に置かれている「大理石座屏」である。32 直径一・四メートルの円盤型の大理石が台座に縦に据えられている。表面には滲んだようなジグザグを描く濃淡さまざまな模様があり、一番上には白い円が浮かぶ。これをいにしえの中国人は「天然の山水画」と見なし珍重した。

そもそも、山や川など大自然の主要素を抽象化したものが山水画であった。それがここでは、天然自然の石の中に自然の抽象たる山水画を見出している。まず自然を抽象したものとして山水画があり、今

度は自然の中へ抽象を挿入するという複雑な操作がここで行なわれているのである。この人工と自然との無限の往還運動により、人間が自然を模倣しているのか、自然が人間を模倣しているのかわからなくなる。合わせ鏡に映る姿のように、自然と人工の境界が無限に重なり合い、浸食し合い、お互いをお互いの中に繰り込んでいく。

石の右上に文字が刻まれている。33「この石は滇南《てんなん》（雲南）の蒼山の産であり、天然の水墨画である。康節先生（邵雍《しょうよう》〔一〇一一―一〇七七〕の号。北宋の儒学者）の詩にいう、『雨後、静かに山を見ていると趣きがある、風前に月を見ていると心がはっきりとしてくる』と。この石はさながらこの詩の意を得ているかのようである。平梁居士。」この文句を読んで、改めて石を見ると、確かに雨にけぶる山上に月が浮かんでいるように見える。

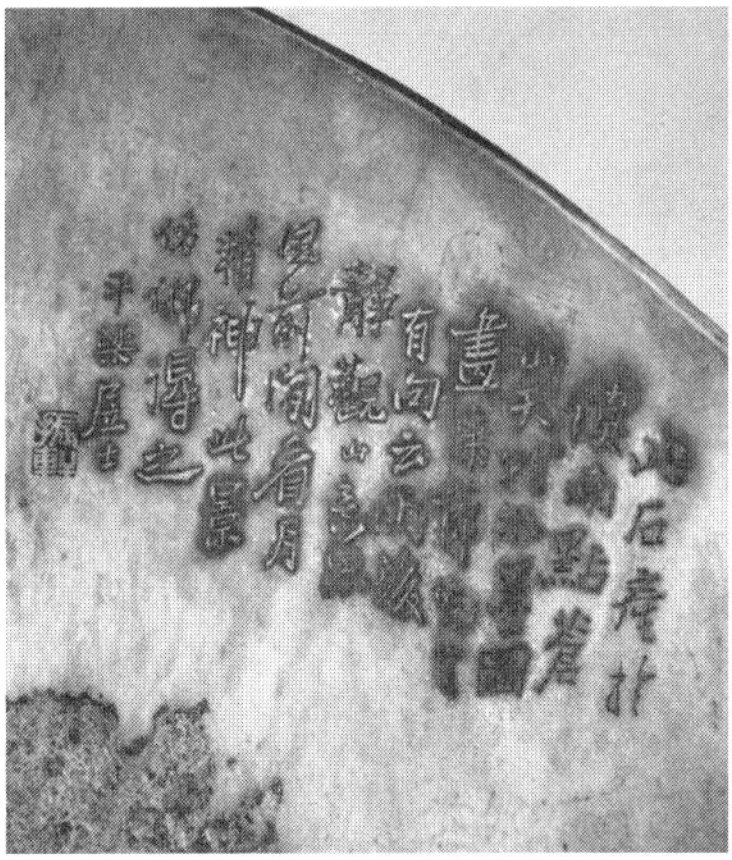

33大理石座屏に刻まれた文字

§ 汲古得修綆

「大理石座屏」の置かれている五峰仙館の北西の角に小さな建物が接続している。「汲古得修綆《きゅうことくしゅうこう》」である。34 その名は韓愈「秋懐」の「帰愚識夷塗、汲古得修綆（愚かさにおちついてそこに平穏な道をさとり、むかしのことを汲むにふさわしく長いつるべも手に入れた。〔清水茂注『中国詩人選集　第一一巻　韓愈』、岩波書店、一九五八年〕）」にもとづく。これはさらに『荀子』栄辱篇の「短綆にては以て深井の泉を汲むべからず」を踏まえている。深い井戸の中

34汲古得修綆

から水を汲むためには短いつるべ縄では足りない。学問も同様で、その道を極めようと思うなら徹底した努力が必要だという意味である。書斎なので、このような名前が付けられたのであろう。対聯には「汲古得修綆、開琴弄清弦」と書かれている。後半部分は、「琴のケースを開いて清らかな弦をつまびく」とある。琴は現代日本では女性が弾くイメージが一般的であろうが、中国では琴は文人のたしなみの一つとされており、よく詩にも詠われる。また絵画に書斎が描かれている場合、主人が琴を弾いている様子が描かれることも多い。

§ 獼猴峰、仙掌峰

五峰仙館の北側は地面がやや小高くなっていて、東西に通路が走っている。あちらこちらに石や草木が配置されていて、その中に劉氏一二峰の一つ「獼猴峰《びこうほう》」がある。シロマツの横に立つこの石は二メートル弱で、形が老いた猿に似ていることからこの名がある。さらに劉氏一二峰の一つ「仙掌峰」もここにある。一・六メートルほどの高さで、文字通り手のひらのような形をしている。

§ 還読我書斎

通路をそのまま東に進むと四角い閉じた空間に出会う。「還読我書斎」である（現在は閉鎖されていて入れない）。西側に東向きの二階建てで硬山式の屋根を持つ建物があり、その前は小さな庭になっている。劉恕のときは「還読館」と呼ばれていた。この名前は陶淵明「読山海経」中の「既耕亦已植、時還読我書（既に耕し亦た已に植え、時に還りて我が書を読む）」に拠る。晴耕雨読に満足する境涯を記したものである。長方形の建物と庭は、さらに北、東、南の三方を廊下に囲まれており、そこには「宋賢五六種法帖」が嵌め込まれている。

§宋賢五六種法帖

中部の爬山楼にもあったが、留園内にはあちこちに文人の書が石に刻まれて嵌め込まれている。「書状石」と呼ぶが、二代目園主劉恕は無類の書好きで、入手したものを次々に石に刻んで、園内に飾った。現在、留園内にある書状石は三七三個あり、そのうち三五九個が壁に嵌め込まれている。「宋賢五六種法帖」は、宋代の文人である、蘇軾、黄庭堅、米芾、蔡襄《さいじょう》の書法四大家のほか、司馬光、王安石、秦観、陸游らの書法も集めている。

§累黍峰

還読我書斎の西側には劉氏一二峰の一つ「累黍峰《るいしょほう》」がある。高さは約三メートル、石の表面には黄色い粒が無数に付いており、「累《かさ》なる黍《きび》」から石の名が付いた。書斎内の窓を通して見ると、横に植えてある竹とよく調和が取れており、まさしく一幅の絵のようである。

§石林小院

さて、還読我書斎の南側、五峰仙館の東側の空間は「石林小院」という名の付いた、きわめて複雑な空間と

35石林小院

なっている。35 高い壁に囲まれ、通路が幾重にも重なり、短い間隔で曲がりくねっているので、人によっては迷路に迷い込んだかのように感じるだろう。歩いているうちに東西南北の方向感覚を失ってしまう人もいることであろう。しかし細かくいくつもの空間に区切られたこの場所もゆっくり見ていくとなかなかに味わい深い。少しずつ見ていくことにしよう。

まずは全体の概要だが、総面積は六〇～七〇平方メートルほどで（文献によって差がある）、それが大小六つの空間に分けられている。中心となるのは「揖峰軒《ゆうほうけん》」という建物で、その南側は屋根のない開けたやや広い空間になっていて複数の太湖石が置かれており、その周囲を回廊がめぐっている。四方を屋根に囲まれ、中心が開いている空間を中国では「天井」というが、ここがまさしくそれである。天井の北西の隅だけ屋根が少し四角く突き出ていて亭のようになっており「静中観」と名付けられている。静中観から廊下を隔てた西側に、南北に長い壁に囲まれた区間がある。また天井から廊下を隔てて南側に七平方メートルほどの壁に囲まれた小部屋があり、「石林小屋」という。石林小屋の南側とその西隣に平行して南北に細長い空間が並んでいる。平面図で見ると、真ん中の天井を大小さまざまな建築が取り囲んでいる配置になっている。

§ 揖峰軒

「揖峰軒」から見ていきたい。36「揖峰」の名は、南宋の朱熹「遊百丈山記」の「前揖盧山、一峰独秀（進んで盧山に拱手《きょうしゅ》の礼をする、一つの峰が抜きんでて秀麗である）」にもとづく。東西に横長の長方形（横九メートル、縦四メートルほど）で、硬山型の屋根を持つ空間である。南側は廊下に面しており、ここから出入りする。北側は漏窓の嵌まった壁で、その向こう側には植物を植えるスペースが設けられている。東側は壁があるだけ、西側には漏窓があって、その向こうには三メートル四方ほどの方形のスペースがあり、太湖石が立っている。この石は「揖峰」と同じく「遊百丈山記」から取って、「独秀」と名付けられている。対聯は清の鄭燮《ていしょう》の撰書で「蝶欲試花猶護粉、鶯初学囀尚羞簧（蝶々が花を試そうとするときは花粉を守ろうとするかのようで、鶯は歌を学びはじめの頃は笙の笛の音に恥ずかしがる）」とある。晩唐の詩人皮日休（八三〇?―八八三）の詩「聞魯望遊顔家林園病中有寄」から取ったもので、その内容は自分の才能を大事にする意とも慎み深いことの意ともいわれる。

劉恕の「石林小院説」によれば、嘉慶一二年（一八〇七）の冬に「晩

36揖峰軒

37晩翠峰とその周囲

38石林小屋

翠峰」を手に入れた彼は、この石を鑑賞するための書斎をまず建てた。これが今の揖峰軒に相当すると思われる。その後、独秀峰、段錦峰などの石を次々に入手してこの場所に置いていくと、峰のようになったので、「石林」と名付けたという。

§ 晩翠峰

中央部の天井エリアを見てみたい。基礎部分はきれいに舗地が敷かれ、真ん中に大きな太湖石が立てられているが、これが「晩翠峰」である。劉恕は晩翠峰についても「晩翠峰記」という一文を著している。この石はもとは明代の翁氏の所有だったという。皺、痩、透の妙はないが、その姿は「腰が折れ、肩が垂れ、頂は豊かで面は美しく、旋回しながら俯仰するが如し」と形容されている。また肌合いは青くて潤いがあり、霜の降る月夜に窓を開けて眺めていると、つい白居易の「太湖石」の一節の「烟翠三秋色」を口ずさんでしまうのだという。37 この晩翠峰を中心に、周囲を低い石が取り囲んでおり、要所要所には羅漢松や紫陽花などが植えられている。

§ 石林小屋、洞天一碧

その南側の「石林小屋」は別名を「洞天一碧」ともいい、中には四角いテーブルと椅子が置かれていて休憩できるようになっている。38 北宋の米芾が所蔵していた石の名に由来しており、「洞窟の中にある緑なす地」の意味である。部屋の北側は壁や扉はなく、ほかの三方の壁はそれぞれ窓が開いている。東西には六角形の窓があり、西側には大きな芭蕉の葉が顔をのぞかせており、東側には石と植物の組み合わさった空間が見える。南側には八角形の大きな窓があり、太湖石と藤の花が目に入る。窓の両側には対聯があり、「曲径毎過三益友、小庭長対四時花（こみちを曲がるたびに三益友に逢う、小さな庭でゆっくりと四季の花に向かう）」とある。「三益友」とは、『論語』に出てくる言葉で、「正直な人、信頼できる人、博識な人」を指す。また蘇軾はそれをもじって「寒梅、痩竹、醜石」を「三益友」と呼んでいる（「文与可画賛」）。ここで出会う「三益友」とはなんだろうか。『蘇州園林匾額楹聯鑑賞』の曹林娣氏によれば、太湖石、芭蕉、竹を指すとのことである。

　石林小屋のすぐ南に隣接する細長い空間には大きな太湖石が立っている。石林小屋からちょうどよい場所に見えるよう設置されている。その西側の空間は大きな葉を付けた芭蕉の木が東側の壁沿いに植えられている。

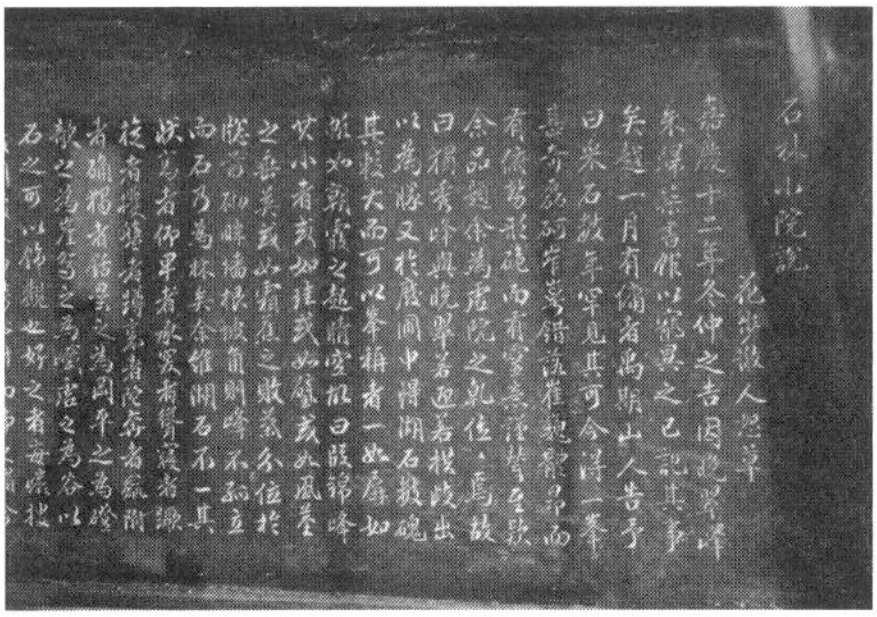

39「石林小院説」の石刻

§石林小院説

　二代目園主劉恕がこの石林小院を造ったのであるが、彼はこの場所に対して並々ならぬ情熱を傾けていた。そのことはつい先ほど取り上げた「石林小院説」によく表れている。39 一つひとつの石について来歴を記し、形を描写し、どこに配置したかなど、詳細に著している。末尾には「世には石を好む奇章、賛皇、海岳、坡仙、雲林などという人たちがいるが、私はこれ（石林小院）によって彼らを凌駕しているのだ」とまで語っており、一読するだけで、彼がこの場所に込めた思いが強く伝わっている。また先述した友人の王学浩に「石林小院図」の制作を依頼している。ちなみに王学浩の山水画にはその隅に「花歩の寒碧山荘において（描く）」と記したものがいくつかあり、自分の絵画制作時にも寒碧山荘に出入りしていたことがわかる。彼は園内の太湖石や池や植物を見ながら、その中に凝縮された大自然を想像していたのであろうか。

§ 干霄峰

石林小院の東南の隅、天井部から廊下を隔てたところに、石と植物の植えられた小さな空間がある。ここに立つひょろっとした槍のように細長い斧劈石《ふへきせき》は、劉氏一二峰の一つ「干霄峰《かんしょうほう》」である。「干霄」とは、「高く伸びて雲にまで届く」の意で、この石の姿にぴったり合っている。

劉恕の時代からすでに数百年が経っている現在、「石林小院説」で語られた場所に該当する石がないこともある。長い時間の間に何度も石の移動が行なわれたようで、『留園』を執筆した蘇州市園林局局長である徐文濤氏も、実際の石と記述の中の石とが一致するかどうかは推測の域を出ないと語っている。この干霄峰もたびたびその位置を変えたようである。陳従周氏が一九七五年に留園西部の土山の中から発見した碑文には、干霄峰の来歴が記されていたという。

また「石林小院説」に挙げられている「払雲」や「蒼鱗」などの石は、現在の石林小院内には見当たらないが、汲古得綆処の前庭に置かれている石がそれではないかといわれている。

§ 中国庭園に仕掛けられた視線操作

ここで中国庭園に仕掛けられた視線操作について今一度確認してみよう。壁で視界を限定しつつ、壁に設けた窓を通して隣の空間をちらりとのぞかせて次の空間への期待を高めさせるなどの視覚効果である窓が額縁の役目を果たすことはすでに述べたが、石林小院ではこの仕掛けをより複雑化させている。揖峰軒にそれは顕著で、北側に置かれた三つの窓は、その向こう側の石や植物とはっきり対応しているし、西側の窓については前述の通りである。南側を室内から望めば、縦長の扉の間から背の高い晩翠峰が視界に入ってくる。

先ほど真ん中の屋根のない晩翠峰の置かれている空間は四角形だと書いたが、東南の角は直角ではなく、直角部分よりやや内側のところで斜めに切り取られている。これも視界を単純な構図に収めることを回避するのに役立っている。改めて対角線上にある北西の静中観を見てみると、ここから揖峰軒までは通路が二度直角に曲がっているが、その両端を結ぶと、東南側の斜めの線とほぼ平行している。つまり上から見ると、この天井はやや右に傾いた六角形をしているということになる。左右対称の整然とした空間のように見えて、実は巧みに定形からずらすことによって、視線・視覚を多様化させているのである。

40窓の向こうにまた窓が

さらに石林小屋とその南側にある二つの小さな四角い空間は、その効果が極限にまで現れている特異な「場」である。40 石林小屋の東西に窓があることはすでに記したが、西側の芭蕉のある空間の西側にも別の窓があり、三つの窓が東西に並行して配置されている。五峰仙館からここに入った者は窓の向こうに窓を見て、そのまた向こうに窓を見て、その窓を通してさらなる向こう側の世界に視線を誘導される。一方、そこから視点を北に斜めに少しずらすと、北側の入り口や石林小屋の西側の窓を通して晩翠峰のある空間が視界に入り、さらにその向こうにある揖峰軒までが見える。二重、三重、ときには四重に重

41東山糸竹

42林泉書碩之館

なった空間を一挙に一つの視界の中に収めることさえある。

さらに付け加えるならば、視線というものは、意識の上では直線的に進むものとは限らない。カメラ的目線では直線的にしか進めない視線は、ひとたび心の中の風景に場所を移すと、見えない場所にさえくるりと曲がることができる。視線はいくらでも曲げられるし、いくらでも複数化できる。今はこの壁に阻まれているが、さっき見た石はまだそこにある。その記憶が今の自分の視界と重なる。さらに視点を二〇メートル上方に上げてみると、そこにいる自分を見下ろすこともできる。今、見えているものがすべてではない。この場に立ち、歩き、眺める人も、空間とともに、景色を見ている自分、景色の中にいる自分を見つめる自分、見られている自分とが多重化、多元化していく。空間と己れとが、極大と極小、拡大と縮小、隔絶と通底、狭窄と開放などの関係の狭間で反復され折り重なっていき、めまいに似た体験をすることができるだろう。

§ 林泉耆碩之館

石林小院を出て東に進んでみよう。五峰仙館と同じくらいの規模の建物が現れる。「林《りん》泉《せん》耆《き》碩《せき》之《し》館《かん》」である。「林泉」は山水、「耆碩」は徳の高い老人の意味。東西を軸に、幅は二二メートル、奥行きは一三・七メートル、歇山型の堂々たる屋根を構え、それを支える透かし彫りの施された壁面は赤茶色の建材で統一されている。建物の南側は前庭で、白壁に囲まれている。現在、壁の南側は草木が植えてある広場「東園一角」となっているが、三代目園主盛康の時代には戯台、すなわち芸能を行なう舞台が建っていた。そこへ通じる門には「東山糸竹」の扁額が掛けられているが、「東山」とは六朝時代の謝安が隠居していた山を指し、「糸竹」は楽器、つまり音楽を意味する。41 拙政園の一キロほど南に崑曲博物館があり、そこに東山糸竹の模型が置かれている。相当に大きな建物で、舞台は屋内に構えられている。まるで敷地内にオペラハウスを建てたかのような豪壮さに、盛家のかつての勢いを見せつけられた。

林泉耆碩之館は、拙政園の「卅六鴛鴦館」と同じく、鴛鴦庁の造りとなっていて真ん中で南北に仕切られている。南北どちらからでも入ることができるが、とりあえず南側から入っていこう。大きな扁額が掛かっている。42「奇石寿太古（奇岩は太古から生きている）」とあ

43林泉耆碩之館の北側

り、もともとは拙政園の章でも登場した張之万の書であった。その下の黒光りする銀杏の木でできた屏風には、緑色の塗料を用いて巨大な冠雲峰が描かれているが、これは陸廉夫、金心蘭ら晩清の書画家数人による合作である。これが屏風の向こう側にそびえる冠雲峰を想像させ、さらに絵と想像とが重なり合う。屏風の前には紅木（紫檀属の樹木）で造られた榻牀《とうしょう》（長椅子）が置かれ、ここがゆったりとリラックスするための場所であることを示している。在りし日、盛康はここに腰掛けて崑劇に耳を傾けたのだろうか。[43]

屏風の両脇には直径が二メートルほどもある大きな円形の洞門《どうもん》地罩《ちとう》があり、北側へと客を導いている。紅木で造られたこの洞門の周りには精巧な透かし彫りが施されている。また東西の壁には八角形の簡素な模様の漏窓が設けられている。洞門をくぐって北側に移ろう。そろそろ留園鑑賞のクライマックスに近づいてきた。東西の壁の窓は繊細な細工を持った方形の漏窓になっていて、簡素な模様だった南側と明確な対比をなしている。先の屏風の裏側には青い文字で兪樾による「冠雲峰賛」が記されている。書は恵栄（光緒三年の進士）のもの。「賛」には、盛康が冠雲峰を手に入れた経緯とその姿のすばらしさが縷々綴られている。

屏風の前には棚が置かれ、盆景や花瓶、大理石屏などが並べられている。上に掲げられた「林泉耆碩之館」の扁額は近代の書家汪東（一八九〇―一九六三）の書。屏風の両端の柱には対聯「勝地長留、即今歴劫重新、共話綢雲来父老。奇峰特立、依旧干霄直上、旁羅拳石似児孫」があり、これは朱霆清《しゅていせい》（生卒年不詳）の書。冠雲峰の傍らにある瑞雲峰、岫雲峰《しゅううんほう》と合わせた「留園三峰」と、その周囲に配置されている小さな石を詠っている。大意は「この勝地に長くとどまり、災禍を乗り越えてまた新たな姿を見せる。長老達がつどいともに石について語り合う。奇岩はすっくと立ち、昔と変わらず空に背を伸ばしている。傍らには小さな石たちが子供たちのように並んでいる。」

§冠雲峰

林泉耆碩之館の北庁を出て、いよいよ冠雲峰に会いに行こう。44 林泉耆碩之館の前にはやや広いスペースが取られていて、その向こうに冠雲峰がそびえ立っている。ここには四方を建物に囲まれた広々とした平坦な空間がある。広大な「天井」である。その中心に、発射を待つロケットのように屹立しているのが、留園三大至宝の一つ、いや蘇州庭園最高の至宝である冠雲峰である。体躯はスマートで、足下から見ていくと、下から三分の一くらいの所で一度右側に少し出っ張りがあり、すぐ上で今度は左に三角形の出っ張りがあり、その後は真っ直ぐに上に伸びていく。頭の部分に大きな嵌孔が空いていて、アクセントとなっている。高さは台座を含めると六・五メートル、中国にあるすべての太湖石の中で最も背が高い。まずは正面からの見た目、つまり南側から見た表情から記していく。この文章を読んできた人は、「南側から見る」だけなんておかしくないか、と思われることであろう。しかし現地に足を踏み入れてもらえば、ここに配置されているすべてのものが「南側から見る」ことに全精力を傾けていることを実感していただけるだろう。石の表面の凹凸はあまり激しくない。頭頂部分と右側面には細かな皺が斜め

44冠雲峰と周囲の建物

に刻まれている。左半面は大小さまざまな穴が空いていて、くぼんでいる箇所も右側より多い。トーンは白色を主とし、頭部はやや黒みがかっている。

冠雲峰は、上海豫園の「玉玲瓏《ぎょくれいろう》」、杭州西湖の「縐雲峰《すううんほう》」、蘇州第十中学の「瑞雲峰《ずいうんほう》」と合わせて「江南の四大名石」といわれている。太湖石の玉玲瓏や瑞雲峰はややずんぐりとしていて、穴は大きく、表面の凹凸も多い。また英石（広東省の英徳山で採れる石）である縐雲峰はスマートではあるが、全体的にややS字を描いていて、また表面の皺も粗く、どちらかというとギザギザした印象を与える。

冠雲峰は、一代目園主徐泰時の東園の時代からここに置かれていた。当時は「観音峰」と呼ばれていた。明代には許司成の所有物だった。さらにさかのぼれば、現在蘇州第十中学内にある瑞雲峰とともに、「花石綱」の遺物だといわれている。花石綱とは、北宋末の皇帝徽宗が都開封の北東部に艮岳《こんがく》という名の庭園を造る際に、中国各地の草木や石を運ばせた一大事業である。崇寧四年（一一〇五）には蘇州と杭州に、そのための役所である応奉局が特設されて、任を受けた朱勔《しゅべん》は太湖の洞庭西山で石を採集したが、北宋が滅亡の危機に瀕した靖康の乱が起きたため、それらは中途で打ち捨てられてしまう。初代園主の徐家が衰えて園が荒廃すると、石は近辺に住みついた人々が建てた家屋に囲まれてしまう。二代目園主の劉恕はそれらの民家を壊して石を運ぶこともできず、自分の敷地から眺めるしかなかったという。その後盛康が三代目園主となった頃には、太平天国の乱をはじめとする動乱により、住民らは避難して家もなくなっており、一八八八年にやっと冠雲峰とその周囲の土地を購入し留園の敷地としたのである。

§ 浣雲沼、冠雲楼

冠雲峰は石の小高い台に据え付けられている。周りには大きさや形もさまざまな石が配置され、松などが植えられている。手前は池になっていて「浣雲沼」という名が付いている。「浣」とは「洗う、すすぐ」という意味で、ここは冠雲峰を洗うための池なのである。周囲の建物だが、順に見ていくと、まず北側には冠雲峰の背後の冠雲楼が大きく視界に入ってくる。二階建ての歇山型で、幅は二二メートル。窓や扉には飾りなど特に施されておらず、非常にシンプルな造りとなっている。建物が横に長いので、屋根の稜線や一階と二階部分とを分かつ部分が水平方向のラインを強調する役目を果たし、それが垂直に立つ冠雲峰をより際立たせる効果をもたらしている。

§ 瑞雲峰、岫雲峰

盛康は冠雲峰を入手した後に周囲の建物を造っていったのであるが、この冠雲峰を取り巻く空間は、

45瑞雲峰

46岫雲峰

すべてがこの名峰に奉仕するために形成されている。冠雲峰の両脇に置かれている留園三峰の残りの二つ「瑞雲峰《ずいうんほう》」45と「岫雲峰《しゅううんほう》」46は、それぞれ単体でも十二分に立派な石であるが、ここに置かれてしまうと冠雲峰の単なる引き立て役を演ずるしかない。いや、この二峰が立派であればあるほど、冠雲峰の唯一性がより高まるともいえる。盛康とその息子の盛宣懐は、この三峰を非常に気に入っており、盛宣懐などは三人の孫娘の幼名にこの三つの石の名を付けたほどであった。それにちなんでこれらの石は「姐妹三峰」とも呼ばれている。

冠雲峰に向かって右手にあるのが「瑞雲峰」である。この石は先ほどから何度かその名が出てきている蘇州第十中学内にある瑞雲峰とは、名前は同じであるが、別物である。

後者の瑞雲峰もかつては留園内にあったのだが、この石が花石綱の遺物であることは先に書いた。明末の文人である徐樹丕《じょじゅひ》が書いた「瑞雲峰」にこの石の運命が記されている。川の中に打ち捨てられた瑞雲峰を許司成が水中から引き上げ、その後、湖州出身の官僚である董份（一五一〇―一五九五）の手に渡る。そして董份の娘婿であった徐泰時がそれを譲り受けることになったのである。

その後、庭園が荒廃すると、この石は管理する者のいなくなった東園から朝廷の管轄する織造署内に移動される。織造署とは、蘇州で作られた布製品を都に運ぶ役所であり、また江南好きで、この地を何度も訪れている康熙帝と乾隆帝が巡幸の際に滞在する場所でもあった。瑞雲峰はそこで皇帝の鑑賞に供された。その後、織造署の跡地が蘇州第十中学になってからも、瑞雲峰はそのままそこに残っているわけである。この学校は蘇州名園の一つ、網師園のやや西側にあり、筆者は以前何の連絡もせずに訪ねてみたことがある。そのときは正門のところに警備員がいて、石を見学したい旨伝えたのであるが、今日は日曜で案内する者もいないので校内に入れられないと断られてしまった。
さて、留園の瑞雲峰に話を戻したい。「瑞雲」は「瑞祥として現れた雲」の意味である。やや丸いシルエットで、真ん中には大きな穴が空いており、全体的にやや縦長のドーナツといった感じである。高さは四・五メートル、幅は一・八メートル。シンプルな形状ながら均整が取れていて、これはこれで見応えがある。

47待雲庵

他方、冠雲峰の左手の「岫雲峰」は全体にずんぐりしていて凹凸が多い。高さは五・五メートル、幅は一・九メートル。左右非対称で、右側下部から上に向かって深い溝がある。また上部ほど穴が増えていき、石の存在感が希薄になっていく。「岫雲」とは「山のくぼみからわき出る雲」という意味である。中国では古来、雲は山から発生すると考えられていた。この石の前にたたずみ、その名の意を知る人は、深い山の奥から立ち上る気烟を想起したことであろう。

§待雲庵

さて、今一度林泉耆碩之館の前に戻り、東側からぐるっと時計と反対回りに一周していこう。浣雲沼の東側にある建物は「待雲庵《たいうんあん》」で、林泉耆碩之館とは屋根付きの廊下によって繋がれている。47 歇山型の屋根を持った東西にやや長い建物である。現在は休憩所となっているが、かつては盛氏の庵《いおり》であった。盛康は別号を「待雲」といい、そこから名付けられている。隠居後の彼は留園にとどまり余生を過ごしたが、禅に深く心を寄せており、「庵」を結んだのもそのためである。庵の西側の白壁には「白雲怡意」、「清泉洗心」の扁額が掛かっている。「怡意」は「我が意にぴったり合う」の意。唐の役人であり書家でもあった李邕《りよう》（六七八―七四七）の「葉有道碑」から取ったものである。

待雲庵の南側には、庵と同じ幅でまっすぐ南に向かう通路がある。中央部は花模様の舗地で、両側には植物が植えられている。突き当たりには洞門があり、「亦不二亭」の扁額が掛かっている。『維摩経』の一節「不二法門（生と死などの相反するものは、もとは一つのものである）」から取っている。それをくぐると、林泉耆碩之館の南側の「東園一角」と繋がる。ちなみにこの東園一角の中には、劉氏一二峰の一つ「払袖峰《ふっしゅうほう》」が立っている。

48冠雲亭

§ 冠雲亭

待雲庵の北にある瑞雲峰を右手に見ながら左にカーブしていくと、目の前に現れるのが「冠雲亭」である。48 六角形で尖頂型の屋根を持ち、先端は天に向かって高く反り上がっている。大小の太湖石に囲まれていて、亭内にたたずめば、さながら山中にいるかのごとくである。

かつてここには「飛来乍訝従霊鷲、下拝何妨学米顛」と書かれた対聯があった。前半は杭州は西湖西方の飛来峰にまつわる言葉から取っている。あるインドの僧が杭州を訪れてこの石峰を見たとき、大いに驚いて思わず「天竺の霊鷲山からどうやってここに飛んできたのか」といったという。聯の後半の「石への拝礼は米顚《べいてん》に学べばよい」に見える米顚とは、これまで何度か名が挙がっている米芾のことである。

米芾が石のコレクターであったことは先述したが、彼が奇石に対し拝礼したという有名なエピソードがある。その石を「石丈（石のおじさま）」と呼び、衣冠を付けてこれに拝したともいわれる。彼は奇矯な振る舞いが多かったため、「米顚」、「米痴」、「狂生」とも呼ばれた（塘耕次『米芾―宋代マルチタレントの実像』、大修館書店、一九九九年を参照）。

§篛帽峰

冠雲亭と冠雲峰の中間くらいに太湖石が立っている、劉氏一二峰の一つ「篛帽峰《じゃくぼうほう》」である。49 高さは一・六メートル、老人が笠をかぶっているような姿からその名が付けられている。

49篛帽峰

§魚化石

冠雲亭から冠雲楼に向かって進んで行く。50 紅木の長窓が並び、中に入ることができる。建物内は、現在、茶店になっている。北側壁面の中央には留園三大至宝最後の一つ「魚化石」が嵌まっている。51 これは小さな魚がたくさん封じ込められた板状の化石である。長方形で横一・六メートル、縦一・三メートル。化石は長寿を象徴する吉祥の物とされる。魚化石の上には「仙苑停雲」の扁額が、両側には「鶴髪初生千万寿、庭松応長子孫枝」の対聯が掛かっている。書画家である陳鴻寿（一七六八―一八二二）の手になる書で、蘇軾の詩から取っており、前半は長寿を祝い、後半は子孫繁栄を願っている。

振り向くと、長窓の間から冠雲峰の後ろ姿が見える。冠雲楼側から見る冠雲峰はデコボコが少なく、表面はなめらかである。上に行くに従ってやや前傾している。先ほど東園の時期に「観音峰」と呼ばれていたと書いたが、この石を北西側から見ると観音様の後ろ姿に似ているからである。52

§冠雲台

冠雲楼を出て、冠雲峰の後ろを右に回り込みながら進むと、浣雲沼の西側にある「冠雲台」という亭に到着する。53 歇山式の屋根で全体の形は正方形、東側はやや水辺に突き出している。背にしている西側以外は壁がなく柱だけである。亭内の扁額には「安知我不知魚之楽（安んぞ我 魚の楽しみを知らん

50冠雲楼

51魚化石

53冠雲台

52冠雲峰の後ろ姿

55佳晴喜雨快雪之亭

54冠雲台の扁額

56石のテーブルと椅子

や）」とあるが、『荘子』秋水篇に見える荘子と恵子との問答から取られている。二人が濠水の橋の上にいたときのこと。荘子「魚が従容と泳いでいる、これは魚の楽しみだね」。恵子「君は魚ではないのに、どうして魚の楽しみがわかるのか」。荘子「君は私ではないのに、どうして私が魚の楽しみを知らないとわかるのかね」。恵子「私は君ではない。だから君のことはわからない。君は魚ではない。だから君には魚の楽しみがわからない」。荘子「話をはじめのところまで戻してみよう。君が『君は魚でもないのに、どうして魚の楽しみがわかるのか』といったのは、すでに私がそのことを知っているのを知っていたからこそ質問できたのだ」。ユーモラスなやり取りの中に高度な哲学性を含み持つ、『荘子』の中でも有名な箇所である。前の浣雲沼を濠水に見立てて、この言葉を扁額に選んだのであろう。[54]

§ 佳晴喜雨快雪之亭

冠雲峰を中心としたこの空間の紹介は以上である。冠雲台の西壁には洞門があって、ここをくぐって隣の空間に抜けることができる。すると、そこはまた別の亭の中である。「佳晴喜雨快雪之亭」という。[55]王羲之の書から字を集めた亭の名を冠した扁額が上に掛かっている。「佳晴」は范成大の詩「佳晴有新課」から、「喜雨」は『春秋穀梁伝』僖公三年の「六月雨。雨雲とは、喜雨なり。喜雨とは、民を志す有る者なり」から取っている。また蘇軾にも「喜雨亭記」という一文がある。「快雪」は王羲之「快雪時晴帖」中の「快雪時晴、佳想安善」にもとづく。

ここはもともと「亦吾廬」という建物があったところであったが、壊れてしまったため、一九五三年に留園修復の際に再建し、さらに以前は五峰仙館の北側にあった亭の名を付け直したものである。この亭のある空間は、にぎやかな冠雲峰エリアとはうって変わって、大変静かである。南側には中部エリアとの区切りとなる壁がずっと先まで続いており、木々と屋根の付いた廊下が走っている以外は、茫漠とした空間が広がっている。西に歩いて行くと、途中の壁に石の丸いテーブルが半分突き出している。その両側には真ん中が少しふくらんだ円柱の石の椅子がちょこんと置いてある。これは明代からの遺物で、その素朴なデザインが往時の簡素だった頃の中国庭園を想起させる。56

留園の「北部」

しばらく歩くと前方に立ちはだかる白壁が見えてくる。洞門が一つあり、上に「又一村《ゆういっそん》」と扁額がある。57 陸游の詩「遊山西村」の「山重水複疑無路、柳暗花明又一村」に拠る。洞門をくぐるとまた別の世界が広がっている。ここからが「北部」である。北部は廊下と建物が一つある以外はすべて盆景に埋め尽くされている。大きいもの、小さいもの、木だけのもの、石だけのもの、木と石が組み合わされたもの、背の高いものと低いもの、スマートなものとずんぐりしたもの、またそれらの盆景を載せている器や台も趣向が凝らされていて見飽きない。58

盛氏が園主であった時期、ここは農園であった。相当広いので、果物や野菜がたくさん採れたことであろう。また鶏や鴨、羊などの家畜も飼われており、農村の田園風景が丸々再現されていたわけである。

この第三期の園主、盛康の代に至って留園はまた新た

57又一村

な役割を追加する。「義荘」として使用されたのである。義荘とは、一族の維持に必要な経済基盤を確保するための土地と組織のことであり、先に紹介した宋代の名臣范仲淹が最初に設けたといわれている。義田で耕作をし、そこから上がった利益によって一族の貧しい者や老人などを援助することがその主な機能である（遠藤隆俊「宋代蘇州の范氏義荘について ―同族的土地所有の一側面―」、『宋代の知識人 ―思想・制度・地域社会―』、汲古書院、一九九三年参照）。宋代以降、宗族の広がりとともに義荘は次々と作られ、明から清にかけてその数は激増した。

58盆景

盛康の著した「留園義荘記」（朱坤泉編『明清以来蘇州社会史碑刻集』、蘇州大学出版社、一九九八年）によれば、園の扁額は当時「龍渓盛氏義荘」となっていたという。文章は一族内の貧窮の者を救済することを主眼としたもので、歳入の配分を指示している。

さらに次の園主である盛宣懐の代にもこの義荘は引き継ぎ運営されている。光緒三年（一九〇七）の「盛氏為留園義荘奏咨立案碑」（同右）には義荘を含めた留園の規模について、「祠堂、家善堂、義荘、園林、統べて二八畝六分、房屋八〇楹《えい》あまり、池榭樹石から義荘に及ぶまで、合計の値は銀一万九〇〇〇両あまり」であったと記されている。収入源となる義田は一九〇六畝、祭田は一一八畝あった。蘇州近くの長洲県と元和県には官則田が二〇二五畝あり、合計して銀二万五〇〇〇両と記されている。

清末になると、留園は我々の考える庭園の枠を徐々にはみ出していくことになる。義荘としての機能以外にもさまざまな催しに使われるようになるのである。一八七二年から一九四九年まで中国で刊行された新聞『申報』には留園がたびたび登場するが、その使われ方は現代の集会場や共同催事場さながらである。たとえば、蘇州物産展の会場となったという記事がある。

今月の一日を蘇州物産展開幕の期日とする。各種の物産品は等しく留園の東部に陳列した。戯台には農産物を陳列し、四面庁の前側には教育美術品を陳列し、後ろ側には工芸品を陳列し、四面庁の向かい側にある小廊には土産製品を陳列した。

（『申報』一九〇九年八月一八日）

また、あるときには江蘇省議会が開催された。

江蘇省議会は、以前、(一九一二年三月)二七日の〝閶門兵変〟以後、議員が避難して散りぢりになっていた。そこでこの四月五日に張議長が召集を通知し、留園にて開会された。

(『申報』一九一三年三月四日)

他方、一般の人に開放する日もあったようである。かつて宋代にも、春に庶民を庭園に「入れてあげる」期間があったようだが、西洋の「近代」が日本に浸透し、さらに中国に迫りつつあるこの時代においては、大いに意味合いが違っていることであろう。

蘇州閶門の盛氏の留園は、この月の初めにオープンしてから、訪問者はひきもきらない。清明節の日などは、さながら蜂や蟻が群がっているようである。着飾った女性はその半分ほどもいようか。この日の園内は、(仏典の故事にある)衆香国にて天女が花を散らした様子にさえ勝っていた。

(『申報』一八七七年四月一二日)

またこの『申報』には、留園の中で虎を飼っていたという記事も見える。

蘇州閶門花歩街の留園の主人は、最近毗陵(今の江蘇省常州)で一頭の虎を購入し、檻に入れて園内に持ち込み、人々をびっくりさせようとした。

(『申報』一八七七年一〇月二二日)

園内で本当に虎なんて飼っていたのだろうかと疑問に思っていたが、次ページの網師園の写真には実際に虎が写っている。59 人々を驚かせるために虎を飼うとは、庭園を見世物小屋的な、あるいは動物園的なものとして考えていた節もありそうである。

少々先走りすぎたようである。留園北部の紹介に戻ろう。藤棚に覆われた廊下に沿って西に歩いて行くと、右手にコの字型の建物が見えてくる。コの字の開いた側をこちら側、つまり南側に向けて建っている。60 こちら向きの両翼には六角形の赤い窓が一つずつ付いていて、ユニークな表情を見せている。ここは「小桃塢《しょうとうう》」という名である。陶淵明の「桃花源記」から取られている。

59網師園の虎の写真『老蘇州』108頁

60小桃塢

廊下は途中でほぼ九〇度の角度で左折する。ここからは南向きに歩いて行く。相変わらず盆景づくしの光景が続く。興味のない人であれば「盆景責め」を骨身にしみて味わうことになろう。

留園の「西部」

さらに南に歩きつつ、盆景が少なくなってきたなと思っていると、大きな山が前にそびえている場所に出る。留園最後のエリアの西部である。光緒一四年（一八八八）から一七年にかけて、盛氏は東西の両園を増築整備し、ここを西園とした。山は土を盛って造られていて、ところどころに石が立っているが、中部のように「石だらけ」という感じはない。樹木が生い茂っていた、どこにでもあるような素朴な自然な山である。上のほうに見える亭を目指し、登っていくことにしよう。

§至楽亭

山上には亭が二つあるが、まず北側にあるのが「至楽亭」である。61 やや横に長い六角形の亭で、『荘子』「至楽篇」の「至楽無楽、至誉無誉」からその名が取られている。静かに座っていると、虫や鳥の鳴き声が聞こえてくる。どこかの森林公園にいるかのようで、ここが留園の敷地内であることを忘れてしまいそうである。しかしイギリス式の風景庭園が、自然のままのように見えながらも実は人工美の極致であったように、ここも同様の考えによって造られていると考えたほうがよい。本当の自然は、決してこのような静かで安全で心安らぐ場所などではない。おそらく文徴明の「拙政園図」に書かれている

61至楽亭

ような、明代風の素朴で簡素な庭園を再現しようとしたのであろう。

§舒嘯亭

山上を少し南に歩くと現れるのが「舒嘯亭《じょしょうてい》」である。62 丸い笠状の屋根を持ち基部は六角形で、周囲を六角形の舗地が囲んでいる、かわいらしい亭である。名前は陶淵明「帰去来の辞」の「登東皐以舒嘯、臨清流而賦詩（東の皐に登って舒嘯し、清流に臨んで詩を賦す）」にもとづく。扁額は現代蘇州の書家呉進賢（一九〇三―一九九九）の手になるもの。

§縁渓行

南に進むと下り坂になる。道なりに山を下りていくと、野原が広がり小川が流れている場所に出る。西部エリアの南半分はまばらに木の生えた野原とそれを縦に貫く小川から構成される。「縁渓行」と名付けられていて、この名も陶淵明の「桃花源記」から取られている。先にも見たが、漁師が桃源郷に導かれる場面の「渓流に沿って行くうちに、どのくらい進んだのかわからなくなってしまった」にもとづいている。

62舒嘯亭

§活潑潑地

山のふもと、中部と西部を隔てる東側の壁に接して、一軒の建物が建っている。池の上に建てられていて、下には船がもやってある。「活潑潑地《かつはつはつち》」という変わった名前が付いている。63 歇山型の屋根、東西に長方形に伸び

63活潑潑地

る小ぶりの水閣である。南に向かって開けていて、北側の壁に扁額が掛かっているが、「舒嘯亭」と同じく呉進賢のものである。東西の壁には横長の八角形の窓が、赤、青、黄、緑のステンドグラスになっているのが目を引く。「活潑潑地」の名の由来については諸説あるが、『臨済録』に見える言葉「無形無相、無根無本、無住処、活潑潑地（形もなく姿もなく、根もなく本もなく、場所も持たずに、ぴちぴちと躍動している）」（入矢義高訳注『臨済録』、岩波文庫、一九八九年）や、明代の詩人殷邁《いんまい》（一五一二―一五八一）の詩「自励」の「窓外鳶魚活潑、床頭経典交加（窓の外で生きとし生けるものが楽しんでいる、枕元には経書が散在している）」などがよく知られる。

活潑潑地の下の池は、渓流の出発点でもある。水は山の丸みに沿って緩やかにカーブし、西部の西端に近づいたところでまっすぐに南に向かっていく。64

いったん、活潑潑地にまで戻って、東端の壁を南に下っていきたい。屋根付きの廊下が壁に沿って南端まで続いている。その南端に近い場所に亭が構えられていて、休憩することができる。「君子所履（君子の踏み行なうべきこと）」という、一見儒教色の強い名が付けられている。65 壁には四角い窓が嵌まっていて、その向こうには竹と石筍が絶妙な位置に配置されている。対聯は乾隆帝の重臣であった于敏中（一七一四―一七八〇）が自分の菜園に付けた門聯「今日正宜知此味、当年曾記咬其根」から取られている。大意は、今こそこれらの野菜の味を知らねばならない、昔は根っこをかじったものだ、といったもので、農村の生活を忘れてはならないとの自戒である。扁額の「君子の…」と呼応しているはずで、そうであればここでの「君子の踏み行なうこと」とは政治のことではなく、拙政園の「拙い政《まつりごと》」と同様のものと考えられる。

　渓流の最後を確認して留園から立ち去ろう。南端の壁のところに行くと、東南の隅に「縁緑行」の磚額が嵌まっている。ここで終わりかと思いきや、なんと水の流れは壁の下をくぐって外に出ている。庭園は完結しない、いやさせないのである。園客に余韻、あるいは余情を持たせたまま清流は流れていき、我々は外にあるであろう別の天地へとまた思いを馳せることになる。66

　最後にもう一つ庭園の機能を追加しておきたい。ここ留園は、最後の園主、盛宣懐の葬

64小川

65君子所履

66園の外へと出る小川

礼が行なわれた場所となった。

　常州の元有力者である盛杏蓀（宣懐）の棺は、蘇州の留園寒碧山荘に置かれているが、旧暦二月二四日に埋葬することが決まった。墓は江陰県（無錫の北に位置する）の暘《よう》岐《き》鎮《ちん》に築いた。（盛氏の）家族はすでに二〇万元を供出して葬儀費用に当て、（上海の）静安寺の一部に葬儀実施のための事務所を設けた。昨日家族によって、葬儀以外に、二月一九日に蘇州の家で奠《まつり》（死者にお供えをする祭祀）の儀式を行ない、その翌日に棺を車に載せて江陰の墓に運ぶことが発表された。

（『申報』一九二三年三月二三日）

　葬礼を行なうために、留園前の道の拡張工事まで行なわれたという。盛宣懐は李鴻章のもとで中国の近代化を推し進めた人物で、輪船招商局、電報局、北洋大学（現天津大学）、南洋大学（現上海交通大学）、中国紅十字会、上海図書館、華盛紡績総局、鉄路総公司、中国通商銀行などを次々に創設している。それを思うと留園園主という肩書きはスケールが小さすぎるような気もするが、彼にとってはこの庭こそが心安らぐ場所であり、魂の帰っていく場所でもあったのだ。

第三章　林家花園　台湾の庭

吾愛臺灣！

臺北驛で別れて明日を約した。明日を約したといふのは林家の別墅《べっしょ》―板橋を案内してもらうことである。板橋はイタバシと國音になったが、バンキョウといふ。張飛が踏みならしたのは、それはちがふ。イタバシの上に「長」がつく。そんな恐ろしいところではない。林本源家の共同保管になつた舊い庭園である。

高廊を踏み盡して水房がある。水に傍うて巖があり、巖の後には樹がある。布置よろしきを得て、柳々州の記を縮圖にしたやうな林泉である。

「壽」といふ文字をくづした窓の細工、囍といふ字、さまざまの先哲の工心の跡が、いま會心の笑を含んで訪ふ人をして古人を偲ばせる。

石灰の壁文字、當代の名人學者の筆になつたものが廻廊をめぐつてゐる。如何に小さな壁にでも柱にでも一つとしてぬかりがない。

時の帝王から林本源氏の母鐘氏に賜った額が高い欄の上にかゝつてゐる。

（中略）

臺灣服を着て廻廊を歩きながら、心は數十年前の光景の中を低迷した。

長生殿裏の佳人令人はいまどこにゐる――。

そして、自分自身が畫中の人物のやうに、建物とぴつたりした氣持ちで歩くのだつた。

呉氏は顧みて私にいふ。

――ほんとうによく似合ひますよ。こんな建築物には、矢張り臺灣服がいゝですね。この別莊の番人たちは、貴孃を本島人だと思つたといつてゐましたよ。

本島人とは光榮の至りだつた。私は着臺一日にしてよく本島と同化してゐるのだつた。私の好きな臺灣、私はこの島の空氣に融け入らうとしてゐるのである。

吾愛臺灣！

〔北村兼子『新臺灣行進曲』（一九三〇年、婦人毎日新聞台湾支局）〕

（『文化人の見た近代アジア　新台湾行進曲』、ゆまに書房、二〇〇二年に再収録）

林氏一族の歴史

林家花園は「林本源邸」ともいわれる。実は林本源とは一人の人物の名前ではない。まず林氏一族の歴史を簡単に見ておこう。

清の乾隆四三年（一七七八）に初代となる林応寅が福建漳州府の龍渓より台湾にやって来た。大陸での生活が苦しかったために、新天地を求め海を渡ってきたのである。林応寅が来台後どのように糊口をしのいでいたかに関しては諸説あるが、私塾を開いていたとの説が有力である。彼は台湾北部の新荘（板橋の西側）に居を構えるが、この地は大漢渓に臨んで港があって物流の拠点であり、また台湾南部から北部へ入る際の要道でもあった（台湾は南部から開発が始まった）。

二代目の林平侯（一七六六―一八四四）に至って林家は大きく発展を遂げる。乾隆五一年（一七八六）、二〇歳の林平侯は父を頼って台湾へやって来る。米商人の鄭谷のもとで働くが、持ち前の商才を発揮して頭角を現したため、鄭谷は彼に数千金を貸し与えて独立させる。乾隆五五年に台湾北部にある淡水河口の八里が、大陸側の福州五虎門との正式な貿易港になると、林平侯は海運を利用し米の運送と販売を行ない成功を収める。さらに塩業と樟脳業でも成果を上げ、巨万の富を築く。朝廷に多額の寄付を行なった林平侯は官位を授かり、故郷の龍渓に義荘「永沢堂」を建設する。

一八二〇年前後に、林家は新荘から淡水河上流の大嵙崁《だいかかん》（現在の桃園県大渓鎮）に移った。当時、移民の二大勢力である泉州系と漳州系の間には武力闘争が発生しており（「械闘《かいとう》」という）、それを避けるためと、新荘に土砂が堆積して港としての重要性が落ちてきたためである。

林平侯には息子が五人いた。上から順に、林国棟、林国仁、林国華、林国英、林国芳となるが、平侯は彼らに財産を分与し、その際に商号（商売上の名称）として「飲水本思源（水を飲むときはそれがどこから来たのかを忘れるな）」から一字ずつを贈った。

三代目の五人のうち林家を率いたのは、三男の林国華（一八〇二―一八五七）と五男の林国芳（一八一五―一八六二）であった。彼らの商号はそれぞれ「本」「源」であり、林本源の名はこれにもとづく。彼ら二人は父の遺志を継いで事業を展開し、また長年続いてきた泉州との械闘も終結させる（以上、許雪姫『板橋林家―林平侯父子伝』、台湾省文献委員会、一九九〇年を参照）。

また彼ら二人は道光二七年（一八四七）、漳州人の多く住んでいた枋橋《ほうきょう》（現在の板橋）に居を移し、穀物の収蔵所として弼益館《ひつえきかん》を建てる。これが林家住宅のはじまりである。咸豊元年（一八五一）、弼益館の隣に三落大厝《さんらくたいさく》を建設（咸豊三年、一八五三年竣工）する。

また光緒一三年（一八八七）には、国華の長男であり林家四代目の林維讓（一八一八―一八七八）が、家族の増加に対応するため、その南側に新たに五落大厝を増築し、その後三落大厝の東側に庭園を造成する。

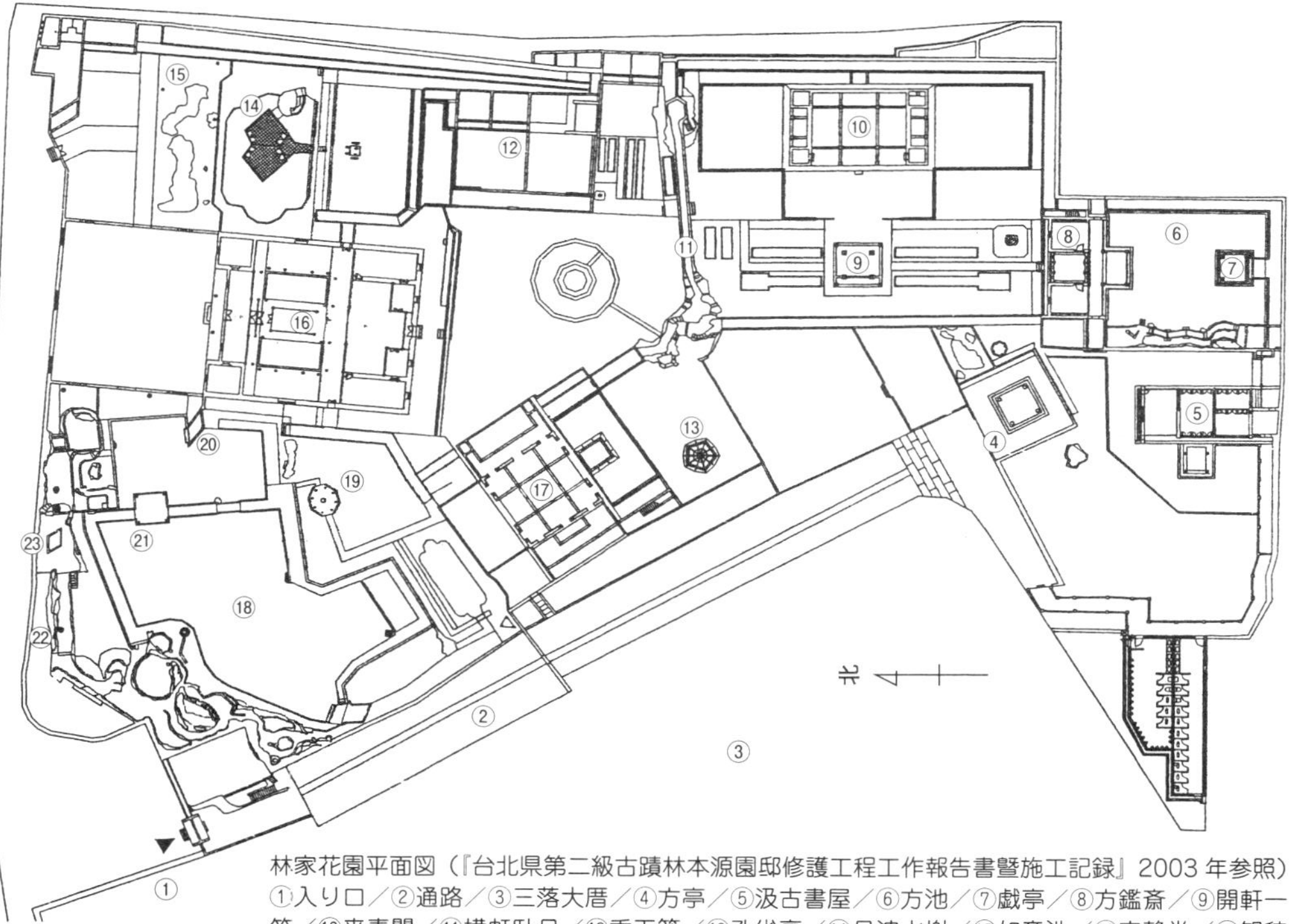

林家花園平面図（『台北県第二級古蹟林本源園邸修護工程工作報告書暨施工記録』2003 年参照）
①入り口／②通路／③三落大厝／④方亭／⑤汲古書屋／⑥方池／⑦戯亭／⑧方鑑斎／⑨開軒一笑／⑩来青閣／⑪横虹臥月／⑫香玉簃／⑬孔雀亭／⑭月波水榭／⑮如意池／⑯定静堂／⑰観稼楼／⑱榕陰大池／⑲八角亭／⑳釣魚磯／㉑雲錦淙／㉒築山／㉓斜四角亭

さらに光緒一四年（一八八八）から一九年にかけては、国芳の長男の林維源（一八三八―一九〇五）によってさらに大規模な増改築が行われた。

林家に関わる二人の知識人

林氏園林の造営にはさまざまな人物が関わっていたが、詳細は明らかではない。篆書・隷書の大家であった呂世宜《りょせいぎ》（一七八四―一八六六）や画家・書家として名を馳せていた謝琯樵《しゃかんしょう》（一八一一―一八六四）らはその生卒年から推定するに、林氏園林の建設には直接関わっていないものの、大厝や花園の扁額、対聯、廊下の石刻などに二人の書画が採用されているところから、その設計思想に一定の影響を与えたのではないかと推測される。

呂世宜、字《あざな》は可合、号は西村、晩年の号は不翁といい、廈門の出身である。道光二年（一八二二）の挙人。書画家であると同時に、経学に関する著作を持つ学者でもある。道光一七年（一八三七）に来台後、林家宅に寝泊まりして金石学や書法などを講じた。当時林家には金石学を含む数万冊の書物や拓本が所蔵されており、呂世宜の愛するところとなった。彼は二〇年近く台湾に滞在し、林家および台湾北部の学術や書法に大きな影響を与えた。

謝琯樵、字は穎蘇《えいそ》、福建詔安（漳州の南方約一〇〇キロ）の出身である。咸豊七年（一八五七）に台湾に渡って来て、林家やそのほかの名家と交流しつつ八年間滞在した（?～一八六四）。芸術家であると同時に兵事も好み、漳州に帰った後、太平天国の乱末期における戦闘にて戦死する。

またこの二人は林家の子弟を教育する家庭教師の役目も務めている。林維源が商人として功成り名遂げた後は、福建の多くの文化人が彼の元にやって来て、さまざまな交流を行なうようになり、庭園はそのための社交の場となった。

三落大厝について

先にも書いたが、庭園の西側には住居部分である三落大厝が鎮座している。❶ この三落大厝は林家一族の住宅で、建物の前は大きな広場になっている。その先の半円形の池は「半月池」と呼ばれ、中国の建築、たとえば孔子廟などによく見られる。建物全体の外壁は赤いレンガでできており、屋根は稜線の真ん中がわずかにくぼんでいて、軒端は蘇州庭園のものほど反り返っていない。基本的な形は福建の伝統的建築物と同じである。建物は真上から見ると漢字の「日」のような形をしている。「日」の横棒部分を下から見ていくと、「門庁」「正堂」「後堂」となっている。部屋の総数は五二間であるというから、相当に広い。中国の邸宅は入り口から奥へ入っていくに従って、「公」的空間から「私」的空間へと徐々に推移していく形式を取っているが、ここでもその決まりが踏襲されている。

「日」の両側の縦線部分は細かく区切られた小部屋となっている。

❶三落大厝

一説によると、この建物の形式は彼らの故郷福建漳州にある林家の義荘「永沢堂」を模倣して建てたといわれる。また三落大厝建設当時、このような大邸宅を建てるには大陸から技術者を連れてくるほかなく、よって様式も福建風になったのだともいう。門庁に掲げられている「尚義可風」の額は、晋豫《しんよ》地方（現在の山西・河南）に日照りが続いて飢饉が起こったとき、清朝に二万両を寄付した際に皇帝から下賜されたものである。三落大厝の前庭に置かれている「聖旨」の碑も海辺の防衛費にと六〇万両を寄付した際に下賜された。

国華と国芳は真ん中の正堂で寝起きし、先祖の位牌もここに置かれていた。後堂では老人や女性らが暮らしていた。両側の縦軸にある部屋には側室や使用人らが住み、厨房や倉庫などもここに置かれていた。

2 門庁

普段、この三落大厝は閉ざされているが、一時間に一度、ガイド付きで一五分ほど入ることができる。奥のほうは床や天井の老朽化にともなう修復作業中で、立ち入りは前庭と門庁のみに限られている。二〇一五年には修復が終わるそうである。門庁には「光禄第」と扁額が掛かっているが、これも林維源の功績に対して光緒帝が下賜したものである。2

ここで触れておきたいことがある。三落大厝は、風水思想にもとづいて吉凶を定めて寸法を測ったうえで設計されている（閻亞寧『板橋林本源邸三落大厝之調査研究（一）』、台湾・中国工商専科学校、一九九六年)。もちろん一般的な採寸も行なわれてはいるが、それは一部に限られていた。園の正門の飾り、さらには園内の窓や柱のサイズといった目に見えない細部にまでもが風水思想に従ってデザインされているのである。道観(道教のお寺)ならともかく、蘇州の庭園や、園内の建物が風水にのっとってデザインされた例は聞いたことがない。この点は林家花園の大きな特徴といってよい。

庭園は南北を縦軸として全体を俯瞰するとやや北西に傾いている。もとは一家の住み家である三落大厝が北西を向いていたのに倣うが、これも風水に配慮してのことだという(『板橋林本源邸三落大厝之調査研究(一)』前掲)。この地には、大漢渓という川が西側下方からぐるりと林家花園を囲んで北に回り込み、さらに東に流れていく。坤《ひつじさる》(西南)の方向から流れてきて、兌《だ》(西)を通り流れて行く、これを「先天水」といい、財を成すのによい方角だとされる。

建物はUの字をひっくり返したような河道の頂点あたりを向くようになっており、その建物は「乾」、すなわち北西に面を向けている。乾は「禍絶延生」、中心軸の反対側は建物が腰を落ち着ける場所となるが、そちらは、東南、巽《たつみ》(「禍生絶延」)の方角となる。この軸は風水では、一般的に「四隅線」といわれるもので吉の方角とされる。

林家花園の入り口

林家花園の入り口は北側にある。3 門自体は屋根の付いた中国風、人が二人ほど並んで通ることのできるくらいの幅で、構造は至ってシンプル、過度な装飾は施されていない。

さっそく入り口から歩きはじめよう。現在は無料で入場できる。門をくぐってすぐ右側に簡単な案内所があり、係員（たいていは世話好きな妙齢のご婦人）が待機している。三落大厝の見学をしたい場合はここで申し込む。前方には通路がまっすぐに続いている。4 方形に整えられた石畳が一直線に敷かれ、両側には植木が五〇センチほどの高さにこれもまた方形に刈り込まれて、通路に並走している。通路右側の植え込みのさらに右側には楠が一〇本ほどが間隔を空けて植えられ、幹をまっすぐ上に伸ばしている。そのさらに右側には人の背丈ほどの壁が視線を遮っている。壁の向こう側には三落大厝があり、赤い屋根が少しだけうかがえる。一方、左側には右側よりも高い壁が連なっているが、この左の壁の向こう側が庭園である。庭園側には土が盛られ通路側よりも数メートル高くなっており、この壁はそれを支える役目も担っているのだろう。通路の途中には洞門が設けられて、ここでいったん歩みのリズムは中断される。この洞門の右側には三落大厝に入る扉がある。さてこの洞門をくぐると、右側には桂花（キンモクセイ）の花壇がずっと向こうまで続く。

このまっすぐの通路はおよそ一〇〇メートルほどはあろうか。前方と上方への視界は開けており、両側の壁もけっして高くはないため、非常に開放感がある。これは蘇州など中国大陸の庭園と著しく異なる。拙政園・留園の章で述べたが、中国庭園の入り口は狭く細く曲がりくねっていて暗いのが基本パターンである。一気にすべてを見せないのは、やがて眼前に展開するであろう庭に対しての期待を高め

3林家花園の入り口

させるための工夫であった。対して、林家花園の導入部は両側こそ壁に閉ざされているものの、通路の突き当たりにある亭までもはっきりと確認できる。南国らしい濃厚な緑が通路全体を覆い、強い日差しに葉蔭が地面や壁面にゆらめき、草花の芳しい香りが漂い、虫や鳥の鳴き声が響き渡る。通路を取り巻く全体が五感を刺激する情報に満ちている。このアプローチをどのように考えたらよいのだろう。

アプローチの謎

一直線の通路を歩いていると、我々は庭園の奥へ奥へと導かれている気持ちになる。実はこの通路が林家花園の中で最も長い。長方形をしている林家花園全体の長辺をほぼ使いきっているのだ。入り口から最奥までを縦に貫いているのだ。林家花園正門は広場を挟み、その外側はすぐ車道でかなりの数の車が走っていて、けっこううるさくせわしない。直線によって構成されるこのアプローチは蘇州庭園とはまったく異なるものだが、通路を奥へと歩いているうちに、外界から徐々に別世界へと入っていく感覚が確かなものになってくる。両側の壁の上からちらちら目

4 一直線の通路

5方亭

6方亭を囲む壁の装飾

に入る建築物、濃厚な色彩の植物の存在を感じつつ歩を進めよう。突き当たりの建造物にようやく辿り着くと、それがどっしりとした中国風の亭であることに改めて気付く。外界の音はもう聞こえない。

亭に至ると急に視界が開ける。奇妙な形の築山、空高くそびえる大木、彫刻を施された壁、並ぶ盆景の数々、周りはもう完全に中国庭園の世界である。確かに中国庭園一般のセオリーからはずれているかもしれないが、これはこれで考え抜かれた末の選択であったのだろうと感じずにはいられない。

§方亭

この亭は上から見ると四角形で、名前もそのまま「方亭」と呼ばれている。5 四本の角柱の上に質朴な屋根が載っているだけの簡素な造りで、扁額や対聯も掛けられていない。せいぜい、柱の上部に装飾が施されているくらいである。この亭は入り口側から向かって右手の広場で行なわれる催しの休憩場だった（李乾朗撰稿『遊園戯夢―林本源園邸賞園手冊』、台湾・雅凱文化導覧、二〇一一年）。現在でも散策中の人々がここで休んでいる光景をよく目にする。この方亭の周囲をそれほど高くない壁が囲んでいるが、壺形の漏窓が嵌め込まれていたり、横長の方形部分に赤茶色をした八角形のパターンが連続している部分があったりと、かなり変化に富んでいる。**6**

この方亭の右側、広場の北寄りには不思議な渦巻き型の山がしつらえてある。それほど高くもなく、デザインも中国の庭園ではおよそ見ることのできない謎の仮山である。最も新しい二〇〇三年の修理記録でもまったく言及されていないところを見ると、それ以降に造られたものだろうか。**7** 下のデコボコした部分は珊瑚が石化した咕咾石《ころうせき》が用いられている。上の椎茸状の形のテーブルや石の椅子も妙に大きく、なかなかの奇景である。これは築山というよりも、土を盛り上げて視点を高くするための「台」と取るべきかもしれない。結論は出そうもないので、とりあえず汲古書屋のほうに歩みを進めよう。

7謎の山

8汲古書屋と軒亭

§汲古書屋

汲古書屋は、その名が示すように林家の書庫である。**8** 入り口のある

9汲古書屋の扁額と対聯

中央部の部屋とその両側に一つずつ、三部屋が並ぶ建物である。入り口の手前には四本の円柱に支えられた軒亭が屋根を接して建てられている。この軒亭も変わっていて、なんと屋根の部分がカマボコ形をしているのである。このような形の亭はほかでは見たことがない。南洋の建築の影響だともいわれているが、はっきりしたことはわからない。

汲古書屋の壁面は青く塗られており、また入り口の扉も鮮やかな青と赤とで構成されている。この派手な彩色も林家花園の大きな特徴であり、蘇州の庭園とは大きく異なる点である。

軒亭をくぐると、頭上に「汲古書屋」の扁額が掛かっている。「汲古」の名は留園の章でも触れたが、ここでは明代の有名な蔵書家毛晋（一五九九—一六五九）の蔵書楼である汲古閣にもとづく。入り口の両側には対聯が掛けられていて、これは本章末の補章に登場する菽荘《しゅくそう》花園の園主林爾嘉《りんじか》の作った詩で、本人の揮毫である。ただし現在のものは複製品で、真品は台北の陽明山に住む次男の林剛義が自宅に保管している。この対聯は、右側に「老屋三間、足蔽風雨」の八文字、左側に「黄花半畝、與我周旋」の八文字が書かれている。大意は「たった三間の古い家ではあるが、雨風はしのぐことができる。数名の君子だけが、私に付き合ってくれる」となる。9

中に入ると両側の壁に接して半円形の机が置かれ、そのまた両側に対聯が掛かっている。右側のほうから見てみよう。「毋忘学業得修綆、挿架図書発古香（学業を忘れず努力せよ、書架の古籍は書香を発している）」。10 左側は「五万里天無限思、榛苓我自瞻西方（往事を追想し、己れの分をわきまえ

10対聯

つつ聖人君子に思いを馳せる）」。これは蘇大山（一八六九—一九五七、泉州晋江県の出身）「板橋別野雑詠」の一部である。蘇大山は若い頃から文才をもって知られ、特に七言絶句に優れていた。著書に『紅蘭館詩鈔』『紅蘭館文鈔』『鹿礁随筆』などがある。福建に住んでおり、林爾嘉が立ち上げた菽荘吟社に参加していた。かつて林爾嘉の息子に誘われて林家花園に遊んだことがあり、「板橋別野雑詠」はそのときの作品である。

両側にある部屋のうち、入り口から向かって左側は現在は職員の事務所のようで、入ることはできない。右側は使われておらず、物置のようになっている。

もともとこの汲古書屋には、宋・元代の書物や書、絵画が収蔵されていた。そのうち一〇〇〇点以上もの蔵書・美術品のコレクションは、林家の後裔で、日本に帰化した林宗毅（一九二三—二〇〇六）によって、台湾の故宮博物院、東京国立博物館、大阪府和泉市久保惣記念

美術館などに寄贈された。コレクションの中には、南宋の大儒で朱子学の創始者である朱熹（一一三〇―一二〇〇）の真筆もあったとのことである。

方亭とこの汲古書屋のあいだに七弦竹（金糸竹）が植えられている。竹は文人雅人の隠喩であり、園林の、特に書斎の近くによく置かれる。林家の人たちも書物を読みながら窓外の竹を眺めていたことであろう。

11方池

§方池

汲古書屋を抜けると、その裏手にやや規模の大きな長方形の池が現れる。いわゆる「方池《ほうち》」である。11 この四角形をした、幾何学的ともいえる方池は、現存する蘇州庭園ではあまり見られないため、中国庭園の趣とそぐわないように感じられるが、実はけっして珍しいものではない。大規模な敷地を持つ庭園では自然な形を模した池が造られるが、こじんまりとした庭の場合、このような方池を設けることがわりと一般的だったようで、白居易の「草堂記」などでも確認できる。また明代中期の韓雍（一四二二―一四七八）の庭園「葑渓草堂」では周囲二〇〇歩の方池を構えていたと『明代江南園林研究』で言及されている。ちなみに、韓国の庭園でもこうした方池を見たことがある。ソウルの昌徳宮内の秘苑にある芙蓉池や愛蓮池は方形をしていて、「天円・地方」を形取っているとされる。

この池に対して名前は特に付けられていない。四方を壁や建物に囲まれたこの水の空間は、大地に穿たれた井戸のようにも見える。留園の章でも見た「天井」空間がここにも形成されている。

§戯亭、方鑑斎

汲古書屋側から池を見ると、池の右側に凸型に突き出た小さな亭がある。「戯亭」という名である。その形態から、またその名から、そこが芝居の演じられる場所であったことがわかる。⑫池を挟んで戯亭の向かい側には「方鑑斎《ほうかんさい》」という横長の建物がある。⑬ 池を挟んで二つの建物が向かい合い、さらに一部が池に凸状に突き出ているシンメトリーな構造を持っており、閉じた空間を形成している。園主や客は池の向かいの方鑑斎から芝居を鑑賞したのであろう。⑭ 池や川を挟んで演劇を鑑賞するのは中国文化圏において珍しいことではない。

⑫戯亭

⑬方鑑斎

上海郊外の朱家角という水郷の街に、馬文卿が一九一二年に建てた課植園という庭園がある。二〇一二年の夏、そこで崑劇「牡丹亭」の上演を行なうというので観に行った。会場に着くと、舞台（園内の亭）と客席との間には川が流れており、開演を我々の前をゆっくりと横切る船が知らせてくれるという粋な演出が施されていた。それはともかく、中国の江南では水辺で行なわれる芝居を、対岸や船上で鑑賞することがよくあった。魯迅の「宮芝居」に見られる紹興の描写がよく知られていよう。林家花園でも池に船を浮かべ水に揺られながら芝居を鑑賞したことであろう。

またこの方鑑斎は、若かった頃の林維譲と林維源が読書をするための場所であり、文人墨客と交流する場でもあった。「方鑑」の語は朱熹の詩「観書有感」の一節「半畝方塘一鑑開」に由来する。「小さな堤に鏡が開く」という意味である。昼間は太陽の光が水面に反射して屋内や天井を照らし、夜は手を伸ばせば届くようなところに月があでやかな姿を映していたに違いない。

14方鑑斎より戯亭を眺める

書斎について

庭園には文人が文化的生活を営むための書斎や書庫が多く造られる。書斎は一般に極力小さく造られる。そこに幾冊かのお気に入りの書物を持ち込み、絵画や書を掛け、文房具を並べ、読書をし、芸術品を鑑賞し、詩作にふけるのである。できるだけシンプルに、というのもまた書斎造りのセオリーである。ここで『長物志』を参照してみよう。著者は明末の芸術家文震亨《ぶんしんこう》（一五八五―一六四五）、拙政園の章で触れた文徴明の曽孫である。『長物志』の書名は「無用の長物」にもとづき、徹頭徹尾、趣味趣向についてしか語らない。つまり経世致用の学とは無縁のものだと、書名から宣言しているのである。その中では、理想の書斎が以下のように述べられている。

明るく清潔であるべきだが、あまり広々していてはいけない。明るく清潔なのは精神をさわやかにするが、あまり広々していると視線が一向に落ち着かない。あるいは軒先のあたりに窓・欄干を設けたり、あるいは回廊を通って入るようにしたり、その場その場で適宜に処置する。中庭はやはり広い方がよく、花木を植え、盆景を並べることができる。

（荒井健他訳『長物志一』「山斎」、平凡社東洋文庫、一九九九年）

さらに「小室」の項では次のように述べる。

机・長いすいずれもともにたくさん置いてはいけない。ただ古い作りで狭いふち（を嵌め木した）書机《ふみづくえ》を一つ真ん中に置き、その上に筆硯・香合・薫炉の類、いずれも小さくて雅なのを並べる。別に石の小さな机を一つ備えて、茶碗・茶具を置く。小さい長いすを一つ、それで寝そべったり、あぐらをかいたりするのに使う。必ずしも絵は掛けず、あるいは古い奇石を置き、あるいは小さい厨子の中にメッキを施した小仏像を安置するのも可。

（同右、巻一〇）

以上の記述によれば、贅を尽くした書斎が否定されるのは、それが俗だからである。「雅―俗」は中国の芸術や文化において重要な判断基準となっており、書斎の造作においてもそれは同様である。

中国人の書斎観念については村松伸氏が考察を加えている。村松氏は、『長物志』などを参照しつつ、書斎を都市の中にあって隠遁が実現できる空間として捉えており、そのための条件として、「自然」の捕獲、清浄なる空間の追求、豪奢さの排除と質朴さの希求、身体のリラックスと養生術などを挙げている（『書斎の宇宙─中国都市的隠遁術』、INAX、一九九二年）。あれだけ広大で豪勢な宮殿で生活している皇帝でさえ、たとえば乾隆帝の書斎である三希堂の広さはほんの八平方メートルほどにすぎない。二〇一二年に東京国立博物館で行なわれた「北京故宮博物院二〇〇選」を参観した際、再現されていた三希堂の「小ささ」を間近に見たが、小上がりの上に机が一つ、座椅子が一つ、文房具もほんの少し、背後には自らが書いた「三希堂」の扁額と対聯が掛けられているだけだった。この乾隆帝の書斎の狭さについては中野美代子氏も指摘している（『乾隆帝』、文春新書、二〇〇七年）。三希堂の壁には西洋の遠近法を用いて外の風景と二人の人物を描いただまし絵が掛けてあるのだが、村松氏はこれを書斎を大きく見せるためと断じ、中野氏は乾隆帝が父君からの権力の譲渡を絵画に託して表現したと捉えた。筆者としては、極小の中に無限の空間を見出す「壺中天」の要素が、この絵を含めた空間全体に備わっているとも感じている。

庭園最奥部へ

§隠居橋

池の長辺のうち、方鑑斎側から見て左側は至って平凡な廊下がしつらえてあるが、右側はなかなかユニークである。屈曲していて、高低差の付けられた橋が架けられ、亭も設けられている。⑮この橋は「隠居橋」といい、台湾語の「駝背」と「隠居」とが同音であることから付けられている。亭の背後には小さいながらも築山が造られている。この亭であるが、上から見ると平行四辺形をしているのだが、それがひどく押しつぶされたようになっている。⑯そしてその後方の築山もなんだか変なのである。これまたペラペラなのだ。コンクリートで作った薄い板に山の形を彫刻してみました、という感じなのである。林家花園特有の書き割りのようなこの築山の形状については、後でまた考えてみよう。亭が急な角度でつぶれているのは、スペースが限られているからであろう。向かい側の通路から見る分にはまったく問題ないが、そばに近寄るとその不自然さに気付くという、一種の錯視のトリックが用いられているわけである。

⑮廊下

⑯方池に臨む亭

§員光門

方鑑斎の真ん中から両側に進む場合、赤レンガでできた、員光門というUの字を逆さにした形の門をくぐるが、それぞれ上に「浸月」、「蒔花」という扁額が掛けられている。「浸月」は月が水面に映っている様子、「蒔花」は花木を植える様子を示す。ともに庭園の楽しみを二文字に凝縮したものである。

§「花好月円人寿」と「朱子読書楽」

方鑑斎のあるこの場所は、庭園の最奥部に当たる。ここからは入り口のほうへと戻っていく形で歩みを進めたい。方鑑斎の真ん中を抜けて池の反対側に出ると、「開軒一笑」に向けてまっすぐ石畳が敷かれている。その前に、方鑑斎の裏側（開軒一笑を向いているほう）左手の扁額を見ておこう。「花好月円人寿（花は美しく月は丸く、そして人は長生きする）」というめでたい六文字が掛けられている。⓱ これは一九〇二年の重陽の日に林爾嘉が揮毫したものであったが、二〇〇一年の改修時に書家の林政輝の書に掛け換えられたという。

⓱「花好月円人寿」の扁額

さて方鑑斎から「開軒一笑」へ一歩足を踏み出すと、右手に大きなガジュマルの木がそびえている。枝がグイッと通路の上に曲がっていて強い日差しから我々を守ってくれている。

ガジュマルの木から方鑑斎に寄ったところに長い壁が立っている。白壁に赤色が帯のように連なり、青い文字が数メートルにわたって書かれている。「朱子読書楽」と題されたこの七言詩は周凱（一七七九一一八三七）という人物によって書かれた。周凱は北宋の儒者周敦頤《しゅうとんい》（一〇一七一一〇七三）の子孫である。彼は役人として福建や台湾を訪れ、ところどころで墨跡を残しているが、これもその一つである。

「朱子読書楽」は正しくは「朱子四季読書楽歌」といい、春夏秋冬それぞれの季節の読書の楽しみを詠ったものである。『四庫全書総目提要』には、これは朱熹の作ではなく、元代に生きた浙江省仙居県出身の翁森が書いたものだと記している。彼は地元に書院を建て、朱熹が書いた白鹿洞書院学規を訓じて子弟八〇〇人余を教育している。

18「朱子読書楽」

「読書楽」は全部で二二四字もあるので、最初のさわりだけ紹介したい。18

「山光照檻水繞廊、舞雩帰詠春風香。好鳥枝頭亦朋友、落花水面皆文章……」。大意は「山の光が欄干を照らし廊下に水流がめぐっている。春風の香る中、舞雩の檀で遊び詩を詠じながら帰る（『論語』の有名な一節）。枝に止まる鳥が友人で、水面に落ちる花が文字となる」。夏は書斎の中で、蟬の鳴き声を聞き、夜になれば蛍が帳に入って来る、秋はこおろぎの鳴き声が響く中、冬は雪が庵に降り積もる中、読書を楽しむと続く。末尾には「道光十六年歳次丙申正月富陽周凱書」と記される。

⑲開軒一笑

§開軒一笑

さて、「開軒一笑」までやって来た。⑲この亭には背面に透かし彫りのある壁が据えられている。実はこの亭も芝居を演じるための戯亭である。壁面の上には扁額「開軒一笑」が掛かり、少し下の二か所、左側に「出将」、右側に「入相」の二文字が、ピンク地の板に赤い文字で書かれている。これは役者が登場する上手と下手を表す。つまり観客側から見て、役者は左側から登場し、右側に退場する。続いて舞台後方の扉に着目したい。透かし彫りになっていて、その模様はヒモ状のものがグルグルとからまっているように見えるが、よくよく見ると四対の龍で、下の大小の二対は向かい合い、上の二対はそっぽを向いている。これは「螭虎団炉《ちこだんろ》」という図案である。「螭虎《ちこ》」は「夔龍《きりょう》」ともいい、龍の子供のことで、瑞祥《ずいしょう》を意味する。下の青と緑の二対の螭虎は香炉を載せる台をかたどり、真ん中の茶色の螭虎は香炉を、そして上の青色の螭虎はわき上がる煙をかたどっている。これは邪を避け吉を呼び込む働きを持つ。香の煙がわき起こるのは子孫繁栄を示し、また吉慶如意や福禄寿をも意味する。吉祥をモチーフにした図案を庭園に配置すること自体はお決まりの約束であるが、このようにカラフルかつユーモラスな彫刻は一般の中国庭園にはまず見られない。

§来青閣

開軒一笑は「来青閣」とちょうど向かい合う形に置かれている。また来青閣は二階建てなので、上階から見下ろすように観劇した人もいたことであろう。

ここで行なわれていた芸能であるが、福建系であれば南管や閩劇が、それ以外にも京劇や崑曲などが上演されていた可能性がある。確実に上演されていたと思われる劇種は南管である。南管（南音ともいう）とは、福建泉州地方に伝わる伝統芸能で、琵琶や笛を用いゆったりとした調子で楽曲の演奏を行なう。歌を唱うことはあるが、派手な所作は行なわない。客は来青閣でお茶や酒を飲みながら鑑賞していたのであろう。20

20来青閣

園内には巨大な建築物が三つあり、その中でも来青閣が最も精緻で美しいとされる。「〜閣」とは、拙政園の章でも見たが、高層の建築物であり、周囲の景色を観賞することを主な目的の一つとしている。大きく、どっしりとした構えのため、園内ではそのエリアの中心的役割を果たす。二階に上ると、その名の通り台北盆地の青い山々や緑の野を見晴らすことができる。またここは賓客を泊める場所でもあった。補章で大きく取り上げる林爾嘉も、来台のときにはこの二階に滞在したという（李瑞宗・蔡思薇『風景的想像力―板橋林本源園邸的園林』、台北県板橋市北県文化局、二〇一〇年）。屋根は前後左右の四辺から成り、前後部分は完全な斜面、左右は部分的に斜面になっている歇山《けつざん》型で、それが二階建てで重なっているので歇山重簷《ちょうえん》型となる。

来青閣の建物部分の面積は約一〇〇坪（三三〇平方メートル）と相当な広さを有している。一階の壁は赤レンガで造られ、二階の壁も同様に赤、すべての柱は朱色に塗られているところから、板橋の人々はこの建物を「紅楼」と呼んだ。来青閣の周りはさほど高くない壁にぐるりと囲まれ、そこに壺や瓶など器物の形をしているもの、竹を模した格子の入っているものなど、さまざまな漏窓が嵌め込まれている。正面に立つと、二階の屋根の下に「来青閣」の扁額が、一階には「花与思倶新（花と思いがともに新たになる）」の扁額が掛けられている。入り口の両側には対聯があり、右側は「自是胸羅有邱壑（自分の胸中にはもとから山水がある）」、左側は「最欣指顧偏江山（最も好むのは山水をあまねく鑑賞すること）」とある。

建物の中に入っていくと、ホールのようになっているが、目立つ調度品の類いはなく、ガランとしている。一方、壁面や天井の装飾はにぎやかである。正面は朱色の縦長の窓がずらっと並び、両辺の壁には大きな窓と対聯がシンメトリーになっている。床部分も朱色のレンガが格子模様に敷かれている。天井面は二本の梁によって三分割されているが、底面は緑色に塗られており、側面には青や赤や金色などを使って模様が描かれている。その模様の下側にはさらに「孔子修春秋」「大器成盈」など儒教的な徳目にまつわる故事の一場面が描かれているが、このような図案は廟などにもよく見られるものである。二本の梁に挟まれた天井中央部分の円の中には、太陽と鶴を中心に菊の花と雲がそれを取り囲み、四匹の蝙蝠《こうもり》がこの円を目指して羽ばたいているという図案が描かれているが、そのあらゆる要素が吉祥を意味している。21

視線を下にやって、正面の対聯を見ておこう。右に「積善有余慶、看今日仁周晋予、寵錫糸綸、定卜画堂開緑野」、左に「人生惟行楽、且偸閑嘯嗷煙霞、平章風月、静憑曲檻数青山」とある。これは福建泉州晋江出身の知識人で、林家の女性を娶った荘正によって書かれたものである。右側の大意は「善行を積めば天の恵みがある。山西と河南の飢饉に対して莫大な寄付を行なった林家には皇帝からの褒賞があった。唐代の名宰相である裴度《はいど》のような豪華な邸宅を建てられるだろう」、左側は「人生には功名などど必要ではない、ただそのときどきの楽しみがあればよい。多忙な中でもちょっとした暇を見つけて、山水のある場所で詩を吟詠し、風や月を味わう。そっと欄干に寄りかかり、青山の数をかぞえてみる」といったところである。

21 蝙蝠の吉祥図

現在は来青閣の二階には立ち入ることができないので、造りや装飾、またそこからの眺めも確認できない。

入り口まで戻り、地面から一段高くなった廊下に立つと、先ほど方鑑斎で見た員光門が両側に二つずつあり、その上に同じように二文字の扁額が掛けられている。来青閣の場合は、表と裏に一つずつ、計八つの額があり、「繹史《えきし》（歴史を研究する）」「披図《ひと》（地理を学ぶ）」「読書」「眠琴《みんきん》（琴を枕に眠る＝風雅）」「升高（科挙や事業がうまくいく）」「履坦《りたん》（心安らかに歩む）」「煮酒《しゃしゅ》（酒を温める＝友との交流）」「碾茶《てんちゃ》（茶を碾く＝典雅な趣味）」と書かれている。学問の大切さや文人趣味などに関する言葉が多く、この建物の用途を端的に示している。

22横虹臥月

§横虹臥月

来青閣を出て右に進むと、「横虹臥月《おうこうがげつ》」が眼前に立ちはだかる。色は全体的に黒っぽい。22 これはゆるやかに弧を描く虹のような形をした陸橋で、かなりの幅があり上部を歩くことができる（現在は上がれないように封鎖されている）。橋のちょうど真ん中に半月形の洞門があり、これがつまり「臥月」なのであるが、くぐって向こう側に抜けられるようになっている。ほかの通り道はない。虹の両端には築山が築かれ、木がうっそうと枝葉を伸ばしているため、通れそうにない（実際は通り抜けられる）。視線の遮蔽物としての役割、空間を二分割する役割などは、中国庭園における壁面と同様の役割を担っている。ただ、蘇州ではこのような形態の壁はついぞ見かけたことがない。

虹をくぐるべく洞門に入ると、両側がトンネルになっていることに気付き驚かされる。橋の内部が通路になっているのである。忍者屋敷の隠し通路のようである。23 内側の壁面は表と違って白色に塗られているものの、かなり暗い。ずっと先のほうは明るいので、端が外に通じていることはわかる。弧形なので、当然先へ行くほど天井が低くなっている。中国では虹をよく龍にたとえるが（中野美代子『中国の妖怪』、岩波新書、一九八三年）、まるで龍の胎内を巡っているかのような気持ちになってくる。そういえば、高雄にある蓮池潭には龍虎塔というものがあって、これは龍の口から入って地獄巡りをした後に天界に辿り着き、最後に虎の口から出てくる、というユニークな建築なのだが、龍の体内が別世界になっているという点において、いささか似ているような気がしないでもない。特に、左側の通路を進んでいくと築山の内部に辿り着くが、そこはまさに洞窟の中を巡っているような感覚がある。24

次に洞門に戻り反対側に抜けていく。橋にはこの世界と異世界を繋ぐ媒介の役割があるが、ここをくぐり抜けることで、我々はまた別の世界へと足を踏み入れるのである。

§香玉簃

目の前に現れるのは、かなり広々とした空間である。この空間は真ん中を走る直線の通路によって左右に分割されている。右半分には前庭を持つ平屋の建物があり、左半分は草地であ

23横虹臥月の内部

24横虹臥月内の洞窟

25香玉簃

る。右半分にある建物は「香玉《こうぎょく》簃《い》」という。25「香玉」とは花、特に牡丹の愛称であり、ここはもともと花を鑑賞するための場所であった。日本統治時代に撮った写真では菊の花が地を覆い尽くしている。「簃」とは、「楼閣のわきの小さな建物」という意味で、規模は大きくない。正面から見ると、「香玉簃」の扁額が掛かっている建物を中心に、その左側にはほぼ同じ規模の建物がぴたりと接している。右のほうでは、真ん中の建物の屋根よりも少し低いところから別の屋根が掛かっており、その下は壁がなく花壇が設けられている。さらにその右側には別の建物が建っているため、花壇の部分だけまるで歯が抜けたかのように見える。これはかなり不思議な光景である。花壇なら建物の前に設ければよい。これに関しては、手持ちの史料にはなんの説明もないため、推測するしかないが、本来人間に一室を与えるべきスペースに花を植えることで、人と花が同等か、あるいは人よりも花が大切だと示したかったのではないか。実際、この方形の敷地には所狭しとさまざまな草花が植えられている。26

26香玉簃右側の花園

この花壇のさらに右側奥の壁に、奇妙なレリーフが嵌め込まれている。およそ中国庭園に似つかわしくない、複数の漢字を組み合わせた、道教のお札《ふだ》によく見られる魔除けの呪文らしき模様が彫刻されている。27 これはなんなのだろう。鶴や亀、植物や昆虫など、吉祥を表す装飾を庭園に散りばめるのは中国庭園では当たり前で、林家花園も同様であることは今まで見てきた。しかし、このような道教色の強いレリーフを庭園内に設けているのを見るのは初めてである。なぜこの場所に置いたのかもわからない。

27不思議なレリーフ

「横虹臥月」を出たところまで戻ってみたい。向かって左側には草地がある。この草地は真ん中に円形の花壇がある以外は、特に何もない非常にシンプルな造りとなっている。先ほど抜けてきた「方鑑斎」がさまざまな情報の凝縮された空間で、「来青閣」がその大きさから人に威圧感を感じさせるとしたら、特に高い建物もないここは逆に開放感が演出されていると捉えてよかろう。庭園の設計には「疏」と「密」、緊張と緩和のバランスが重要視されると先にも述べたが、ここでもそのセオリーは貫かれている。

§孔雀亭

草地のさらに左奥には壁があり、向こう側は見えない。この見えないところを先に紹介しておくと、「孔雀亭」というなかなか変わった形の亭がある。この亭は上から見ると梅の花の形をしている。梅の形の亭自体は中国庭園によくある建物であり、以前はその形の通りに「梅花亭」と呼ばれていた。㉘屋根の下の部分に檻の縦の格子が隙間なく嵌まっていて、鳥かごのように見えるのが大きな特徴である。今は孔雀亭という名の通り、中で本物の孔雀が飼われている。孔雀はその優美な姿から鳳凰の化身ともいわれており、また昔は高官の服に意匠として鶴を描いていた。いずれにしても福禄寿に関係する吉鳥である。

㉘孔雀亭

香玉簃を通過すると、屋根のある廊下が現れる。蘇州の庭園にはよく見られるものであるが、林家花園では珍しい。蘇州庭園の回廊は高低差があったり、微妙にカーブを描いていたり、あるいはゆるやかな角度で曲折しているものだが、ここでは九〇度の直角にきっぱりと曲がっている。この廊下は香玉簃から定静堂まで続いていて、雨の日など濡れずに移動することができる。

この庭園全体にいえることであるが、通路や建物の配置は基本的に直線と直角から構成されている。左右対称を多用し、幾何学的でさえある。大陸の庭園が曲線や鈍角のジグザグを多用するのとはこの点で大きく異なっている。

§月波水榭

廊下を越えると、一本の蓮霧の大樹が植えられた開けた草地がある（ちなみに蓮霧とは日本語ではワックスアップルと訳されるリンゴと梨の中間のような果物で、やや酸味がある）。さらに行くとその先に池が見えてくる。その池の中に建てられているのが「月波水榭」である。池は海棠形をしている。29

海棠形とは、楕円の四か所がツンツンと内側に突き出ている形のことで、皿や筒や花瓶などにもよく使われるが、池の輪郭に応用したものはほかで見かけたことがない。水上には、二つの菱形の端を重ねたような、真上から見たら「◇◇」のような形の建物が浮かんでいる。我々の感覚からすればちょっと変わった形であるが、この形態の亭自体は、双亭または鴛鴦亭といい、上海の豫園《よえん》や紹興の沈園《しんえん》にも見られる、中国庭園ではポピュラーなものである。「水榭」は前二章でも見たが、川や海に実際に行かずとも船遊びを体験できるバーチャルな施設である。

29月波水榭

林家花園の月波水榭がほかの「榭」と異なっているのは、屋上が扁平で、側面に敷設された階段から上がっていけることである。往時はここに登って一族の女性たちが月を眺めたといわれる。豫園など江南の庭園では、「攢尖頂」タイプの屋根が多く、このように上に登ることのできるものは見たことがない。

また、横に設置してある屋上へと向かう階段もかなり変わったデザインである。石でできたらせん階段で、全体がゴツゴツした岩に覆われている。さらにその岩には草木が点々と植えてあり、登る者が登山をしている気分になるような演出がなされている。30 拙政園の見山楼も外側から直接二階へ上がる通路が設けられ、その通路の下には太湖石の山が築かれていて、それはそれで風変わりな施設であったが、対

30月波水榭と階段

してこの林家のものは勾配がかなり急で、ただ二階へ上がるだけの階段に過剰な装飾を施した感がある。この「装飾過剰な階段」は林家花園だけでなく、福建系の庭園に共通して見られるものである。廈門の清和別墅《せいわべっしょ》、同じく廈門の南薫楼屋頂花園、また泉州の梅石山房にも同様の階段が設けられている（曹春平『閩台私家園林』、清華大学出版社、二〇一三年）

この月波水榭では林家の女性たちが釣りをして楽しんだともいわれる。背後には池よりも幅の広い壁が立っているが、女性が密かに遊んでいる光景を他人に見られないようにするためのものだったという。

§如意池

その壁の向こう側、出口の手前の空間に、細長い形をした「如意《にょい》池《ち》」がある。この池の端《はた》に石が置かれているが、その中に「大典紀念」と記された一本の石柱が立っている。石の裏には「昭和三年」と記されており、昭和天皇の即位を記念したものだと推測される。

観光客はこのまま出口を通って外に出ることもできるが、我々は散策を続けよう。如意池を左に進んで行くと洞門があり、くぐると真四角の広い石畳の敷かれた前庭に出る。そこに北を向いて建っているのが「定静堂」である。

§ 定静堂

定静堂はこの庭園で最大の敷地面積を誇る建物である（約五一五平方メートル）。31 一階建てで、全体は四合院のように、ロの字形の中に中庭を持つ構造になっている。中庭の真ん中には縦に垂直に走る屋根付きの廊下が走っていて（「穿心廊」と呼ばれる）、この点が通常の四合院と異なる。「定静」の名は四書五経の『大学』の「定而后能静（定まりて后能《よ》く静かなり）」にもとづく。32

31定静堂

入り口には「山屏海鏡」の扁額が掛かっている。「山屏」は林家花園の北西に、台湾北辺の海岸にほど近い観音山から淡水河をまたいで大屯山まで、山々が屏風のように連なっているさまを表現し、「海鏡」は板橋を流れる大漢渓を指す。奥の建物に掲げられた「定静堂」の扁額は林維源自らの手になるもの。その扁額には堂名の左側に小さな字で跋文が記してある。それによると、維源の父である林国華がもとあった扁額に対して「惟定則志専一、非客念所能揺。惟静則神清明、非世欲所能蔽（心が定まれば志は一つとなり、雑念に揺り動かされる

32定静堂内部

33観稼楼

ことはない。静かにすれば心は清らかになり、世俗の欲望に蔽われたりはしない）」という句を作った。自戒の言葉とするため、光緒元年（一八七五）に併せてここに記したとある。

定静堂の中に入ってみよう。来青閣と同様、ここも賓客をもてなす場所であるため、ガランと開けた空間になっている。現在正面には達磨法師の絵が掛けられている。これは画家の陳邦選（一八二九―一九〇九）が指画で描いたもの。指画とは指に墨を付けて描く画法である。その両側には赤地に黒い文字で書かれた対聯「通人之才、天下之選。恪勤特立、夙夜在公（あらゆることに通暁した才があれば、必ず天下の人々に見出される。恭敬にしてまた傑出し、朝から晩まで常に一つの私心もない）」が掲げられている。この聯は翁同龢《おうどうわ》（一八三〇―一九〇四）が林維源に贈ったものである。

翁同龢は、蘇州近郊の常熟の出身で、一八五六年に科挙に状元で及第し、工部尚書などを務めた官僚であると同時に、高名な書家でもあった。

§ 観稼楼とその周辺

次のエリアに移ろう。ここが最後にして一番複雑な場所であり、本園のクライマックスでもある。メインの大きな建築物は「観稼楼《かんかろう》」という。33 そのほか小さな亭が五つあり、大小それぞれの池が二つ、そして巨大な、山脈といってもよい築山がそれらを囲んでいる。このエリアについて強調しておきたいのは、池およびその周辺部分がほかと異なり幾何学的な左右対称構造にはなっていないことである。斜めの線や曲線、波打つように湾曲した箇所もある。高低差も二階建ての建物から池の水面まで下がったかと思えばまた山の傾きに向かって高いところまで上がっていく、相当変化に富んだダイナミックな空間となっている。

まずは観稼楼から見ていこう。観稼楼は定静堂のやや斜め後ろ、つまり少し南に位置する。定静堂の西の端から屋根付きの回廊が屈曲しながら続いていて、雨に濡れずに移動することができる。観稼楼は「楼」なので、「閣」と同様二階建ての高層建築となっている。「観稼」の「稼」は、種まきや作物の植え付け、ひいては農作業全般を指す。「観稼」とは農作業を見守ること、農作業の大変さを常に忘れてはならないこと、また田園風景を鑑賞することも意味する。来青閣よりも小さいので「小楼」ともいわれた。屋根の形は、上部が扁平で、四辺に斜面が帽子の縁飾りのように付いている盝頂《ろくちょう》型である。この観稼楼は一九〇七年に台風で一度破壊されてしまっている。倒れる前の写真が残っており、それを頼りに復元したとのことである。写真から全体的な姿は確認できるが、扁額の文字などは一部読み取れない。現在、一階の扁額は「天光雲彩」と書かれているが、四文字目が「彩」なのか「影」なのか、実はわからなかったという。書いたのは現代の書家洪大淑氏である。二階部分に「観稼楼」の額がある。現在観稼楼の一階部分は全スペースが土産物売り場になっており、在りし日の様子をうかがい知ることはできない。

§ 書巻雲牆

観稼楼の前の敷地は壁に囲まれ、切り取られた小さな四角い空間となっている。観稼楼の正面にある

34書巻雲牆

35小橋度月

壁は、上部が両側から曲線を描きながら一段、二段と段階的に低くなっている。その形態から「書巻雲牆」と呼ばれる。34 壁面には漏窓が五つあり、そのすべてに竹型の格子が嵌められている。両側の壁はともに真ん中に八卦型の洞門があり、観稼楼から見て左側の洞門の両側には石榴《ざくろ》と瓜をかたどった漏窓が嵌まっている。石榴も瓜もともに子孫繁栄の象徴である。上部には「小橋度月」の門額が嵌まっている。35 書巻雲牆上辺の湾曲した部分を橋にたとえ、実際の月が東から昇り雲牆の上を通過して西に沈んでゆくさまを表現する。また両側の八卦門を月に見立てる捉え方もある。反対側（観稼楼から見て右側）の八卦の洞門の両側にある漏窓は、中橋《ちゅうきつ》と桃をかたどっている。門額はすでに失われているが、昔の史料によると「叢桂来香」という額が掛かっていた。「叢桂来香」とは、最初に歩いた観稼楼のすぐ西の入り口から伸びる通路にある桂花の香りが風に乗ってやって来る、の意である。「中橋」は「中挙」と同音で科挙に合格することを、「桃」は辟邪や長寿をそれぞれ意味する。四つの漏窓がすべて違う図柄になっている点に、細かな配慮を見て取ることができる。この前庭の左側外に三角亭という亭がある。文字通り上から見ると三角形をしている。36

§海棠池、榕陰大池

このエリアでは視点を基本的にメインとなる観稼楼に置き、そこから何がどう見えるのか、どのような位置にあるのか、という形で説明していきたい。前庭のさらに前方には「海棠池」がある。37 先に見た「月波水榭」と同じ形である。池の横長の部分は、観稼楼、前庭と平行になっている。さらにその先には広大な「榕陰大池」がある。38 「榕陰大池」の名前は、「榕樹《ようじゅ》（カジュマル）の陰に蔽われた大きな池」を意味する。不定形の池だが、あえてたとえるなら扇子の形に近い。手前

36三角亭

37海棠池

38榕陰大池

39半月橋

側を要《かなめ》として向こう側に広く展開しているさまを想像してもらうとわかりやすい。要の部分は凹型になっていて、さらに地面よりぐっと下がっているものの水面よりはわずかに高く、石の机が置かれている。ここは船着き場と休憩所を兼ねていたようである。

一九三五年、台北において博覧会が開かれた際の写真が残っているが（博覧会については後述）、池上に二艘のボートが浮かび、それぞれ男女が乗っている様子が写っている。池の右手には橋が架かっていて、全体を大きな池と小さな池の二つに分けている。橋は「半月橋」と呼ばれ、その名の通り半円状に弧を描いており、船はその下をくぐって行き来できるようになっている。39

§八角亭、釣魚磯

橋の手前には「八角亭」という亭が建っている。赤い瓦屋根に、それを支える龍の顔をかたどった青色の枡《ますがた》が鮮やかに映えている。40 小さいほうの池を岸に沿って反時計回りに進むと、「釣魚磯《ちょうぎょき》」という全体が青く塗られた平行四辺形の亭が現れる。41 少し池のほうに突き出ていて、確かにここからなら魚釣りができそうだ。蘇大山の詩が掛けられている。「大人龍太荒唐、濠上儵然意両忘。縦不得魚亦垂釣、紅蜻蜓立一糸長（一度に六匹の大亀を釣ったというかの龍伯国の巨人の話は途方もないものだ、気ままに泳ぐ魚の気持ちとそれを楽しそうだと思う私の気持ちがある。美醜や是非など両方とも忘れてしまおう。たとえ魚が釣れなくてもまた釣り糸を垂れてみると、赤いカゲロウが竿の先にふと止まった）」。

§雲錦淙

橋の手前までもう一度戻ろう。半月橋の向こう側には、「雲錦淙」という亭が橋上に設けられている。42 四本柱で四角形をしており、橋もそこだけ広くなっている。雲錦淙とは「水面に

40八角亭

41釣魚磯

映る雲が水波によって千変万化して、まるで錦のようである」という意。四本の柱にそれぞれ七字ずつの聯が掛かっている。これも蘇大山の作である。「緑雲深処水平舗、異境別開天一壺。祇許洞倦親得到、冰肌玉骨汗都無（緑の葉が雲のように茂って池を蔽っていて池の上に敷かれているようである。この特別な場所でさらに壺中天が開く。かような美しい場所であれば神仙もやって来るに違いない、彼ら神仙は肌はとても冷たく汗もかかない）」。もとは築山上の亭のために書かれたものだったが、今はなぜか雲錦淙に掛かっているという。

42雲錦淙

築山について

最後に大きいほうの池の周りを探検しよう。半月橋を渡りきったところからさらに反時計回りに見ていく。橋を渡り終えると眼前に築山がそびえ立つ。43 正面から見てみると、蘇州やほかの江南の庭園との違いをまず感じる。その表面の肌合いや輪郭線から、これが太湖石でないことは一目瞭然である。石の輪郭はゴツゴツしておらず、非常になめらかなカーブを描いている。表面にはデコボコもなく穴も筋目もない。同じ形、同じ大きさの小判が何枚も何枚も重なっているという感があり、見るからに人工的である。実はこれは焼石膏という建築用の材料を使って成形したものである。

とりあえず登っていこう。歩いてみてわかるのは、石が非常にペラペラと薄いということである。44

小判のイメージがますます強くなる。ここは江南の築山と違って、基本的に平行に移動するほかない。蘇州の環秀山荘や獅子林だと、それこそ縦横無尽に道や穴があって、人を迷わすようにできている。林家花園のほうは平行移動しながらときどきほかの道にずれる、つまり、まるであみだくじを辿っているかのような移動になってしまうのである。江南の園林を経験したことのある人ならば、あまりの違いに当惑するのではないか。しかし、これはこれでおもしろい。ここでふと疑問が生ずる。この風変わりな築山は、技術的、あるいは地理的な制約からこのようにせざるを得なかったのか、あるいはそうではなく、積極的な理由があってあえてこのような形を選択したのか。

43築山

44薄い山

これは福建や台湾という、閩文化圏に共通した表現なのだろうか。これは検証が非常に難しい。まず福建には現存する庭園そのものが少ない。『嶺南園林—福建・台湾園林』(劉庭風編著、同済大学出版社、二〇〇三年)には、福建の庭園が多く収録されているが、そのほとんどは二〇世紀後半に建てられたもので、まったく参考にならない。また前掲

『閩台私家園林』には、福建の庭園が一八か所、台湾の庭園が林家花園を含めて四か所載せられており、中には明清代に造られた歴史ある庭もあるが、似たような築山は一つも見当たらない。

現在、台湾において完全な形で残っている庭園は林家花園しかない。なお筆者は未訪問であるが、台南には呉園という庭園の一部が残っている。もとは紫春園といい、道光一〇年（一八三〇）に呉尚新なる人物によって建てられた庭園である。また台湾で最初に建設された何斌《かひん》の庭園（一六六〇年前後）を改修したものでもある（『板橋林本源園林研究与修復』、国立台湾大学土木工程学研究所都市計画室、一九八一年）。ここに残る飛来峰という築山は、台湾の澎湖諸島で採れる咕咾石《ころうせき》という、海底に堆積した珊瑚でできたデコボコした石を積み上げて造られている。写真で確認しただけだが、太湖石以上に凹凸が激しい形状や細かな穴が開いた表面の様子は、林家花園の築山とは似ても似つかない。

§王敬祥

林家花園に唯一似ていると思われる築山は、金門島にある王敬祥邸宅のものである。当該の建物を撮った写真を見ると、正門前の半月池を囲む築山が林家花園のものと非常によく似ている。王敬祥（一八七二―一九二二）についてまず簡単に紹介しておこう。彼はもともと王周珍という人物の息子であったが、叔父の明玉に跡継ぎがいなかったことからその養子となる。王明玉は王敬祥をともなって神戸にやって来て、一八七〇年に現在の神戸市中央区で「復興号」という名の商社を起業する。復興号は順調に発展し、日本、中国、東南アジアを結ぶ貿易ネットワークが完成する。一八九九年に王敬祥は事業を引き継ぎ、一九〇三年に養父が亡くなった後は、事業を多方面に展開させるとともに、神戸中華会館理事長、神戸華僑同文学校副董事長、福建公所理事長、神戸日華協会評議員などを歴任する。一九一一年の辛亥革命の際には、一一月に中華民国統一連合会を結成、会長に着任した。革命を積極的に支援し、南京臨時政府陸軍部のために興業貿易会社設立の便宜を図るなどした。一九一三年からは、横浜正金銀行神戸支店の信託代理人を務めた。中華民国成立後は国民党神戸分室副部長を務め、孫文ら党人が袁世凱らに対抗するために二次革命、三次革命を行なった際にも徹底して支持を続け、一九一五年に孫文から中華革命党神戸大阪分部長に任命された。さらに大陸においては晋江海公路建設工事に出資した。一九二二年に肝臓がんのため神戸にて死去、復興号と正金銀行の業務は息子の王重山が引き継いだ。

45築山

実は、林家の林爾嘉とこの王敬祥は出会って意気投合し、王敬祥は長女の臻治《しんじ》を林爾嘉の次男に嫁がせ、また次女の宝治を五男の履信に嫁がせて、姻戚関係を結んでいる。

この王宅が建設されたのは一九〇〇年とされる。林家花園が一応の完成を見るのが一八九三年なので、この情報が正確ならば、王宅の建設が後になる。つまり王宅のほうが林家花園の影響を受けた可能性がある。となると、現在のところ漳州を含めた福建地域に、これらと似たデザインを見出すことができない以上、林家花園の築山が何に由来するのかは謎のままである。45

結局、この築山を造形するに当たって、林家花園の園主や設計・施工者が参照した庭が実在したのかどうかは不明といわざるを得ない。

なお、林家の故郷である漳州には、九侯山という名山がある。この山は安徽省の黄山のような直線的で鋭くとがった岩ではなく、丸くなめらかな表面を持った石が山の地肌に見え隠れしているが、林家花園の築山はこれを模したという記述もある（『嶺南園林—福建・台湾園林』前掲）。

林家花園が蘇州庭園のような築山を目指していないことは一見すればわかる。まず、福建の地で太湖石を手に入れることはおそらく不可能であっただろう。福建出身の明代の知識人である謝肇淛《しゃちょうせつ》が著した大部の随筆集『五雑組』にも、「（太湖石の）その価はよいものなら百金、悪いものでも十数金を下らず、園池の中には必ずこの石を置かねばならないのであるが、わが福建ではもっとも手に入れ難い。おそらく山の峰にはばまれていて、海運でなければ、取り寄せることができないからである。」（岩城秀夫訳『五雑組』第二巻、東洋文庫、一九九七年）とある。また彼は霊壁石や英石などほかの名石も、値段が高すぎる、もしくは輸送に費用がかかりすぎるとの理由で入手が困難であると綴っている。

46「描かれた山」『乾隆南巡江蘇名勝図集』「花山」江蘇古籍出版社、二〇〇三年

林家花園の築山を見ていると、これが目指しているのは現実の山ではなく、山水画の山ではないかという考えが思い浮かぶ。大小さまざまな小判が幾層にも重なっているようなその姿は、山の複雑な稜線を思いきり単純化・デザイン化し、山の純粋な要素のみを切り取って実体化したようにも見える。46 この山の形は、現実の山あるいは蘇州などの中国庭園に築かれる山を参考にしたのではなく、山水画や地

方志の地図に描かれる山をモデルにして建設されたと考えるほうが真実に近いのではないだろうか。下手に手近な石を積み上げて「江南庭園もどき」を造るよりも、このほうがむしろ潔いかもしれない。実景ではなく、抽象化された山水から人々の心の中に山水を想像させるのである。それにしても、山水画自体、もともとは実際の山水を切り取り平面に再現したものであったのに、実景を二次元に再現したそれを、今度は山水画を三次元にしたように再現するとは、なんと倒錯した行為であろうか。

§斜四角亭、惜字炉

山の上に一つ亭が構えられている。「斜四角亭」という。これは柱と欄干が青で屋根が赤のカラフルな亭である。築山を後にしてもう少し庭を見ておこう。山を下りると、山の斜面と池の間に奇妙な三重の塔が立っている。下の二段には穴が空いていて中で物を燃やせるようになっている。高さは三メートルほどで、「惜字炉《せきじろ》」という。47「惜字」とは、宋代に始まり、明から清にかけて科挙受験者に広く伝わった、「字が書かれた紙をむやみに捨ててはいけない」という風習である。この紙をほかのゴミと一緒に廃棄すると罰が当たるとされ、そこでこの惜字炉で燃やしたわけである。この惜字炉信仰は広く台湾、朝鮮、日本にも伝わっており、たとえば大阪市天王寺の清寿院にも現存している。この惜字炉は、本来、寺院や書院内に設置されるが、まれに裕福な家に置かれることもあったようである。ただし、蘇州はおろか、そのほかの中国庭園

47惜字炉

では一度も見かけたことがない。

林家花園の謎

最後に、なぜ林家花園のような形態の庭園ができあがったのかについて、少し考えてみたい。

まっすぐな通路をはじめ、全体の布置を構成するのは直線であり、対称性であった。曲線や屈曲線はほとんど見られない。また闇の少なさ、閉ざされた空間の少なさも特徴的であった。加えて、鮮やかな色彩、開放性も際立っていた。またよい意味でのおおざっぱさ、たとえば蘇州庭園の壁や窓の装飾に見られる繊細さとは反対の、骨太で大胆な意匠も大きな特徴である。これら林家花園が備える諸々の属性は、蘇州の細部まで造り込まれた中国庭園を見慣れた人間には粗雑に感じられるかもしれない。しかし、ここは蘇州ではない。何百年にわたって文化都市の名をほしいままにしてきた由緒ある古都ではない。

林家花園創建当時、一九世紀の台湾は、はっきりいって大陸人から見れば辺境である。一応清朝に属してはいるものの、「化外（中華文化の外）の地」として軽視されていた。その後、西洋諸国や日本の進出が本格化して、ようやくその軍事的重要性に気付いた清朝は、一八八五年に台湾省として福建省から独立させる。

漢族の移民たちにも風流な教養人は少なかったのであろう。一八世紀前半、台湾西岸中部の鹿港に地方官として赴任した陳盛韶は、現地に住む漢人たちについて、貧者と金持ちが両極端に分かれていて、富める者であっても経書を読まず礼儀も重んじず、科挙では不正を行ない、賄賂も横行していると記している（小島晋治・上田信・栗原純訳『問俗録―福建・台湾の民俗と社会』、平凡社東洋文庫、一九八八年を参照）。台湾に移り住んだ漢族のほとんどは福建人・広東人であり、一六八三年以後の清朝統治時代、その人数は一〇数万から約三〇〇万に増大したという（『問俗録』解説より）。

福建という土地自体、東は海に面し、全体が山地の中にあり、市街地はその隙間に点在しており、中央の中華文化の息吹がなかなか浸透しにくい地域であった。よって、そこからの移民が大部分を占めた台湾がかなり独特な文化を形成していたことは想像に難くない。

林家花園に話を戻すと、南国という風土もこのような庭園が造られた主な要素の一つであろう。台北は亜熱帯に属する。気温は最低でも摂氏一三度より下がることはなく、最高気温は三七、八度になり、頻繁に台風が訪れる。はっきりとした四季はなく、一年のうち大半がほぼ夏季といってよい。日差しは強く、陰影はくっきりとし、植物は生命力豊かに生い茂り、そこに住む人々はみなおおらかで人懐っこく開放的である。

さて、このような土地柄に蘇州のような精緻を極めた庭園はなじむだろうか。たとえば技巧を凝らした漏窓、光のうつろいを部屋に導き入れる長窓、春夏秋冬それぞれの時期に合わせ位置まで考えて植えられた草花、視線と動線との関係を踏まえて設計された廊下や橋梁。

けっして台湾の人間、台湾の庭園が繊細さを欠くといっているわけではない。むしろ、台湾ならではの、台湾という土地によってこそ可能な繊細さがあるのではないかといいたいのである。

台湾の庭園に必要なのは、まずは台風や地震に対応する頑丈な構造である。また熱気と湿気、およびそれにともなって発生するシロアリなどの昆虫とカビへの対策も必須である。防虫効果があるため、林家花園では建設資材に檜木を多用している。また屋内の快適さを確保するため、風通しを十分考えた設計もなされている。

林家花園の持つ魅力をまとめると、まず第一に挙げたいのはその開放性である。直線を多用し、見晴らしがよく、また上部は大きく開放され、空へと抜けている。これはやはり台湾の風土に合ったデザインだといえよう。第二には、これまで何度も触れてきた色彩の鮮やかさである。中国の庭園が建材に用いる木の質感をできるだけ大事に保とうとするのに対し、林家花園のほうは青、赤、金、緑、黄などの色が、扉に、欄干に、屋根の装飾にとふんだんに使われている。韓国や沖縄の庭園にも色鮮やかなものがあるが、それらに勝るとも劣らない。実はこうした鮮麗な彩色は福建系の庭園に多く共通する要素である。漳州古藤仙館は、亭や堂の柱には赤、壁には黄色が用いられ、また福州黄楼の柱は緑、台湾呉園の作砺軒の欄干は青が用いられているといった具合である（『閩台私家園林』前掲）。

また、ふと立ち寄っただけでは見落としがちなのが、門窓や漏窓の彫刻である。現代ならガラスが嵌まっているべき窓面全体に施された装飾（檻窓という）は、蘇州庭園より遥かに手が込んでいる。林家花園の窓には竹模様の漏窓が嵌まっているが、その一本一本に、竹の葉、昆虫や鶴、鹿などが彫刻されている。窓に嵌まっているのをよく見ると、磁器のものもあれば、石のものもある。

なお、この竹模様の檻窓も福建の庭園によく見られる意匠であり（晋江の通瀛書舎、廈門の蓮塘別墅など）、また緑の彩色を施す点も共通している（漳州の古藤仙館、台湾の礒渓書院など。『閩台私家園林』前掲）。

このように大胆さと繊細さがかみ合っているような、そうでもないような（何しろほかに似たような庭園が一つもないのだから)、奇妙な、いややはり魅力的なのが、この林家花園なのである。

日本統治期及び戦後の林家花園について

日本が台湾を統治していた時代(一八九五—一九四五)、林家花園はどうなっていたのだろうか。まず、林家の主人である林維源は福建の廈門に渡り、終生台湾に戻ることはなかった。日本政府も林一族が大陸へ渡る手助けをしたという。甥の林鶴寿が台湾での家業を取り仕切り、林家が所有する産業は損なわれることはなく、林家花園もそのまま維持された。さらに台湾随一の庭園として、ここでさまざまな活動が行なわれた。たとえば明治三六年(一九〇三)には園遊会が催され、このときには台湾側・日本側の名士、総督府の文官武官ら一五〇人あまりが集まり、また台湾人の芸妓五〇人あまりが呼ばれた。また昭和一〇年(一九三五)に、「始政四〇周年」を祝う博覧会が台北で開かれた際には(一〇月一〇日開幕)林家花園は展覧会場の一つとなり、一二月五日に閉幕するまでの来園者は一二万四八三九人にのぼり、当時で四〇〇〇円あまりの収入になったという(許雪姫『楼台重起・上篇 林本源家族與庭園的歴史』、台北県政府、二〇〇九年)。これ以降は一般人も園内に入れるようになり、多くの記念写真が残されることになった。また庭園の一部が日本庭園に改修されたともいわれる。

数年前非常勤先の大学の公開講座で、林家花園について語る機会があった。話を終えた後、さる年配の女性に、「父は台湾総督府の内務局の役人をしていて、とてもきれいな庭園に行ったと何度もいってましたが、今日ようやくその庭がどういうものなのかわかりました」と話しかけられた。当時の台北に庭園は林家花園しかなかったはずであり、ついさっき紹介したばかりの往事の庭園に、目の前の女性の父君がいたという偶然に胸が熱くなった。

戦後、国共内戦に敗れ台湾に移ってきた国民党軍は林家花園を事務所として使うと同時に来台した人々の住居としても用いたため、園はどんどん荒廃していった。一九七二年には林伯寿（林維源の四男で、林爾嘉の弟に当たる）が台北県政府に庭園部分を寄贈し、さらに多額の金を寄付し、園内に勝手に家を建てて住みついた人々を立ち退かせてほしいと依頼する。県政府もその要望を聞き入れ、住民を外に転居させる。一方、弼益館が一九七八年に解体される。その後も園内に侵入する人は後を絶たず、一九七九年には来青閣の二階部分が火事で焼失してしまうという事件も起きる。加えて台風などの自然災害によって庭園はさらに無残な姿になっていく。一九八〇年当時の航空写真が残っているが、三落大厝はかろうじて原型をとどめているものの、庭園部分はほぼ壊滅状態である。さらに一九八一年に五落大厝がアパート建設のために取り壊される。48

48建てられた高層アパート

一九八二年に林家花園の再興を望む地元の名士らの働きかけもあって、県政府はようやく園の修復に乗り出す。一一月八日から取りかかり、一九八六年に終了、一九八七年一月一日に一般に開放される。しかしシロアリの被害や天災などが続いたため、一九九七年から第二期修復工事を開始、二〇〇〇年からは園を閉鎖して全面的な修復作業に入る。翌二〇〇一年六月三〇日に竣工、八月九日に改めて開放された。台北県（現在の新北市）政府文化局が運営管理の責任を負い、また国定古蹟にも認定された。

畳亭から正門にもどる

激動の近現代の台湾を生き抜いた林家花園ともそろそろお別れをしよう。築山が尽きたところに畳亭がある。これは平行四辺形の屋根が少し高さをずらして重なっているなかなか変わった亭である。ここをくぐって階段を降りると、すぐ右手はもう先ほど入ってきた正門だ。正門から出て地下鉄の駅のある東のほうへと歩いて行く。右手には園の牆壁がずっと続いている。壁が終わって十字路に出る直前に園の出口が見える。その前を通過しつつ右に折れ進んで行く。左側は幼稚園である。平日はとてもにぎやかで、ときには庭園の中まで園児の歓声が聞こえてくる。路上で野菜を売っている人がいる。魚や果物を並べている露店もある。挽面（糸を用いた顔のうぶ毛取り）をやっているおばちゃんがいる。バイクが脇を通り過ぎていく。我々は再び雑踏の中に帰ってゆく。

補章　廈門の菽荘花園

ここで、「林家花園」との繋がりが深い菽荘花園を紹介しておく。

福建省廈門の鼓浪嶼（コロンス島）

廈門がアヘン戦争後に締結された南京条約（一八四二年）によって開港させられた後、一九〇二年にコロンス島が共同租界地に定められ、イギリス、アメリカ、フランス、日本、ドイツ、スペイン、ポルトガル、オランダなどの国が次々に領事館、商社、病院、学校、教会などを設立した。一方で華僑もまた住宅や別荘を建て、電気や水道のインフラも整備されていった。一九四二年一二月に日本軍がコロンス島を占領したが、一九四九年の中華人民共和国建国にともなって、一〇〇年以上続いた植民地統治の歴史は終わる。

菽荘花園との出会い

この庭園に出会ったのは偶然のことであった。二〇〇九年二月、上海留学中だった配偶者と廈門へ旅行した際、観光のメインスポットであるコロンス島にフェリーで渡り、島の案内図を眺めていると、庭園らしきものが島の一角に設けられているのに気が付いた。そのときはさしたる興味も引かれず、とりあえずは島内観光だとブラブラ歩いて、赤レンガの堂々たる洋風建築である旧日本領事館や真っ白な鐘塔がそびえるキリスト教会を眺め、フィリピン華僑が建てた海天堂では木偶《もくぐう》（と称していたが、台湾の布袋戯と同じような人形劇）の実演を見たりした。❶ 一般人が住んでいるアパートも洋風のデザインが目立ち、ベランダや門の装飾には台湾のものと非常に似通っているものもあった。またある建物の入り口に置かれたホンノンボを発見してうれしい気持ちになったりした。

　この島で一番標高の高い日光岩に登って四方を一望すると、南側にビーチがあるのが目に入った。人がたくさんいて、露店も多く、海上を水上バイクが走っている。菽荘《しゅくそう》花園はその近くなので、とりあえずそちらを目指して山を下りた。コロンス島は二月だというのに真夏のような暑さで、ビーチまで辿り着いたときには汗びっしょりになり、椰子の実に穴を開けて飲むジュースがとてもおいしかったことを覚えている。ひと休みした後、菽荘花園に向かった。❷

❶木偶の実演

❷コロンス島のビーチ

§菽荘花園の入り口

　中国庭園らしくない開放的な入り口に到着し、表の案内板に目を遣ったときであった。なんと台湾板橋の林家が移り住んで設けた庭園だとあるではないか。パンフレットのようなものを配布もしくは販売していないかとあたりを探したが、まったく見当たらない。入り口のところに非常に簡略な内部の図が掲げてあるだけである。

入場料は当時三〇元。あざやかな緑色の瓦屋根の付いた立派な門があり、その両側には林家花園と同様の扇形の漏窓があり竹の節が嵌まっている。この門をくぐるとまずは真っ白な壁に囲まれた空間が現れる。ここでいったんすべての視界が遮断される。外界から足を踏み入れた人は、気持ちをリセットされることだろう。これは形態こそ違えど、中国庭園に共通する仕掛けである。

入ってきたばかりの入り口を振り向くと、上方に「蔵海」と書かれた扁額が嵌まっている。「海を蔵す」とは、なんともスケールの大きな命名である。

石畳が敷かれちょっとした広場になっているこの空間には、真赤、ピンク、黄色とあでやかな花を咲かせた植木鉢が無数に置かれている。まっすぐの幹と細い葉を持つ木が何本か植えられていてアクセントになっている。左手を見ると、赤で縁取られた洞門がある。庭園への入り口である。洞門をくぐって別天地に入っていこう。

§壬秋閣

真正面の建物がまず目に入る。真正面に「壬秋閣《じんしゅうかく》」の扁額がある。この壬秋閣は上から見ると四角形をしており、歇山形の屋根がさらに二重になっているため「歇山重簷《けつざんちょうえん》」という形に分類される。建物の反対側は池の上にやや突き出しているものの、「榭」の要素を取り入れているようには見えない。

一九二三年、つまり壬戌《じんじゅつ》の年にできたことを踏まえ、蘇軾「前赤壁賦」の一句「壬戌之秋、七月既望」によって名付けられた。ここも緑の瓦が用いられ、柱は赤く塗られている。緑の屋根瓦と赤い柱は、この庭園のほかの建物にも共通した特徴である。縦長の窓には「井」の字をモチーフにした装飾が施されている。内部の装飾も見てみたかったのだが、残念なことに筆者が訪ねたときは入ることができなかった（地元の新聞記事によると、現在は公開されている模様）。周囲を見回すと海に近い場所にはビーチパラソルが並んでいる。あちらこちらにとてつもなく成長した南洋の樹木が無数のツルを下に垂らしている。女性が日傘を差して歩いている。波の音が聞こえる。潮の匂いがする。ここが中国庭園とはとうてい信じられない。

ここで先にお断りしておくと、以下の庭園に関する描写は訪問時の記憶と自分で撮影した写真とビデオのみをもとに書きおこしている。もし誤りがあればご容赦願いたい。

3眉寿堂

§眉寿堂

入り口の右側にはもう一つ大きな建物がある。二棟の建物が連なっている上に、双方にまたがる形で二階部分が載っている。「眉寿堂《びじゅどう》」である。「眉寿」の名は林爾嘉の別名から採られている。3ここは別名を「談瀛軒《だんえいけん》」という。李白の詩から採られており、意味は「瀛洲について語る」である。「瀛洲」とは「東方の神仙が住む島」のことであるが、ここでの「瀛洲」が、台湾を意味していることは間違いない。

菽荘花園の概略

ここから先は海側と山側に分かれるが、その前に庭園の概略について説明しておこう。

この菽荘花園は先述した林家花園の園主林維源の長子に当たる林爾嘉《りんじか》（一八七五―一九五一）が建設を始め、一九一三年にいったん竣工した。爾嘉が三八歳で、台湾から廈門に渡ってきてから、すでに一八年が経っていた。その後さらに一九一九年、一九三一年、一九三三年と改修と拡充を重ねて造り上げられた。総費用は二五万両であった（『風景的想像力―板橋林本源園邸的園林』前掲）。林爾嘉の一族ら五〇人あまりがここに暮らしていたという。

この当時、コロンス島にはほかの華僑も庭園を構えていた。一九二〇年に廈門を訪問した佐藤春夫が次のように書いている。

廈門島と相呼応する小さな島――各国共同居留地になってゐる風光明媚な鼓浪嶼のわけて風光に富んだところどころ、或は海に近い山かげに、或は巨巖の麓に海を見下して、或は小高いあたりに樹の梢越しに廈門の市街を見晴らすやうなところに、それぞれの地勢に応じて相当に数寄を凝した庭園を公衆に開放しながら、その傍に洒落な西洋風の、或は華麗な――西洋風に支那風を半分加味したやうな別荘があるのをよく見かけるが、さうしてこれらの多くの別荘が鼓浪嶼の全島を公園のやうに感じさせるのになかなか役立ってゐるのであるが、それらの多くの別荘の大半は成功した華僑の造営したものである。（『南方紀行』、『佐藤春夫全集』第一〇巻、講談社、一九六六年）

ここで記される「別荘」が、中国風の庭園であったことは次の描写からもわかる。

私はある晩、さういう別荘の庭園へ入って見た。月夜の海岸を歩いてから山かげにある或別荘の庭園を通り抜けたのだが、そこにはやっと人間が通れるだけの洞窟になった道を人工的に造ってあって、その洞から出るとすぐに二間ほどの石橋がかかってゐて、その石橋の上にくると夜気に雑って蓮の匂が幽に漂うてゐた。この庭園の持主は出稼人ではなかったが、やはり南洋で何かの事業で成功したので、近日のうちにその還暦祝いをするに就ても、広東から仕掛け花火を取り寄せ上海から俳優を招いてその庭園のなかで芝居をするさうで、昼間はその桟敷やら舞台やらをこしらえるのに忙しかった。

（同右）

さて、林爾嘉の菽荘花園は、当初「小板橋」と呼ばれていた。「小さな板橋の林家花園」ということにほかならない。これに関し、林爾嘉は次のような言葉を残している。「余家台北、故居曰板橋別墅。乙未内渡、僑居鼓浪嶼、癸丑孟秋、於嶼之南得一地焉、剪榛莽、平糞壌、因其地勢、辟為小園、手自経営、重九落成、名曰菽荘（私の家は台北にあって、その故居は板橋別荘という。乙未（一八九五年）に内地に渡ってきて、この鼓浪嶼に仮住まいしている。癸丑（一九一三年）の初秋、島の南に土地を得て、雑草を刈り、荒れ地をならし、地勢に従って、小園を造った。手ずから設計建築に携わり、重陽の日に落成した。名を菽荘という）」（林爾嘉「建菽荘記題刻」）。名前からして、台湾の林家花園を意識していたであろうことがうかがえる。またこの時点ではコロンスでの滞在はあくまで仮住まいであって、いずれは台湾に帰るのだと考えていたことがわかる。

§林爾嘉について

林爾嘉について改めて紹介しておきたい。字は菽蔵、一名を菽荘という。別名は眉寿、号は百忍老人。台北の出身で、板橋林維源の長子である。若くして経世の志を有した。一八九五年に台湾が日本に割譲されると、父親や兄弟らとともに父祖の地の福建省龍渓に帰った後、廈門のコロンス島に移る。その後廈門保商局総弁と商務総理を兼務し有能ぶりを発揮、中華民国が成立すると、国会議員および福建行政討論会会長、鼓浪嶼公共租界工部局華董、廈門市政会長に選出される。段祺瑞（一八六五―一九三六）が政権を取ったときには華僑総会総裁を任される。教育に熱心で、漳州師範学院（現閩南師範大学）、華僑女校、東亜同文書院などに援助をし、また香港大学にも寄付をした。一九二四年、過労から病気となり、一九三〇年までの間スイスにて療養する。健康を恢復した後、ヨーロッパ三〇か国を漫遊して帰国する。一九三三年には江西省の廬山に別荘を構え、それから毎年夏になると避暑に訪れた。日中戦争の間は乱を避けて、各地を転々とする。戦後、一九四八年には再び故郷の台湾に戻り、小壺天吟社を創建して作詩の日々を送る。一九五一年に台北市内の二条通（現在の中山北路一段三三巷二三号）にて死去。

彼の作った詩は現在『林菽荘先生詩稿』（沈驥編「台湾先賢詩文集彙刊」、龍文出版社、一九九二年）に収められており、右の略伝もこの書物を参照している。

詩作に関して補足すると、爾嘉は菽荘花園が竣工した一九一三年の翌年一九一四年に菽荘吟社を組織、その後、菽荘鐘社を立ち上げる。一九二三年には庭園で育てた四〇〇〇鉢の菊が満開となり、「買詩店」を開いた。訪れた客は詩一首を代金として差し出し、一本の菊を受け取ったという。

菽荘花園の全体の布置

全体の布置から紹介しておこう。基本的に海岸と岸壁を利用して形成されており、海側から見て左半分は山、池、亭から構成される中国庭園風の造りで「補山」区と呼ばれる。補山区は、頑石山房、一二洞天、亦愛吾廬、廬溆聴潮楼、小蘭亭などの施設から成る。右半分は海の上に通路や橋を渡し、亭などを点在させる中国風海洋公園といった造りで「蔵海」区と呼ばれ、眉寿堂、壬秋閣、真率亭、枕流石、四四橋、渡月亭、千波亭、招涼亭などから成る。説明の便宜上、両者の中心点を壬秋閣に置いておきたい。

庭園全体を俯瞰すると、海に直《じか》に面している点、切り立った斜面をそのまま築山として利用している点、一つひとつの建築物の造作や、建築物同士の位置関係などから受ける「構成への意思」は、緊密な構成を持つ蘇州の中国庭園はおろか、既成の中国庭園のどの範疇にも収まりきらない破天荒な庭園である。事実、ここを訪れている観光客は単に風変わりな公園として楽しんでいる様子である。

§蔵海区

「蔵海区」は先ほど挙げた壬秋閣から東に向けて（海側から見て右手）展開している。ここからは道が二つに分かれる。海の上に通路が造られている右側と、岸壁に沿って通路が造られている左側とである。とりあえず左側から行くことにしよう。

当然ながらこの通路は、岸壁の形に沿って屈曲している。左側には花が咲いていたり、大きな木が通

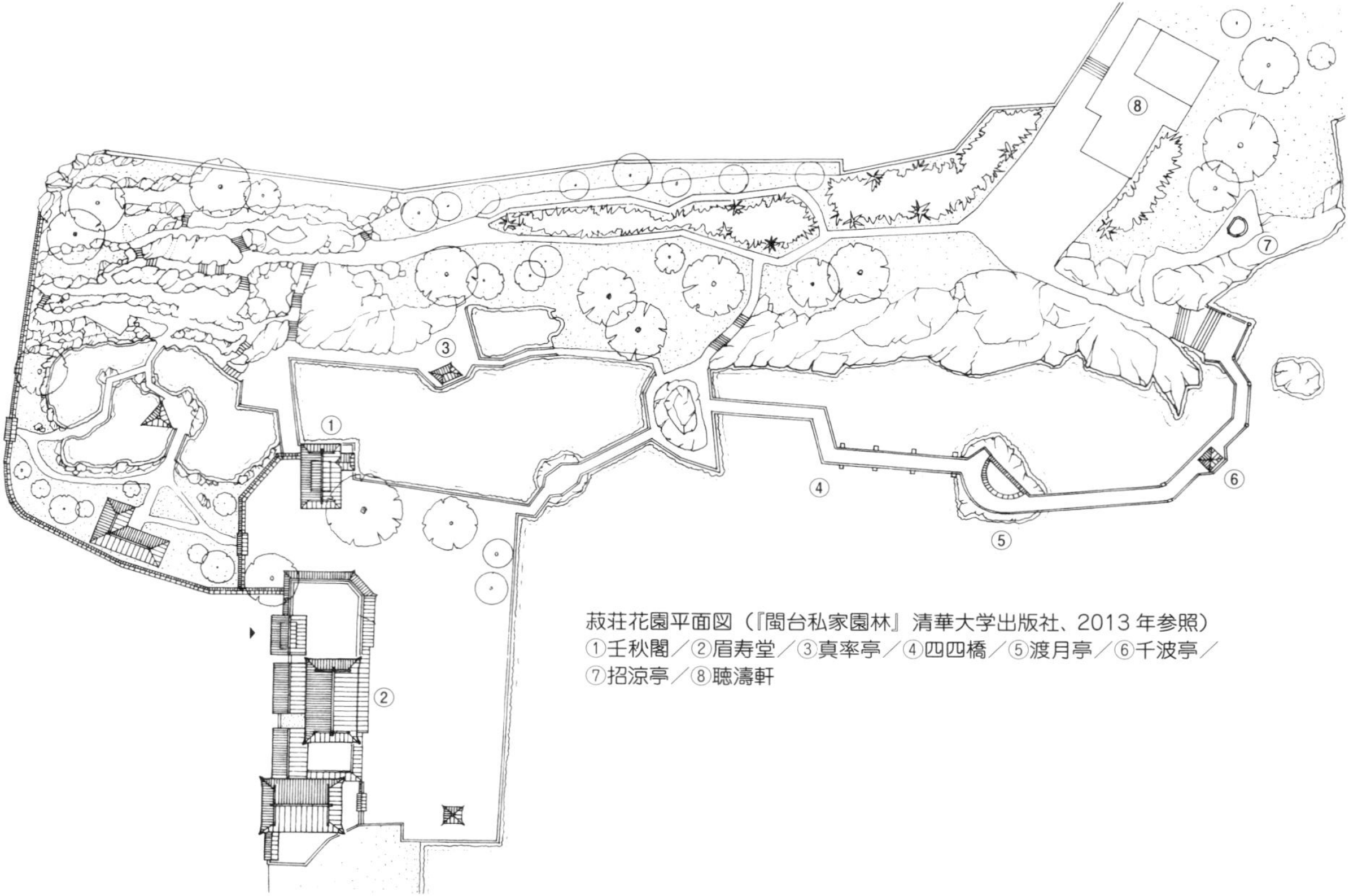

菽荘花園平面図（『閩台私家園林』清華大学出版社、2013 年参照）
①千秋閣／②眉寿堂／③真率亭／④四四橋／⑤渡月亭／⑥千波亭／⑦招涼亭／⑧聴濤軒

路の上まで枝を伸ばしていたりする。右側は水面である。ヒヨヒヨと鳥の鳴き声が聞こえる。4

§真率亭、四四橋

最初に出会うのは四角い屋根の亭である。先述のようにここも四本の柱は赤く、屋根は緑である。屋根の内側は白くなっていて、その裏側に「真率亭《しんそつてい》」と書かれた小さな額が入っている。下には石で造られた丸い卓面のテーブルが一つと四脚の丸い椅子がある。床の部分には亀甲模様が施されている。5

さらに先に進んで行こう。途中、左の山側に向かって階段があるが、少し上がった山側にも平行して通路が設けられている。先ほどから岸壁と書いているが、我々が想像する日本の北陸のような垂直に切り立った岩が続いている峻厳な光景ではなく、ここは傾斜の非常になだらかな一枚岩がゆっくりと海に身を沈めているといった風情である。6

4水上の通路

5真率亭

そのまま真率亭から数十メートル歩いていくと海側の通路と合流する。ここには直径一〇メートルほどのほぼ円形の石があり、またその上に同じくらいの大きさの石が載っている奇景が見られる。「枕流」と命名されている。その横に小さく「菽荘」とある。ちょうどこのあたりの岸壁の岩に「四四橋」という文字が彫られて赤く塗られている。数メートル進んで右に曲がり、続いて今度は左に曲がる。7

6岸壁と水上の通路。右側手前が渡月亭

7枕流石

§渡月亭

右に曲がる直前、左手の岸壁に赤で文字が書き連ねてある。中国では名山などによく大きく詩句や経文が彫ってあるが、あれと同様のものである。先に進むと、新たな亭に到着する。「渡月」という亭である。上から見ると半円形をしていて、円の部分が海のほうに向いている。対聯が掛けられていて、右の柱に「長橋支海三千丈」、左の柱に「明月浮空十二欄」とある。

§千波亭、招涼亭

さらに海上の通路は続く。ずっとまっすぐに続いた先に質素な四角い亭に着く。「千波亭」である。8 特に凝った装飾はない。扁額も対聯もない。この先の通路はぐっと左に曲がっていて、そこに最後の亭が現れる。「招涼亭」である。拙政園の「与誰同坐軒」に似た、扇形の亭である。9 これより先には特に何もない。海側に少し出たところに小さな要塞のようなものがあるが、それがなんであるかは不明である。左側の大きな石に「印心」と刻んであるのに気付くくらいであろうか。あとは「枕流」まで戻り、海沿いの通路を渡って陸地に戻るだけである。途中、橋が半円形に突き出ているが、庭園から海に船で出られるようになっているのだろう。

§林爾嘉一家

普段、林爾嘉一家は使用人やコックらと、彼らが「府内」と呼ぶ少し離れたところにある邸宅に住ん

8 千波亭

9 招涼亭

でいた。そこは小楼、大楼、八卦楼や小亭が建ち並び、前花園と後花園にはリュウガンやロウバイ、ウメの花などが咲いていた。この府内は西洋式の建築で、音楽室にはグランドピアノが置かれ、ミセス・バー（Mrs.Barr）という西洋人女性が子供らに英語を教えていた。庭ではボールとバットだけの簡単な野球やサッカーをして遊んでいたという。

林爾嘉には正室のほかに側室が五人いた。正妻の龔雲環《きょううんかん》夫人は五男二女を生み、側室の張芝舫は二男三女を出産した。後に台湾大学農学部園芸科の教授となった林樸は張芝舫の孫で、菽荘花園のことを以下のように記憶している。「乳母におんぶしてもらって府内から菽荘花園までよく行った。お爺さんの林爾嘉はよく孫たちになぞなぞを出して遊んだが、いつも自分（林樸）が正解してご褒美をもらっていた。築山ではかくれんぼをし、枕流石の西側の海水を囲んでプールのようにしたところで水泳をした。」（『風景的想像力』前掲）。林爾嘉における台湾追憶の大切な場所は、子供たちにとっては遊園地と変わらない遊び場にすぎなかった。かつて林爾嘉にとっての林家花園がそうであったように。彼自身、子供らが菽荘花園遊んでいる様子を目を細めて眺めていたに違いない。ここが彼らにとっての「林家花園」になるのであろうと思いつつ。

§壬秋閣、補山区

ひとたび壬秋閣まで戻ってから、今度は「補山区」を見ていきたい。「蔵海区」と「補山区」は、この壬秋閣のところでリボンがねじれて反転するように、ぎゅっと狭くなりまた広くなっているが、様相はここで一変する。亭と廊下と池、そして天然の山肌を利用した築山（実際は仮の山ではないが）から成る、中国庭園の要素を備えた光景が眼前に展開する。菽荘花園の入り口と壬秋閣とのあいだ、つまり壬秋閣の左側へ歩いて行くと、緑色の小さな瓦屋根が付いて漏窓の嵌まった壁がある。漏窓には竹の節が嵌まっていて、扇形のものと十字型のものが交互に設置されている。壁には長方形の立派な屋根付きの門がある。これをくぐると、「補山区」である。

§ 林家花園！

あちこちに緑が見える。改めて、視界に入るものをざっと説明しよう。目の前は平地で数十メートル進むと山の斜面に突き当たる。その斜面は一面石に蔽われている上、中国庭園の築山風に拵《しつら》えてある。「林家花園だ！」板橋の庭園を訪れたことのある人ならひと目でわかるはずである。⑩使われている石の種類こそ違うものの、薄くペラペラした感じ、立体感のなさ、まさにそっくりである。落ち着いて考えると、板橋とこのコロンス島の地勢とはまったくといっていいほど違う。この場所なら築山などいかようにも造れたのではないか。⑪

しかし、この園を造った林爾嘉にしてみれば、この形にこそ意味があるのだ。異なる石材を用いてでも、こ

⑩築山

⑪築山

の形にしなければならなかったのだ。⑫山には最後に登るとして、とりあえず手前の庭園部分を見ておこう。普通の中国庭園と違うのは、ここはその敷地の大部分を池が占めていて、そのあいだに島や陸地があり、それらをさまざまな橋や通路が繋いでいるという形式になっているところである。水上庭園といったらわかりやすいであろうか。通路の両側には植木が並んでいるのだが、上部は丸く刈り込んであって、いくぶん西洋風である。見回すとほかに丸く刈ってある木が多い。この通路は花模様の舗地となっているが板橋の庭園にはなかった趣向である。もちろん蘇州にあるような精巧なものではないが、赤や黄色、紫色などを用いていて鮮やかさを演出している。⑬

数メートル行くと橋が現れる。アーチ形で、竹を組み合わせることで中国風になっている。橋の右手、池の中から灯籠が顔を出している。留園のようである。これも板橋にはなかった趣である。橋を渡ると島になっていて、三角形の亭がある。扁額や対聯などはない。柱は木の幹に似せる加工がしてあ

⑫薄い築山

る。屋根は藁葺きではないが、それらしく見える色合いと肌合いにしてある。屈曲した通路によって次の島へと向かおう。

また灯籠がある。水の中を魚の群れが泳いでいるのが見える。水上の通路は中国庭園のセオリー通り、きちんとジグザグを描いて先へと伸びている。築山が徐々に目の前に迫ってくる。近づいてみると相当な圧迫感がある。山の斜面をそのまま利用しているため、とてつもなく巨大で、蘇州のそれとは全く似ていない。ガウディのサグラダ・ファミリアすら彷彿とさせる。山に登る前に麓の右手のほうに、林爾嘉の銅像が立っていることを紹介しておきたい。腰に手を当て、左足を半歩踏み出し、その両目は遥か前方を見つめている。足下の周りには色とりどりの花壇が設けられている。14

さあ、山に登って行こう。デコボコした石のあいだに階段が設けてある。どんどん上がっていくと、途中道がいくつにも分岐していく。石のトンネルも造られている。15 出口がいくつもある洞窟に出くわ

13築山より平地部分を見下ろす

14林爾嘉の銅像

15築山に穿たれた洞窟

すこともある。視界は次々に寸断され、自分がどこを歩いているのか、歩いて来たのかがわからなくなる。迷路を構成しようという意志にもとづいて造られていることがはっきりわかる。つまり、獅子林などの蘇州庭園の築山と同じ機能が備わっているのである。先ほどから見てきた、舗地、灯籠、屈曲した橋、海側にあった扇形の亭、そしてこの築山の迷路など、この菽荘花園には蘇州庭園に共通する要素が非常に多い。そしてこれらは板橋の林家花園には見られなかったものだ。想像にすぎないが、林爾嘉がここに庭園を構えるとき、大陸の人間で中国庭園にある程度通じている者のサジェスチョンがあったのではないだろうか。あるいは林爾嘉自身が中国国内を旅して回った折に、各地の庭園を参観し、それにインスパイアされたのかもしれない。

海側から見て築山の右端に半円形の亭があるのがうかがえるが、そこにはまだまだ辿り着けそうにない。上にあがって行こうとしても、道が勝手に下に向かっていってしまうのである。さらに登り、下り、行ったり来たりしているうちに、漸進的に上へ上へと登ってきて、視点もずいぶんと高くなり、見える風景も広くなってきた。おそらくここが一番上だろうというところに到着し、築山全体もおおよそ見終わったかなとひと息ついた頃、前方（海側から見て左側）に小さな亭が見える。16 人が休むためのものではなさそうだ。山から緑の瓦屋根が半分突き出し、二本の柱が屋根を支えている。屋根の下に小さな四角い石碑がある。「林龔雲環夫人　一八七四―一九二六」とある。⑰林爾嘉夫人の墓である。林爾嘉自身が没するのは一九五一年なので、この墓は彼の手によって建てられた考えられる。築山の頂きから庭園全体を、さらには大海原を見晴らすことができるこの場所に夫人の墓を築いたのだ。そのとき林爾嘉はどのような思いを抱いていたのだろうか。亡き妻がここから庭園と一族全員を見守ってくれることを、そしていつかは海の向こうにある林家花園に一緒に帰ることを夢見ていたのであろうか。

ほかにも菽荘花園のそれぞれの施設は、孫たちの安寧を願って建てられている。「亦《えき》愛《あい》吾《ご》廬《ろ》」は孫の林楨のために建てられ、「渡月亭」は林樑に、「千波亭」は林桜に、「壬秋閣」は林橋に、「小蘭亭」は林楷に、「真率亭」は林樸に、そして海岸と山腹は林楠に与えられている（『風景的想像力』前掲）。

⑯山上の半亭

⑰林爾嘉夫人の墓

18菽荘花園より日光岩を見る

一九五六年、菽荘花園は林爾嘉の第三夫人である高瑞珠により中国政府に寄贈される。

菽荘花園のほか、コロンス島には林氏の邸宅が残っている。堂々たる洋館であるが、そこは今は林氏府公館酒店というホテルになっている。いつか再びコロンス島を訪れたらぜひとも泊まってみたいものである。

本書執筆の前年の二〇一三年は、廈門の菽荘花園が竣工してちょうど一〇〇年であった。（『鼓浪嶼政務網』二〇一三年六月一七日）18

あとがき

結局のところ「中国庭園」とはなんなのか？　曰く、中国文化を集大成した総合芸術。曰く、文芸的空間、絵画的空間、祝祭的空間、性愛の空間、経済的空間、政治的空間。曰く、建築物。曰く、トポス。あるいは幾重にも折り重なり、さまざまな観点から読むことの可能なテクスト。あるいは見る者の視角に従ってその姿を開示する不定形かつ変幻自在な、謎の生物。問いの答えは容易には出て来ない。これからも機会を見つけては、庭園の中をさまよい続けることであろう。

「中国庭園入門」のような本があれば、とずっと思ってきた。ざっと一読するだけで中国の庭園がどんなものかだいたいわかり、また知らない人には知ったかぶりできるような内容を持った本を。しかしそんな都合のよい本がそうそうあるはずもなく、なら自分が書くしかないというのが本書執筆の動機である。資料は何年かかけてぼちぼち集めていたものの、本格的に原稿を書き始めたのは二〇一三年の夏以降で、数か月かけて原型ができ、さらに数か月手を入れて一応の完成を見た。自分が一番読みたかったものを結局自分で書いたわけで、ページのあちこちに個人的な趣味が爆発している。だからといって読む人を置いてきぼりにしてはいけないと、できるだけ読みやすく理解しやすく書いたつもりなので、今、この「あとがき」を先に読まれている方は安心してお買い求めいただければ、と思う。

普段の筆者は中国思想史研究を生業としており、建築や美術の専門家から見ると勘違いをしているところも多々あろうと思う。しかし、専門家ではないためにしがらみ無く自由に書けたとも感じている。なお、漢詩などもかなり自由に読んでいるので、厳密な解釈を求める方には怒られるかもしれない。

本書の原型は京都光華女子大学や関西学院大学で行なった講義にもとづいている。鋭い質問が筆者の不明を正してくれたことも多々あった。素人が撮ったぐらぐら揺れるビデオ映像を見せられて「酔いそうでした」と訴えられたこともある。マニアックな授業に無理やりに付き合わせてしまった学生のみなさんにはお礼とお詫びを申し上げたい。また関西学院大学生涯学習セミナー、立命館大学孔子学院で行なった文化講座に参加いただいたみなさん、そして庭園の取材に何度も付き合わせた家人にも感謝したい。

そのほか、執筆に際して非常に参考になったのは、蘇州旅行へ行った人たちがネットに上げた旅行記である。どのサイトも数多くの写真を載せていて、おかげで筆者が自分のカメラに残しておらず、記憶も曖昧であったところも、なんとか文字で復元できた。

最後に、こんな奇特な書の出版を快く引き受けてくれた中国文庫の舩越國昭氏と佐藤健二郎氏にも感謝申し上げる次第である。

二〇一四年九月

緒方賢一

後ろに掲げる参考文献は、本文では触れていなくとも、間接的に影響や示唆を受けたものも含めている。庭園に興味を抱いた方の読書ガイドになれば幸いである。

○参考文献（著者・編者名の五十音順配列。近代以降のものに限定）

《中国・台湾》

衣学領編『蘇州園林―名勝旧影録』中国・上海三聯書店、二〇〇七年
韋金笙『中国盆景芸術』中国・上海科学技術出版社、二〇〇四年
韋明鏵選『江南戯台』中国・上海書店出版社、二〇〇四年
閻亞寧『板橋林本源邸三落大厝之調査研究（一）～（三）』台湾・中国工商専科学校、一九九六年
王其鈞主編『中国園林図解詞典』中国・中国機械工業出版社、二〇〇六年
王慶台『漏窓之美―林本源園邸細賞系列叢書（一）』台湾・台北政府文化局、二〇〇二年
王健旺『錦装細琢―林家花園建築装飾絵典』台湾・台北県政府、二〇一〇年
王宗拭『拙政園』中国・古呉軒出版社、一九九八年
何佳・郭玉梅「拙政園小滄浪水院空間分析」、『北京林業大学学報』、第6巻第2期、二〇〇七年
賈祥雲『中国太湖石』中国・上海科学技術出版社、二〇〇八年
夏鋳九『楼台重起　下篇　林本源園林的空間体験』台湾・台北県政府、二〇〇九年
郭冠宏『拙政園』台湾・地景企業股份有限公司、一九九七年
郭俊綸『清代園林図録』中国・上海人民美術出版社、一九九三年

漢宝徳・洪文雄『板橋林宅調査研究及修復計画』台湾・東海大学建築系、一九七三年
漢宝徳『林本源庭園復旧工程記録与研究工作報告書』台湾・行政院文化建設委員会、一九八八年
魏嘉瓚『蘇州歴代園林録』台湾・文史哲出版社、一九九四年
魏嘉瓚『蘇州古典園林史』中国・上海三聯書店、二〇〇五年
許雪姫『板橋林家―林平侯父子伝』台湾・台湾省文献委員会、二〇〇〇年
許雪姫『楼台重起　上篇　林本源家族與庭園的歴史』台北県政府、二〇〇九年
顧凱『明代江南園林研究』中国・東南大学出版社、二〇一〇年
高居翰（Cahill James）・黄暁・劉珊珊『不朽的林泉―中国古代園林絵画』中国・三聯書店、二〇一二年
高鈐明・覃力『中国古亭』中国・中国建築工業出版社、一九九四年
康鍩錫『雕刻之美―林本源園邸細賞系列叢書（二）』台湾・台北政府文化局、二〇〇四年
国立台湾大学土木工程学研究所『板橋林本源園林研究与修復』台湾・国立台湾大学土木工程学研究所、一九八一年
朱坤泉編『明清以来蘇州社会史碑刻集』中国・蘇州大学出版社、一九九八年
周維権『中国古典園林史』台湾・明文書局、一九九一年
周蘇寧『滄浪亭』中国・古呉軒出版社、一九九八年
周崢『留園』中国・古呉軒出版社、一九九八年
周道振・張月尊編『文徵明年譜』中国・百家出版社、一九九八年

徐剛毅主編『老蘇州　上・下』中国・江蘇古籍出版社、二〇〇一年
徐文濤主編『留園』中国・蘇州大学出版社、一九九八年
紹興文物管理局編『愛在沈園』中国・中国和平出版社、二〇〇四年
蘇州市地方志編纂委員会弁公室・蘇州市園林管理局編『拙政園志稿』中国・蘇州市地方志編纂委員会弁公室・蘇州市園林管理局印（内部発行）、一九八六年
蘇州市留園管理処編『留園誌』中国（内部発行）、二〇〇九年
曹玉泉・鄭可俊『蘇州の庭園』中国・外文出版社、一九八四年
曹春平『閩台私家園林』中国・清華大学出版社、二〇一三年
曹林娣『蘇州園林匾額楹聯鑑賞』中国・華夏出版社（第四版）、二〇一一年
『中国盆景』編集委員会編『中国盆景―佳作賞析与技芸』中国・安徽科学技術出版社
張橙華『獅子林』中国・古呉軒出版社、一九九八年
陳従周『蘇州園林』中国・上海人民出版社、二〇一二年（再版）
陳従周主編『中国園林鑑賞辞典』中国・華東師範大学出版社、二〇〇一年
童寯『江南園林史』中国・中国建築工業出版社、一九八四年
馬睿哲「台北林家花園与厦門菽荘花園園林芸術研究」福建師範大学修士論文、二〇一一年
巫仁恕『品味奢華―晩明的消費社会与士大夫』台湾・中央研究院、二〇〇七年
馮鍾平『中国園林建築』台湾・明文書局、一九八九年
彭一剛『中国古典園林分析』中国・中国建築工業出版社、一九八六年

孟亜男『中国園林史』台湾・文津出版、一九九三年
楊鴻勛『江南園林論』中国・上海人民出版社、一九九四年
李乾朗『台湾古建築図解辞典』台湾・遠流出版事業股份有限公司、二〇〇三年
李乾朗『板橋林本源庭園』台湾・雄獅図書股份有限公司、二〇〇一年
李乾朗『遊園戯夢―林本源園邸賞園手冊』台湾・雅凱文化導覧、二〇一一年
李乾朗『前世今生話林園　板橋林本源園邸的建造之謎与勝景分析』台湾・新北市政府、二〇一三年
李瑞宗・蔡思薇『風景的想像力―板橋林本源邸的園林』台湾・台北県政府文化局、二〇一〇年
劉如桐『林本源庭園建築資料』台湾・台北県文献委員会、一九六九年
劉庭風『嶺南園林―福建・台湾園林』中国・同済大学出版社、二〇〇三年
林秀美『清明園林遊―林本源園邸遊園系列叢書（一）』台湾・台北県政府文化局、二〇〇五年
林文龍編『林熊祥父子与板橋林家史料特展図録』台湾・国史館台湾文献館、二〇〇八年
魯晨海『中国歴代園林図文精選　第一～五輯』中国・同済大学出版社、二〇〇六年

《日本》

芥川龍之介『上海游記・江南游記』講談社文芸文庫、二〇〇一年
青羽光夫『中国庭園』誠文堂新光社、一九九八年
安西信一『イギリス風景式庭園の美学―〈開かれた庭〉のパラドクス』東京大学出版会、二〇〇〇年
INAXギャラリー企画委員会『舗地・中国庭園のデザイン』INAX出版、一九九五年

岩切正介『ヨーロッパの庭園―美の楽園をめぐる旅』中公新書、二〇〇八年
石川忠久『漢詩を読む　蘇東坡一〇〇選』ＮＨＫライブラリー、二〇〇一年
石川忠久『漢詩をよむ　王維一〇〇選』ＮＨＫライブラリー、二〇〇七年
一海知義『陶淵明―虚構の詩人』岩波新書、一九九七年
稲次敏郎『庭園と住居の〈ありやう〉と〈見せかた・見えかた〉』山海堂、一九九〇年
上原敬二『解説園冶』加島書店、一九七二年
遠藤隆俊「宋代蘇州の范氏義荘について―同族的土地所有の一側面―」『宋代の知識人―思想・制度・地域社会―』汲古書院、一九九三年
小野健吉『日本庭園―空間の美の歴史』岩波新書、二〇〇九年
川井康三『白楽天―官と隠のはざまで』岩波新書、二〇一〇年
川崎寿彦『桃源郷―中国の楽園思想』講談社選書メチエ、二〇一三年
川崎寿彦『鏡のマニエリスム　ルネッサンス想像力の側面』研究社、一九七八年
川崎寿彦『楽園と庭　イギリス市民社会の成立』中公新書、一九八四年
川崎寿彦『楽園のイングランド―パラダイスのパラダイム』河出書房新社、一九九一年
川崎寿彦『庭のイングランド―風景の記号学と英国近代史』名古屋大学出版会、二〇〇二年（新装版）
北村兼子『新臺灣行進曲』（一九三〇年、婦人毎日新聞台湾支局）『文化人の見た近代アジア　新台湾行進曲』、ゆまに書房、二〇〇二年
木津雅代『中国の庭園―山水の錬金術』東京堂出版、一九九四年

清岡卓行『詩集　初冬の中国で』青土社、一九八四年
小林頼子『庭園のコスモロジー――描かれたイメージと記憶』青土社、二〇一四年
坂出祥伸責任編集『「道教」の大事典――道教の世界を読む』新人物往来社、一九九四年
佐藤春夫『佐藤春夫全集』第十巻、講談社、一九六六年
佐藤昌『園冶研究』財団法人日本造園修景協会東洋庭園研究会、一九八六年
島田虔次『朱子学と陽明学』岩波新書、一九六七年
白幡洋三郎『大名庭園――江戸の饗宴』講談社選書メチエ、一九九七年
陣内秀信編『中国の水郷都市――蘇州と周辺の水の文化』鹿島出版会、一九九三年
杉村勇造『中国の庭』求龍堂、一九六六年
大修館書店編『しにか　特集・園林空間　地上の楽園の設計図』大修館書店、一九九四年
高村雅彦『中国江南の都市とくらし――水のまちの環境形成』山川出版社、二〇〇〇年
高山宏『庭の綺想学――近代西欧とピクチャレスク美学』ありな書房、一九九五年
多田智満子『鏡のテオーリア』ちくま学芸文庫、一九九三年
谷崎潤一郎『谷崎潤一郎全集』第六巻／二三巻、中央公論社、一九六七年／六九年
塘耕次『米芾――宋代マルチタレントの実像』大修館書店、一九九九年
飛田範夫『庭園の中世史――足利義政と東山山荘』吉川弘文館、二〇〇六年
中尾真理『英国式庭園――自然は直線を好まない』講談社選書メチエ、一九九九年
中砂明徳『江南――中国文雅の源流』講談社選書メチエ、二〇〇二年

中野美代子『中国の妖怪』岩波新書、一九八三年
中野美代子『ひょうたん慢遊録　記憶の中の地誌』朝日選書、一九九一年
中野美代子『龍の住むランドスケープ』福武書店、一九九一年
中野美代子『仙界とポルノグラフィー』河出文庫、一九九五年
中野美代子『奇景の図像学』角川春樹事務所、一九九六年
中野美代子『チャイナ・ヴィジュアル—中国エキゾティシズムの風景』河出書房新社、一九九九年
中野美代子『中国春画論序説』講談社学術文庫、二〇一〇年
中野美代子『乾隆帝』文春新書、二〇〇七年
中村蘇人『中国の庭—中国文人のこころをたずねて』新評論、一九九九年
橋川時雄『園冶』渡辺書店、一九七〇年
樋口隆康監修『遣唐使が見た中国文化　中国社会科学院考古研究所最新の精華』、奈良県立橿原考古学研究所附属博物館特別展図録　第四五冊、一九九五年
日原利国編『中国思想辞典』研文出版、一九八四年
福本雅一「太湖石」『國學院大學紀要』第三八巻、二〇〇〇年
三浦國雄『気の中国文化—気功・養生・風水・易』創元社、一九九四年
三浦國雄『風水—中国人のトポス』平凡社ライブラリー、一九九五年
三浦國雄『不老不死という欲望　中国人の夢と実践』人文書院、二〇〇〇年
美谷島醇『韓国の庭』求龍堂グラフィックス、一九八六年

宮崎市定「明清時代の蘇州と軽工業の発達」、『宮崎市定全集』第一三巻、岩波書店、一九九二年
宮田珠己『ふしぎ盆栽ホンノンボ』ポプラ社、二〇〇七年
村松伸『書斎の宇宙―中国都市的隠遁術』、INAX 出版、一九九二年
横田克己『フランスの庭―奇想のパラダイス』新潮社、二〇〇九年
吉田隆秀『月と橋―中国の社会と民俗』平凡社選書、一九九五年

《訳注》

荒井健他『長物志』平凡社東洋文庫、一九九九年
入矢義高『臨済録』岩波文庫、一九八九年
入矢義高・梅原郁『東京夢華録』岩波書店、一九八三年
岩城秀夫「還魂記（牡丹亭）」『戯曲集・下』平凡社中国古典文学大系五三、一九七一年
岩城秀夫『板橋雑記・蘇州画舫録』平凡社・東洋文庫、一九六四年
岩城秀夫『五雑組』平凡社東洋文庫、一九九七年
梅原郁『夢粱録』平凡社東洋文庫、二〇〇〇年
黒川洋一『中国詩人選集　第九巻　杜甫　上』岩波書店、一九五七年
小川環樹・山本和義『蘇東坡詩選』、岩波文庫、一九七五年
川合康三『李商隠詩選』、岩波文庫、二〇〇八年
川合康三『白楽天詩選』岩波文庫、二〇一一年

小島晋治・上田信・栗原純『問俗録　福建・台湾の民俗と社会』平凡社東洋文庫、一九八八年
興膳宏『潘岳・陸機』筑摩書房、一九七三年
清水茂『中国詩人選集　第一一巻　韓愈』岩波書店、一九五八年
武部利男『中国詩人選集　第七巻　李白　上』岩波書店、一九五七年
成瀬哲生『古鏡記・補江総白猿伝・遊仙窟』明治書院、二〇〇五年
本田済『抱朴子　内篇』平凡社東洋文庫、一九九〇年
松枝茂夫『紅楼夢』岩波文庫（第二冊）、一九七三年
松枝茂夫『陶庵夢憶』岩波文庫、一九八一年
松枝茂夫・和田武司『陶淵明全集　上・下』岩波文庫、一九九〇年

《邦訳書》

クルナス、クレイグ『明代中国の庭園文化―みのりの場所／場所のみのり』（中野美代子・中島健訳）青土社、二〇〇八年
スクリーチ、タイモン『定信お見通し―寛政視覚改革の治世学』（高山宏訳）青土社、二〇〇三年
スタン、ロルフ『盆栽の宇宙誌』（福井文雅・明神洋訳）せりか書房、一九八五年
プラーツ、マリオ『官能の庭―マニエリスム・エムブレム・バロック』（若桑みどり・森田義之・白崎容子・伊藤博明・上村清雄訳）ありな書房、一九九三年
陳従周『蘇州園林』（横山正訳）リブロポート、一九八二年

巴金『憩園』（岡崎俊夫訳）、岩波新書、一九五三年
劉敦楨『中国の名庭―蘇州古典園林』（田中淡訳）小学館、一九八二年

《洋書》

Whitfield' Roderick *In Pursuit of Antiquity : Chinese Paintings of the Ming and Ch'ing Dynasties from the Collection of Mr.and Mrs.Earl Morse* The Art Museum Princeton University、一九六九年

拙政園 HP　http://www.szzzy.cn/
留園 HP http://www.gardenly.com/
林家花園 HP　http://www.linfamily.ntpc.gov.tw/

まーら　行

た　行

な－は　行

さ　行

【索　引】

本索引は本文中の主要人物・事項を 50 音順に配列した。数字はページ数を示す。

あ　行

か　行

[著者紹介]
緒方賢一（おがた けんいち）
1965年　愛知県に生まれる
1988年　愛知大学文学部卒業
1996年　大阪市立大学大学院文学研究科後期博士課程単位取得満期退学
2004年　博士（文学）を取得
現在　関西学院大学非常勤講師
専攻　中国近世思想史、庭園論

著書・主要論文
『中国農村の民間藝能 ―太湖流域社会史口述記録集2』（佐藤仁史・太田出・藤野真子・朱火生との共著、汲古書院、2011年）、「宋代の婚礼説について」（『立命館言語文化研究』23巻3号、立命館大学国際言語文化研究所、2012年）、「礼が形作る身体」（井上克人・黄俊傑・陶徳民編『朱子学と近世・近代の東アジア』台大出版中心、2012 年）、「孔子台湾に降臨せり ―『儒門科範』を読む」（三浦國雄編『術の思想　医・長生・呪・交霊・風水』、風響社、2013年）、『中国近世士大夫の日常倫理』（中国文庫、2014年）

中国《ちゅうごく》の庭《にわ》、台湾《たいわん》の庭《にわ》――拙政園《せっせいえん》・留園《りゅうえん》・林家花園《りんかかえん》

NDC292　334ページ　20センチ

2014年10月10日　初版第1刷発行

著　者　緒方賢一
発行者　舩越國昭
発行所　中国文庫株式会社
〒167-0022　東京都杉並区下井草2-36-3
電話 03-6913-6708
編　集　佐藤健二郎
装丁者　日高秀司
印刷／製本　壮光舎印刷

ISBN978-4-9906357-1-8 Printed in Japan